第一次検定はマークシート形式で、50問出□□□□□□□□
で、No.1〜14から9問選択、No.15〜17か□□□□□□
No.29〜38は全問、No.39〜42は全問、N□□□□□□□
するパターンでした。

問題番号	出題テーマ	問題番号	出題テーマ
1	換気	26	建具金物
2	採光及び照明	27	木質系素地面の塗装
3	音	28	ビニル床シート張り
4	鉄筋コンクリート構造	29	事前調査
5	鉄骨構造	30	仮設計画
6	鉄骨構造	31	材料の保管
7	地盤及び基礎構造	32	工程計画
8	応力度の算定	33	バーチャート工程表
9	応力の値	34	品質管理
10	曲げモーメント	35	トルシア形高力ボルトのマーキング
11	構造用鋼材	36	コンクリート試験
12	木材	37	建築工事の危害・迷惑と防止対策
13	建具の性能試験	38	労働安全衛生法
14	シーリング材	39	型枠の支保工
15	測定値の補正	40	型枠の存置期間
16	LED照明	41	合成高分子系ルーフィングシート防水
17	建築設備用語	42	劣化と改修工法
18	やり方及び墨出し	43	建築基準法
19	地業工事	44	建築基準法
20	鉄筋の加工及び組立て	45	建設業法
21	高力ボルト接合	46	建設業法
22	在来軸組構法の木工事	47	労働基準法
23	セメントモルタルによるタイル後張り工法	48	労働安全衛生法
24	金属製折板葺	49	廃棄物の処理及び清掃に関する法律
25	セメントモルタル塗り	50	消防法

本書の特長と使い方

◇ 令和6年1月1日現在の法改正に準拠 ◇

　本書は令和6年に実施される予定の「2級建築施工管理技術検定」に向けて編集された過去問題集です。**過去に出題された問題も令和6年度の第一次検定の出題法令基準日（予定）の令和6年1月1日現在の法改正の内容を盛り込んで解説しています。**なお、法改正等により正誤が変わる問題などは次のように処理しました。

> ★：法改正等により、選択肢の内容の正誤が変わり正答となる肢が複数になるなど、問題として成立しないもの。
> → 問題編、正答・解説編ともに、問題番号に★をつけ、正答は出題当時のものを掲載し、解説は出題当時の法律等に基づいた解説をしたのち、※以下に、現在の法律等に照らした解説を加えました。
>
> ☆：問題文の正誤に影響はありませんが、関連する事項に法改正等のあった問題です。正答・解説編で、法改正等の変更箇所に下線をひき、☆印のあとに改正等により変更となった後の表記について記しました。

◆令和5、4年度の問題4・問題5以外の第二次検定の解答例・正答は非公開のため、本書独自の見解です。

◆第一次検定と第二次検定の令和5年度分から令和3年度分までを収録しています。

　建築施工管理技術検定は、出題範囲、出題傾向がある程度決まっており、数多くの問題を解くことで、苦手部分が把握でき学習効果も高まります。

◆**解答用紙を別冊P.170〜191に用意しました**ので、コピーしてお使いください。

◆正答・解説は取り外し可能で2色構成となっており、正答やキーワードを**付属の赤シート**で隠しながら、効率よく学習することができます。

目　次

２級建築施工管理技術検定ガイダンス（令和６年度）

注意）試験に関する情報は変更される場合があります。受検される方は、各自必ず事前に試験実施機関である一般財団法人建設業振興基金のホームページで最新の内容を確認してください。

■試験日
第一次検定：前期６月９日、後期11月24日
第二次検定：11月24日

■合格発表日
第一次検定：前期７月10日、後期翌年１月10日
第二次検定：翌年２月７日

■受検手数料
第一次・第二次検定（同日受検）：10,800円
第一次検定のみ：5,400円
第二次検定のみ：5,400円

■第一次検定の試験時間・試験内容（解答はマークシート方式）
第一次検定　時間割：10：15〜12：45

検定区分	検定科目	検定基準	知識・能力の別	解答形式
第一次検定	建築学等	1　建築一式工事の施工の管理を適確に行うために必要な建築学、土木工学、電気工学、電気通信工学及び機械工学に関する概略の知識を有すること。 2　建築一式工事の施工の管理を適確に行うために必要な設計図書を正確に読みとるための知識を有すること。	知　識	四肢択一
	施工管理法	1　建築一式工事の施工の管理を適確に行うために必要な施工計画の作成方法及び工程管理、品質管理、安全管理等工事の施工の管理方法に関する基礎的な知識を有すること。	知　識	
		2　建築一式工事の施工の管理を適確に行うために必要な基礎的な能力を有すること。	能　力	五肢択一
	法　規	建設工事の施工の管理を適確に行うために必要な法令に関する概略の知識を有すること。	知　識	四肢択一

■検定試験に関する問合せ先／ホームページアドレス
一般財団法人建設業振興基金　試験研修本部
TEL 03-5473-1581　FAX 03-5473-1592
〒 105-0001　東京都港区虎ノ門４丁目２番12号
　　　　　　　虎ノ門４丁目MTビル２号館６階
メール　k-info@kensetsu-kikin.or.jp
https://www.fcip-shiken.jp/

問合せ受付時間
9：00 〜 12：00
13：00 〜 17：30
土日・祝日は休業日

過去の第一次検定出題傾向と試験対策

Ⅰ. 令和5年度の出題傾向

　出題内容は、過去問題及び過去問題を若干変更した問題が多くみられるため、過去問題をしっかりと繰り返し学習すれば第一次検定は合格できると考えられます。

Ⅱ. 過去6回分の試験問題で試験の傾向をつかもう

　本書は、2級建築施工管理技術検定の**最新の令和5年度後期から令和3年度前期までの第一次検定6回分と第二次検定3回分**の全試験問題を収録し、第一次検定には正答と解説、第二次検定には本書独自の見解による解答例を掲載しています。

　本試験では、建築に関する施工・材料・技術や関連法令だけでなく、技術の進展による新工法・新技術、公害防止やリサイクルを含めた資源・環境問題、耐震性・耐久性の向上技術など極めて幅広い分野から出題されています。しかし、試験の出題範囲、出題傾向はある程度決まっており、過去に出題された問題と類似の問題が出題されることが多くあります。過去の問題を解くことで、近年の試験の傾向や自分の苦手分野を把握でき、効果的な学習ができます。

Ⅲ. 過去の出題傾向と分析

● 過去問題分析

①**環境工学**では、気候、日照・日射・日影、伝熱・結露、採光・照明、色彩、換気、音などからほぼ毎回**3問**が出題されています。

②**建築構造**では、4問の出題で、**鉄筋コンクリート構造、鉄骨構造、杭基礎**からほぼ**1問ずつ**出題されています。**在来軸組構法は、ほぼ毎回出題**されています。

③**力学**では、荷重、応力及び反力、曲げモーメントについて毎回**3問**が出題されています。

④**建築材料**では、各材料から4問程度出題があり、**コンクリート**、**鋼材**、**木材**、建具や**防水材料**などが頻出のほか、セラミックタイル、内装材料の出題がみられます。JISの規定に関するものが令和5年・4年度とも前期・後期各**1問**以上出題されています。

⑤**建築設備**では、令和5年度前期・4年度後期・3年度前期は給排水設備、令和4年度前期は屋外排水工事が出題されています。空気調和設備は、令和4年度前期に出題されています。

⑥**測量**は、令和4年度後期に出題され、令和5年度後期は距離測量における測定値の補正が出題されています。

⑦**躯体工事**では、各工事ごとに出題されていますが、令和4年度後期は**土工事**で埋戻し及び締固め、仮設工事では令和4年度前期に墨出しが出題されました。その他、**地業工事**、**鉄筋工事**、**コンクリート工事**、**鉄骨工事**、**防水工事**については、ほとんど毎回1問程度の出題があります。

⑧**仕上工事**では、木工事（内装、**軸組構法**）、屋根工事、金属工事、建具工事、塗装工事、内装工事などの各工事から、それぞれ1問程度出題されています。

⑨**工程管理**では、**バーチャート工程表は毎回出題**されています。他には**事前調査**、工程計画、工程管理など4問が出題されています。

⑩**品質管理**では、用語、**品質試験・検査**、**材料の保管**などについて出題されています。

⑪**法規**では、**建築基準法**、**建設業法は毎回2問**ずつ、**労働基準法は毎回1問**、労働安全衛生法は労働安全衛生規則も含めて1〜2問出題されています。その他の法規としては、建設工事に係る資材の再資源化等に関する法律か廃棄物の処理及び清掃に関する法律のどちらかで1問、騒音規制法、道路法の他に消防法から1問の出題があります。

Ⅳ. 令和6年度の試験対策

　令和3年度より技術検定制度が変わりましたが、実際に試験で問われている内容は、過去のものからトータルで見ればそれほど変わりません。過去問題でしっかりと傾向を把握し対策をしておくことが大切です。過去問題を繰り返し解くことにより、苦手な項目も把握でき、そこが学習のポイントになります。

２級建築施工管理技術検定試験

令和5年度（後期）

第 一 次 検 定

■試験時間は，**10時15分から12時45分**

■選択問題は，解答数が**指定数を超えた場合，減点**となります。

イ．〔No.1〕〜〔No.14〕までの**14問題**のうちから，**9問題を選択し，解答**してください。

ロ．〔No.15〕〜〔No.17〕までの**3問題**は，**全問題を解答**してください。

ハ．〔No.18〕〜〔No.28〕までの**11問題**のうちから，**8問題を選択し，解答**してください。

ニ．〔No.29〕〜〔No.38〕までの**10問題**は，**全問題を解答**してください。

ホ．〔No.39〕〜〔No.42〕までの**4問題**は，**全問題を解答**してください。

ヘ．〔No.43〕〜〔No.50〕までの**8問題**のうちから，**6問題を選択し，解答**してください。

◆ 第一次検定結果データ ◆

受検者数	27,116人		
合格者数	13,387人	合格基準	24問以上
合格率	49.4%		

※第一次検定のみ受検者数または合格者数を含む。

別冊p.170に解答用紙がありますので，コピーしてお使いください。

※問題番号〔No.1〕～〔No.14〕までの**14問題**のうちから，**9問題を選択し，解答してください。**

ただし，**9問題を超えて解答した場合，減点となります**から注意してください。

問題は**四肢択一式**です。正解と思う肢の番号を**1つ**選んでください。

No. 1 換気に関する記述として，**最も不適当なもの**はどれか。

1. 空気齢とは，空気が流入口から室内のある点まで到達するのに要する平均時間のことである。
2. 必要換気回数は，必要換気量を室容積で割った値であり，室内の空気を1時間に何回入れ替えるのかを表す。
3. 機械換気方式には，屋外の風圧力を利用するものと室内外の温度差による空気の密度の違いを利用するものがある。
4. 温度差換気の換気量は，給気口と排気口の高低差の平方根に比例する。

No. 2 採光及び照明に関する記述として，**最も不適当なもの**はどれか。

1. 全天空照度は，直射日光による照度を含む。
2. 昼光率は，窓等の採光部の立体角投射率によって異なる。
3. 全般照明と局部照明を併せて行う照明方式を，タスク・アンビエント照明という。
4. 高輝度な部分や極端な輝度対比等によって感じるまぶしさを，グレアという。

No. 3 音に関する記述として，**最も不適当なもの**はどれか。

1. 室内の仕上げが同じ場合，室の容積が大きいほど残響時間は長くなる。
2. 人が音として知覚できる可聴周波数は，一般に，20Hzから20,000Hzである。
3. 音の強さのレベルが60dBの同じ音源が2つ同時に存在する場合，音の強さのレベルは約120dBになる。
4. 周波数の低い音は，高い音より壁や塀等の背後に回り込みやすい。

No. 4 鉄筋コンクリート構造に関する記述として，**最も不適当なもの**はどれか。

1. 腰壁やたれ壁が付いた柱は，付いていない柱に比べ，地震時にせん断破壊を起こしやすい。
2. 大梁は，床の鉛直荷重を支えるとともに，柱をつなぎ地震力等の水平力にも抵抗する部材である。
3. 耐震壁の配置は，建築物の重心と剛心をできるだけ近づけるようにする。
4. 耐震壁の壁量は，地震等の水平力を負担させるため，下階よりも上階が多くなるようにする。

No. 5 鉄骨構造の一般的な特徴に関する記述として，鉄筋コンクリート構造と比較した場合，**最も不適当なもの**はどれか。

1. 同じ容積の建築物では，構造体の軽量化が図れる。
2. 構造体の剛性が大きいため，振動障害が生じにくい。
3. 架構の変形能力が高い。
4. 大スパンの建築物が可能である。

解説▶別冊 p.1 ▶▶▶

No. 6 鉄骨構造に関する記述として，**最も不適当なもの**はどれか。

1. 丸鋼を用いる筋かいは，主に圧縮力に抵抗する。
2. ガセットプレートは，節点に集まる部材相互の接合のために設ける部材である。
3. 裏当て金は，完全溶込み溶接を片面から行うために，溶接線に沿って開先ルート部の裏側に取り付けられる鋼板である。
4. ダイアフラムは，梁から柱へ応力を伝達するため，仕口部に設ける。

No. 7 地盤及び基礎構造に関する記述として，**最も不適当なもの**はどれか。

1. 独立フーチング基礎は，一般に基礎梁で連結する。
2. 洪積層は，沖積層に比べ建築物の支持地盤として適している。
3. 液状化現象は，粘性土地盤より砂質地盤のほうが生じやすい。
4. 直接基礎の鉛直支持力は，基礎スラブの根入れ深さが深くなるほど小さくなる。

No. 8 長方形断面の部材の応力度の算定とそれに用いる変数の組合せとして，**最も不適当なもの**はどれか。

1. 柱の垂直応力度の算定 —————— 柱の断面積
2. 梁のせん断応力度の算定 ————— 梁幅
3. 曲げ応力度の算定 —————————— 断面二次半径
4. 縁応力度の算定 —————————— 断面係数

No. 9 図に示す単純梁ABにおいて，点C及び点Dにそれぞれ集中荷重Pが作用したとき，点Eに生じる応力の値の大きさとして，**正しいもの**はどれか。

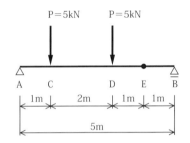

1. せん断力は，2kNである。
2. せん断力は，6kNである。
3. 曲げモーメントは，4kN・mである。
4. 曲げモーメントは，8kN・mである。

No.**10** 図に示す片持梁ABのCD間に等分布荷重 w が作用したときの曲げモーメント図として，**正しいもの**はどれか。

ただし，曲げモーメントは材の引張側に描くものとする。

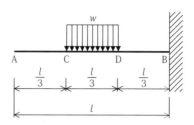

1.

2.

3.

4.

No.11 構造用鋼材に関する記述として，**最も不適当なもの**はどれか。

1. 線膨張係数は，約 1.2×10^{-5}（$1/{}^\circ\mathrm{C}$）である。
2. 炭素含有量が多くなると，ねばり強さや伸びが大きくなる。
3. 建築構造用圧延鋼材SN 400 Bの引張強さの下限値は，$400\mathrm{N/mm}^2$である。
4. 鋼のヤング係数は，常温では強度に係わらずほぼ一定である。

No.12 木材に関する記述として，**最も不適当なもの**はどれか。

1. 辺材部分は，一般に心材部分より含水率が高い。
2. 気乾状態とは，木材の水分が完全に無くなった状態をいう。
3. 繊維方向の圧縮強度は，繊維に直交する方向の圧縮強度より大きい。
4. 強度は，繊維飽和点以上では，含水率が変化してもほぼ一定である。

No.13 日本産業規格（JIS）に規定する建具の性能試験に関する記述として，**不適当なもの**はどれか。

1. 遮音性の性能試験では，音響透過損失を測定する。
2. 気密性の性能試験では，通気量を測定する。
3. 結露防止性の性能試験では，熱貫流率を測定する。
4. 水密性の性能試験では，漏水を測定する。

No.14 シーリング材に関する記述として，**最も不適当なもの**はどれか。

1. ポリサルファイド系シーリング材は，ムーブメントが大きい目地には好ましくない。
2. ポリウレタン系シーリング材は，ガラス回り目地に適している。
3. シリコーン系シーリング材は，紫外線による変色が少ない。
4. アクリルウレタン系シーリング材は，施工時の気温や湿度が高い場合，発泡のおそれがある。

※問題番号〔No.15〕～〔No.17〕までの**3問題**は，**全問題を解答してく**ださい。

問題は**四肢択一式**です。正解と思う肢の番号を**1つ**選んでください。

No.15 距離測量における測定値の補正に関する記述として，**最も不適当なもの**はどれか。

1. 光波測距儀を用いた測量において，気象補正を行った。
2. 光波測距儀を用いた測量において，反射プリズム定数補正を行った。
3. 鋼製巻尺を用いた測量において，湿度補正を行った。
4. 鋼製巻尺を用いた測量において，尺定数補正を行った。

No.16 LED照明に関する一般的な記述として，**最も不適当なもの**はどれか。

1. 水銀を使用していないため，廃棄する場合に蛍光灯のように手間が掛からない。
2. 蛍光灯や電球に比べ耐熱性が高いため，高温となる発熱体の周辺への設置に適している。
3. 光の照射方向に熱をほとんど発しないため，生鮮食料品用の照明に適している。
4. 光線に紫外線をほとんど含まないため，屋外照明に使用しても虫が寄り付きにくい。

No.17 建築設備とそれに関連する用語の組合せとして，**最も関係の少ないもの**はどれか。

1. 給水設備 ──────── ヒートポンプ
2. ガス設備 ──────── マイコンメーター
3. 排水設備 ──────── トラップ
4. 空気調和設備 ────── ファンコイルユニット

※**問題番号**〔No.18〕～〔No.28〕までの**11問題**のうちから，**8問題を選択し**，解答してください。

ただし，**8問題を超えて解答した場合，減点となります**から注意してください。

問題は**四肢択一式**です。正解と思う肢の番号を**1つ**選んでください。

No.18 やり方及び墨出しに関する記述として，**最も不適当なもの**はどれか。

1. 水貫は，水杭に示した一定の高さに上端を合わせて，水杭に水平に取り付ける。
2. 鋼製巻尺は，同じ精度を有する巻尺を複数本用意して，そのうちの1本を基準巻尺とする。
3. やり方は，建物の高低，位置，方向，心の基準を明確に表示するために設ける。
4. 2階から上階における高さの基準墨は，墨の引通しにより，順次下階の墨を上げる。

No.19 地業工事に関する記述として，**最も不適当なもの**はどれか。

1. 砂利地業で用いる砂利は，砂が混じったものよりも粒径の揃ったものとする。
2. 締固めによって砂利地業にくぼみが生じた場合，砂利を補充して表面を平らに均す。
3. 捨てコンクリートは，墨出しをしやすくするため，表面を平坦にする。
4. 土間コンクリートの下の防湿層は，断熱材がある場合，断熱材の直下に設ける。

No.20 鉄筋の加工及び組立てに関する記述として，**最も不適当なもの**はどれか。

1. 鉄筋の折曲げ加工は，常温で行う。
2. 鉄筋相互のあきは，鉄筋の強度により定められた最小寸法を確保する。
3. 床開口部補強のための斜め補強筋は，上下筋の内側に配筋する。
4. ガス圧接を行う鉄筋は，端面を直角，かつ，平滑にする。

No.21 高力ボルト接合に関する記述として，**最も不適当なもの**はどれか。

1. トルシア形高力ボルトの本締めは，ピンテールが破断するまで締め付けた。
2. トルシア形高力ボルトの座金は，座金の内側面取り部がナットに接するように取り付けた。
3. JIS形高力ボルトの首下長さは，締付け長さにナットと座金の高さを加えた寸法とした。
4. 高力ボルト接合部のフィラープレート両面に摩擦面処理を行った。

No.**22** 在来軸組構法の木工事における仕口の名称と納まり図の組合せとして、**誤っているもの**はどれか。

1. 大留め

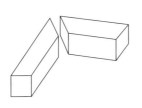

2. 相欠き

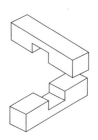

3. 大入れ

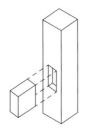

4. 蟻掛け

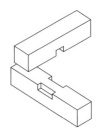

No.**23** セメントモルタルによるタイル後張り工法に関する記述として、**最も不適当なもの**はどれか。

1. マスク張りにおいて、タイル裏面へマスク板を当てて、張付けモルタルを金ごてで塗り付けた。
2. 密着張りにおいて、タイルは下部から上部に張り進めた。
3. 改良圧着張りにおいて、張付けモルタルの1回に塗り付ける面積は、タイル工1人当たり2m²とした。
4. モザイクタイル張りにおいて、張付けモルタルの1回に塗り付ける面積は、タイル工1人当たり3m²とした。

No.24 金属製折板葺に関する記述として，**最も不適当なもの**はどれか。

1. はぜ締め形折板は，本締めの前にタイトフレームの間を1mの間隔で部分締めを行った。
2. けらば部分の折板の変形を防ぐため，変形防止材を設けた。
3. 重ね形折板の重ね部に使用する緊結ボルトの流れ方向の間隔は，900mmとした。
4. 重ね形折板のボルト孔は，呼び出しポンチで開孔した。

No.25 コンクリート壁下地のセメントモルタル塗りに関する記述として，**最も不適当なもの**はどれか。

1. 吸水調整材は，下地とモルタルの接着力を増強するため，厚膜となるように十分塗布した。
2. 下塗りは，吸水調整材塗りの後，3時間経過してから行った。
3. つけ送りを含む総塗り厚が40mmとなる部分は，下地にアンカーピンを打ち，ネットを取り付けた。
4. セメントモルタル張りのタイル下地となるモルタル面は，木ごてで仕上げた。

No.26 建具金物に関する記述として，**最も不適当なもの**はどれか。

1. 本締り錠は，握り玉の中心にシリンダーが組み込まれたもので，ラッチボルトがデッドボルトと兼用となっている錠である。
2. 鎌錠は，鎌状のデッドボルトを突合せ部分の受けに引っかけて施錠するもので，引き戸に使用される錠である。
3. ピボットヒンジは，戸を上下から軸で支える金物で，戸の表面外又は戸厚の中心に取り付ける。
4. フロアヒンジは，床に埋め込む箱形の金物で，自閉機能があり，戸の自閉速度の調整をすることができる。

No.27 木質系素地面の塗装に関する記述として、**最も不適当なもの**はどれか。

1. オイルステイン塗りは、塗付け後、乾き切らないうちに余分な材料を拭き取った。
2. 合成樹脂調合ペイント塗りの中塗りは、塗装回数を明らかにするため、上塗りと色を変えて塗装した。
3. つや有合成樹脂エマルションペイント塗りは、塗料の粘度の調整を水で行った。
4. クリヤラッカー塗りの下塗りは、ジンクリッチプライマーを用いた。

No.28 ビニル床シート張りに関する記述として、**最も不適当なもの**はどれか。

1. シートを幅木部に張り上げるため、ニトリルゴム系接着剤を使用した。
2. 熱溶接工法では、シート張付け後、張付け用接着剤が硬化する前に溶接接合を行った。
3. シートを壁面に張り上げるため、床と壁が取り合う入隅部に面木を取り付けた。
4. 湿気のおそれのある下地への張付けには、エポキシ樹脂系接着剤を使用した。

※**問題番号**〔No.29〕～〔No.38〕までの**10問題**は，**全問題を解答して**ください。

問題は**四肢択一式**です。正解と思う肢の番号を**1つ**選んでください。

No.29 事前調査に関する記述として，**最も不適当なもの**はどれか。

1. 鉄骨の建方計画に当たり，近隣の商店や工場の業種について調査を行うこととした。
2. 敷地境界と敷地面積の確認のため，地積測量を行うこととした。
3. 敷地内の建家，立木，工作物の配置を把握するため，平面測量を行うこととした。
4. 根切り工事に当たり，埋蔵文化財の有無について調査を行うこととした。

No.30 仮設計画に関する記述として，**最も不適当なもの**はどれか。

1. 下小屋は，材料置場の近くに設置し，電力や水道等の設備を設けることとした。
2. 工事用ゲートの有効高さは，鉄筋コンクリート造の工事のため，最大積載時のトラックアジテータの高さとすることとした。
3. 工事現場の周辺状況により，危害防止上支障がないことから，仮囲いとしてガードフェンスを設置することとした。
4. 工事用ゲートには，車両の入退場を知らせる標示灯を設置したが，周辺生活環境に配慮しブザーは設置しないこととした。

No.31 工事現場における材料の保管に関する記述として，**最も不適当なもの**はどれか。

1. 巻いた壁紙は，くせが付かないように立てて保管した。
2. ビニル床タイルは，乾燥している床に箱詰め梱包のまま，積重ねを10段までとして保管した。
3. 板ガラスは，クッション材を挟み，乾燥した場所に平積みで保管した。
4. 防水用の袋入りアスファルトは，積重ねを10段までとして保管した。

No.32 工程計画の立案段階で考慮すべき事項として，**最も不適当なもの**はどれか。

1. 最初に全ての工種別の施工組織体系を把握する。
2. 敷地周辺の上下水道やガス等の公共埋設物を把握する。
3. 鉄骨工事の工程計画では，資材や労務の調達状況を調査して，手配を計画する。
4. 型枠工事の工程計画では，型枠存置期間を考慮して，せき板や支保工の転用を検討する。

No.33 バーチャート工程表の特徴に関する記述として，ネットワーク工程表と比較した場合，**最も不適当なもの**はどれか。

1. 手軽に作成することができ，視覚的に工程が把握しやすい。
2. 作業間調整に伴う修正がしやすい。
3. 前工程の遅れによる後工程への影響が把握しにくい。
4. 全体工期の短縮を検討する場合，工程のどこを縮めればいいのかわかりにくい。

No.34 品質管理に関する記述として，**最も不適当なもの**はどれか。

1. 品質計画に基づく施工の試験又は検査の結果は，次の計画や設計に活かす。

2. 川上管理とは，品質に与える影響が大きい前段階や生産工程の上流で品質を管理することである。

3. 施工品質管理表（QC工程表）とは，管理項目について管理値，検査の時期，方法，頻度等を明示したものである。

4. 試験とは，性質又は状態を調べ，判定基準と比較して良否の判断を下すことである。

No.35 トルシア形高力ボルトのマーキングに関する記述として，**最も不適当なもの**はどれか。

1. マーキングは，高力ボルトの取付け後，直ちに行う。

2. マーキングは，ボルト軸からナット，座金及び母材にかけて一直線に行う。

3. マークのずれによって，軸回りの有無を確認できる。

4. マークのずれによって，本締め完了の確認ができる。

No.36 コンクリートの試験に関する記述として，**最も不適当なもの**はどれか。

1. 1回の圧縮強度試験の供試体の個数は，3個とした。

2. 1回の圧縮強度試験は，コンクリート打込み日ごと，打込み工区ごと，かつ，150m³以下にほぼ均等に分割した単位ごとに行った。

3. スランプの測定値は，スランプコーンを引き上げた後の，平板からコンクリート最頂部までの高さとした。

4. スランプ試験において，スランプコーンを引き上げた後，コンクリートが偏って形が不均衡になったため，別の試料によって新たに試験を行った。

No.37 建築工事における危害又は迷惑と，それを防止するための対策に関する記述として，**最も不適当なもの**はどれか。

1. 高所作業による工具等の落下を防ぐため，水平安全ネットを設置した。
2. 工事用車両による道路面の汚れを防ぐため，洗浄装置を設置した。
3. 掘削による周辺地盤の崩壊を防ぐため，防護棚を設置した。
4. 解体工事による粉塵の飛散を防ぐため，散水設備を設置した。

No.38 建設業の現場における特定元方事業者が講ずべき措置として，「労働安全衛生法」上，**定められていないもの**はどれか。

1. 機械等が転倒するおそれがある場所において関係請負人の労働者が作業を行うとき，その関係請負人に対する技術上の指導を行うこと。
2. 関係請負人が行う安全教育に対して，安全教育に使用する資料を提供すること。
3. 特定元方事業者の労働者及び関係請負人の労働者の作業が同一の場所において行われるとき，作業間の連絡及び調整を行うこと。
4. 足場の組立て作業において，材料の欠点の有無を点検し，不良品を取り除くこと。

※**問題番号**〔No.39〕～〔No.42〕までの**4問題は能力問題**です。**全問題を解答**してください。
問題は**四肢択二式**です。正解と思う肢の番号を**2つ**選んでください。

No.39 型枠の支保工に関する記述として，**不適当なものを2つ選べ**。

1. 上下階の支柱は，できるだけ平面上の同一位置になるように設置した。
2. 地盤上に直接支柱を立てるため，支柱の下に剛性のある敷板を敷いた。
3. 支柱は，パイプサポートを3本継ぎとした。
4. パイプサポートに設ける水平つなぎは，番線を用いて緊結した。

No.40 型枠の存置期間に関する一般的な記述として，**不適当なものを2つ選べ。**

ただし，計画供用期間の級は標準とする。

1. コンクリートの材齢によるせき板の最小存置期間は，普通ポルトランドセメントと高炉セメントB種では同じである。

2. コンクリートの材齢によるせき板の最小存置期間は，同じセメントの種類の場合，存置期間中の平均気温の高低に係わらず同じである。

3. せき板の最小存置期間を定めるコンクリートの圧縮強度は，柱と壁は同じである。

4. 梁下のせき板の最小存置期間を定めるコンクリートの圧縮強度は，コンクリートの設計基準強度が同じ場合,セメントの種類に係わらず同じである。

No.41 合成高分子系ルーフィングシート防水の接着工法に関する記述として，**不適当なものを2つ選べ。**

1. 加硫ゴム系シート防水において，プライマーを塗布する範囲は，その日にシートを張り付ける範囲とした。

2. 加硫ゴム系シート防水において，接着剤を塗布後，オープンタイムを置かずにシートを張り付けた。

3. 塩化ビニル樹脂系シート防水において，シートを張り付けるエポキシ樹脂系接着剤は，シート裏面に塗布した。

4. 塩化ビニル樹脂系シート防水において，防水層の立上り末端部は，押え金物で固定し，不定形シール材を用いて処理した。

No.42 外壁仕上げの劣化とその改修工法に関する記述として，**不適当なものを2つ選べ。**

1. コンクリート打放し面のひび割れは，ポリマーセメントモルタル充填工法で改修した。

2. 劣化した既存複層仕上塗材は，高圧水洗で除去した。

3. タイル張り仕上げの浮きは，Uカットシール材充填工法で改修した。

4. モルタル塗り仕上げの浮きは，アンカーピンニング部分エポキシ樹脂注入工法で改修した。

※問題番号〔No.43〕～〔No.50〕までの**8問題**のうちから，**6問題を選択**し，解答してください。

ただし，**6問題を超えて解答した場合，減点となります**から注意してください。

問題は**四肢択一式**です。正解と思う肢の番号を**1つ**選んでください。

No.43 用語の定義に関する記述として，「建築基準法」上，**誤っているもの**はどれか。

1. 基礎は，構造耐力上主要な部分であるが，主要構造部ではない。
2. 電波塔に設けた展望室は，建築物である。
3. コンビニエンスストアは，特殊建築物ではない。
4. コンクリートや石は，耐水材料である。

No.44 地上階における居室の採光及び換気に関する記述として，「建築基準法」上，**誤っているもの**はどれか。

1. 採光に有効な部分の面積を計算する際，天窓は実際の面積よりも大きな面積を有する開口部として扱う。
2. 換気設備のない居室には，原則として，換気に有効な部分の面積がその居室の床面積の$\frac{1}{20}$以上の換気のための窓その他の開口部を設けなければならない。
3. 病院の診察室には，採光のための窓その他の開口部を設けなければならない。
4. ふすま，障子その他随時開放することができるもので仕切られた2室は，居室の採光及び換気の規定の適用に当たっては，1室とみなす。

No.45 建設業の許可に関する記述として,「建設業法」上,**誤って
いるもの**はどれか。

1. 2以上の都道府県の区域内に営業所を設けて営業しようとする者が建
設業の許可を受ける場合には,国土交通大臣の許可を受けなければなら
ない。

2. 国又は地方公共団体が発注者である建設工事を請け負う者は,特定建
設業の許可を受けていなければならない。

3. 建築工事業で一般建設業の許可を受けている者は,発注者から直接請
け負う1件の建設工事の下請代金の総額が7,000万円の下請契約をする
ことができない。

4. 解体工事業で一般建設業の許可を受けている者は,発注者から直接請
け負う1件の建設工事の下請代金の総額が4,500万円の下請契約をする
ことができない。

No.46 建設工事の請負契約書に記載しなければならない事項として,
「建設業法」上,**定められていないもの**はどれか。

1. 工事の履行に必要となる建設業の許可の種類及び許可番号

2. 当事者の一方から設計変更の申出があった場合における工期の変更,
請負代金の額の変更又は損害の負担及びそれらの額の算定方法に関する
定め

3. 天災その他不可抗力による工期の変更又は損害の負担及びその額の算
定方法に関する定め

4. 注文者が工事の全部又は一部の完成を確認するための検査の時期及び
方法並びに引渡しの時期

No.47 労働契約に関する記述として，「労働基準法」上，**誤っているもの**はどれか。

1. 使用者は，労働契約の不履行について，違約金とその支払の方法を定めて契約しなければならない。

2. 使用者は，労働契約に附随して貯蓄の契約をさせてはならない。

3. 使用者は，労働することを条件とする前貸の債権と賃金を相殺してはならない。

4. 使用者は，労働契約の締結に際し，労働者に対して就業の場所及び従事すべき業務に関する事項を明示しなければならない。

No.48 事業者が，新たに職務に就くことになった職長に対して行う安全衛生教育に関する事項として，「労働安全衛生法」上，**定められていないもの**はどれか。

ただし，作業主任者を除くものとする。

1. 労働者の配置に関すること

2. 作業方法の決定に関すること

3. 労働者に対する指導又は監督の方法に関すること

4. 作業環境測定の実施に関すること

No.49 工作物の建設工事に伴う次の副産物のうち，「廃棄物の処理及び清掃に関する法律」上，産業廃棄物に**該当しないもの**はどれか。

1. 除去に伴って生じたコンクリートの破片
2. 新築に伴って生じたゴムくず
3. 除去に伴って生じた陶磁器くず
4. 地下掘削に伴って生じた土砂

No.50 消防用設備等の種類と機械器具又は設備の組合せとして，「消防法」上，**誤っているもの**はどれか。

1. 警報設備 ―――――――――― 漏電火災警報器
2. 消火設備 ―――――――――― 連結送水管
3. 消火活動上必要な施設 ――― 排煙設備
4. 避難設備 ―――――――――― 救助袋

2級建築施工管理技術検定試験

令和5年度（前期）

第 一 次 検 定

■試験時間は，**10時15分から12時45分**

■選択問題は，解答数が**指定数を超えた場合，減点**となります。

イ．〔No.1〕～〔No.14〕までの**14問題**のうちから，**9問題を選択**し，解答してください。

ロ．〔No.15〕～〔No.17〕までの**3問題**は，**全問題を解答**してください。

ハ．〔No.18〕～〔No.28〕までの**11問題**のうちから，**8問題を選択**し，解答してください。

ニ．〔No.29〕～〔No.38〕までの**10問題**は，**全問題を解答**してください。

ホ．〔No.39〕～〔No.42〕までの**4問題**は，**全問題を解答**してください。

ヘ．〔No.43〕～〔No.50〕までの**8問題**のうちから，**6問題を選択**し，解答してください。

◆ 第一次検定結果データ ◆

受検者数	13,647人		
合格者数	5,150人	合格基準	22問以上
合格率	37.7%		

別冊 p.171 に解答用紙がありますので，コピーしてお使いください。

※**問題番号**〔No.1〕〜〔No.14〕までの**14問題**のうちから,**9問題を選択し,解答してください。**

ただし,**9問題を超えて解答した場合,減点となります**から注意してください。

問題は,**四肢択一式**です。正解と思う肢の番号を**1つ**選んでください。

No. 1 湿度及び結露に関する記述として,**最も不適当なもの**はどれか。

1. 単位乾燥空気中の水蒸気の質量を相対湿度という。
2. 飽和水蒸気量は乾球温度によって異なる。
3. 冬季暖房時において,外壁の断熱性が低い場合,室内に表面結露が生じやすい。
4. 冬季暖房時において,熱橋部は温度が低下しやすいため,室内に表面結露が生じやすい。

No. 2 照明に関する記述として,**最も不適当なもの**はどれか。

1. 光束法による室内の平均照度の算出式において,設計対象面上の平均照度は設計対象面の面積に反比例する。
2. ものの見やすさには,視対象の明るさ,視対象と背景の対比,視対象の大きさ及び見る時間が関係する。
3. 点光源による照度は,光源からの距離の2乗に反比例する。
4. 光源の色を表す色温度は,光源と同じ色の光を放つ黒体の絶対温度で表し,単位はルーメン（lm）である。

No. 3 色に関する記述として，**最も不適当なもの**はどれか。

1. 無彩色とは，色みを表す色相や明るさを表す明度をもたない色をいう。
2. 補色どうしを対比すると，互いに強調しあい，鮮やかさが増して見える。
3. 色の温度感覚には，暖色や寒色，それらに属さない中性色がある。
4. 2つの有彩色を混ぜて灰色になるとき，その2色は互いに補色の関係にある。

No. 4 木造在来軸組構法に関する記述として，**最も不適当なもの**はどれか。

1. 階数が2以上の建築物における隅柱又はこれに準ずる柱は，原則として，通し柱とする。
2. 圧縮力を負担する木材の筋かいは，厚さ1.5cm以上で幅9cm以上とする。
3. 3階建ての建築物における1階の構造耐力上主要な部分である柱の断面は，原則として，小径13.5cm以上とする。
4. 壁を設け又は筋かいを入れた構造耐力上必要な軸組の長さは，各階の床面積が同じ場合，1階のほうが2階より大きな値となる。

No. 5 鉄筋コンクリート構造の建築物の構造設計に関する一般的な記述として，**最も不適当なもの**はどれか。

1. 構造耐力上主要な部分である柱の主筋の全断面積の割合は，コンクリートの全断面積の0.4%以上とする。
2. 構造耐力上主要な部分である柱の帯筋比は，0.2%以上とする。
3. 床スラブの配力筋は，一般に主筋と直角に，スラブの長辺方向に配筋する。
4. 四辺固定の長方形床スラブの中央部の引張鉄筋は，スラブの下側に配筋する。

No. 6 鉄骨構造の接合に関する記述として，**最も不適当なもの**はどれか。

1. 高力ボルト接合の摩擦面には，ショットブラスト処理等による一定の値以上のすべり係数を確保する必要がある。
2. 完全溶込み溶接継目の有効長さは，接合される材の全幅とする。
3. 溶接と高力ボルトを併用する継手で，溶接を先に行う場合は両方の許容耐力を加算してよい。
4. 隅肉溶接継目の許容応力度は，母材の許容せん断応力度と同じ値とする。

No. 7 基礎杭に関する記述として，**最も不適当なもの**はどれか。

1. 拡径断面を有する遠心力高強度プレストレストコンクリート杭（ST杭）は，拡径部を杭の先端に使用する場合，大きな支持力を得ることができる。
2. 既製コンクリート杭の埋込み工法のひとつで，杭の中空部から掘削土を排出しながら杭を圧入する中掘り工法は，杭径の小さなものの施工に適している。
3. 外殻鋼管付きコンクリート杭（SC杭）は，一般に継ぎ杭の上杭として，遠心力高強度プレストレストコンクリート杭（PHC杭）と組み合わせて用いられる。
4. 鋼杭は，地中での腐食への対処法として，肉厚を厚くする方法，塗装やライニングを行う方法等が用いられる。

No.8 建築物の構造設計における地震層せん断力に関する記述として，**最も不適当なもの**はどれか。

1. 地上部分のある層に作用する地震層せん断力は，算定しようとする層の固定荷重と積載荷重の和に，その層の地震層せん断力係数を乗じて計算する。

2. 地震層せん断力は，建築物の設計用一次固有周期及び地盤の種類に応じて算定する。

3. 地震層せん断力係数は，上層階になるほど大きくなる。

4. 地震地域係数は，その地方における過去の地震の記録に基づく震害の程度及び地震活動の状況，その他地震の性状に応じて国土交通大臣が定める数値である。

No.9 図に示す単純梁ABに等変分布荷重が作用したとき，支点Aの鉛直反力V_A及び支点Bの鉛直反力V_Bの値の大きさの比率として，**正しいもの**はどれか。

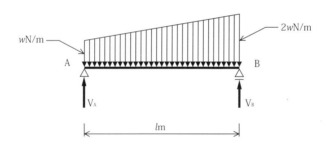

1. $V_A : V_B = 1 : 2$

2. $V_A : V_B = 2 : 3$

3. $V_A : V_B = 3 : 4$

4. $V_A : V_B = 4 : 5$

解説▶別冊 p.26 ▶▶▶

図に示す単純梁ABの点C及び点Dにそれぞれモーメント荷重Mが作用したときの曲げモーメント図として，**正しいもの**はどれか。

ただし，曲げモーメントは材の引張側に描くものとする。

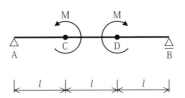

1.

2.

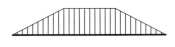

3.

4.

No. 11 コンクリートに関する一般的な記述として、**最も不適当なもの**はどれか。

1. スランプが大きいほど、フレッシュコンクリートの流動性は大きくなる。
2. 硬化後のコンクリートの圧縮強度が大きくなると、ヤング係数は大きくなる。
3. 暑中コンクリートは、日平均気温の平年値が25℃を超える期間が適用期間となる。
4. 硬化後のコンクリートの引張強度は、圧縮強度の $\frac{1}{5}$ 程度である。

No. 12 日本産業規格（JIS）に規定するセラミックタイルに関する記述として、**不適当なもの**はどれか。

1. セラミックタイルとは、粘土又はその他の無機質原料を成形し、高温で焼成した、所定の厚さを有した板状の不燃材料である。
2. 裏連結ユニットタイルとは、多数個並べたタイルの裏面や側面を、ネットや台紙等の裏連結材で連結したものをいう。
3. 屋外壁の有機系接着剤によるタイル後張り工法で施工するタイルには、裏あしがなくてもよい。
4. 屋外壁のセメントモルタルによるタイル後張り工法で施工するタイルには、裏あしがなくてもよい。

No.13 防水材料に関する記述として，**最も不適当なもの**はどれか。

1. アスファルトプライマーは，下地と防水層の接着性を向上させるために用いる。
2. 絶縁用テープは，防水層の末端部に使用し，防水層のずれ落ち，口あき，剥離等の防止に用いる。
3. アスファルトフェルトは，有機天然繊維を主原料とした原紙にアスファルトを浸透させたものである。
4. 改質アスファルトは，合成ゴムや合成樹脂等を添加して，アスファルトの温度特性等を改良したものである。

No.14 内装材料に関する一般的な記述として，**最も不適当なもの**はどれか。

1. 木毛セメント板は，断熱性，吸音性に優れている。
2. けい酸カルシウム板は，軽量で耐火性に優れている。
3. 強化せっこうボードは，心材のせっこうに油脂をしみ込ませ，強度を向上させたものである。
4. シージングせっこうボードは，普通せっこうボードに比べ，吸水時の強度低下が生じにくい。

※**問題番号**〔No.15〕～〔No.17〕までの**3問題**は，**全問題を解答**してください。

問題は，**四肢択一式**です。正解と思う肢の番号を**1つ**選んでください。

No. 15 構内舗装工事に関する記述として，**最も不適当なもの**はどれか。

1. 路盤材料に用いられるクラッシャランは，採取したままの砂利で，砂と土粒の混入したものをいう。
2. アスファルト舗装の路床は，地盤が軟弱な場合を除いて，現地盤の土をそのまま十分に締め固める。
3. コンクリート舗装に用いるコンクリートのスランプは，一般的な建築物に用いるものより小さい。
4. アスファルト舗装は，交通荷重及び温度変化に対してたわみ変形する。

No. 16 建築物の電気設備とそれに関する用語の組合せとして，**最も関係の少ないもの**はどれか。

1. 避雷設備 ——————— 棟上げ導体
2. 高圧受変電設備 ——————— キュービクル
3. 情報通信設備 ——————— 同軸ケーブル
4. 照明設備 ——————— PBX

給排水設備に関する記述として，**最も不適当なもの**はどれか。

1. 地中埋設排水管において，桝を設ける場合，雨水桝には泥だめを，汚水桝にはインバートを設ける。

2. 飲料水用の給水タンクの天井，底又は周壁は，建築物の構造体と兼用してはならない。

3. ポンプ直送方式の給水設備は，水道本管から分岐した水道引き込み管に増圧給水装置を直結し，建物各所に給水する方式である。

4. 飲料水用の給水タンクの水抜き管は，一般排水系統へ直接連結してはならない。

※**問題番号**〔No.18〕〜〔No.28〕までの**11問題**のうちから，**8問題を選択し**，**解答**してください。

ただし，**8問題を超えて解答した場合**，**減点となります**から注意してください。

問題は，**四肢択一式**です。正解と思う肢の番号を**1つ**選んでください。

No.**18** 根切り及び山留め工法に関する一般的な記述として，**最も不適当なもの**はどれか。

1. 控え（タイロッド）アンカー工法は，山留め壁頭部の変形を抑制したい場合に有効である。
2. 場所打ち鉄筋コンクリート地中壁は，軟弱地盤や根切り底が深い掘削となる施工に適している。
3. 親杭横矢板壁は，遮水性がなく，地下水位の高い地盤では地下水処理を併用する必要がある。
4. トレンチカット工法は，根切り工事の範囲が狭い場合に適している。

No.**19** 型枠の締付け金物等に関する記述として，**最も不適当なもの**はどれか。

1. 独立柱の型枠の組立てには，セパレータやフォームタイが不要なコラムクランプを用いた。
2. 防水下地となる部分の型枠に，C型のセパレータを用いた。
3. 型枠脱型後にコンクリート表面に残るC型のセパレータのねじ部分は，ハンマーでたたいて折り取った。
4. セパレータは，せき板に対して垂直となるよう取り付けた。

No.**20** 日本産業規格（JIS）のレディーミクストコンクリート用骨材として，**規定されていないもの**はどれか。

1. 人工軽量骨材
2. 高炉スラグ骨材
3. 溶融スラグ骨材
4. 再生骨材H

No.**21** 在来軸組構法における木工事に関する記述として，**最も不適当なもの**はどれか。

1. 土台の継手位置は，床下換気口を避けた位置とした。
2. 束立て床組の大引の継手位置は，床束心とした。
3. 根太掛けの継手位置は，柱心とした。
4. 根太の継手位置は，大引等の受材心とした。

No.**22** 木造住宅の解体工事に関する記述として，**最も不適当なもの**はどれか。

1. 蛍光ランプは，窓ガラスと共に専用のコンテナ容器内で破砕して，ガラス類として処分した。
2. 建具と畳は，建築設備を取り外した後，手作業で撤去した。
3. せっこうボードは再資源化するため，水に濡れないように取り扱った。
4. 屋根葺材は，内装材を撤去した後，手作業で取り外した。

No.23 ウレタンゴム系塗膜防水絶縁工法に関する記述として，**最も不適当なもの**はどれか。

1. 不織布タイプの通気緩衝シートは，接着剤で張り付けた。
2. 通気緩衝シートの継目は，隙間や重なり部をつくらないようにシート相互を突付けとし，ジョイントテープを張り付けた。
3. 穴あきの不織布タイプの通気緩衝シートは，下地に張り付けた後，防水材でシートの穴を充填した。
4. 通気緩衝シートは，防水立上り面まで張り上げた。

No.24 外壁の張り石工事において，湿式工法と比較した場合の乾式工法の特徴として，**最も不適当なもの**はどれか。

1. 地震時の躯体の挙動に追従しにくい。
2. 石材の熱変形による影響が少ない。
3. 白華現象が起こりにくい。
4. 工期短縮を図りやすい。

No.25 金属の表面仕上げに関する記述として，**最も不適当なもの**はどれか。

1. ステンレス鋼のNo.2Bは，母材を冷間圧延して熱処理，酸洗いした後，適度な光沢を与えるために軽い冷間圧延をした仕上げである。
2. アルミニウムの自然発色皮膜は，母材を陽極酸化処理した後に着色や染色を行わず，素地のシルバー色のままとした無着色仕上げである。
3. 鋼材の電気めっきは，母材を電解液中で通電して，表面に皮膜金属を生成させた仕上げである。
4. 銅合金の硫化いぶしは，母材の表面に，硫黄を含む薬品を用いて褐色に着色した仕上げである。

No.26 塗装工事における素地ごしらえに関する記述として、**最も不適当なもの**はどれか。

1. モルタル面の吸込み止めは、パテかいを行った後に、シーラーを全面に塗り付けた。
2. せっこうボード面のパテかいは、合成樹脂エマルションパテを使用した。
3. 木部面の不透明塗料塗りの節止めは、セラックニスを使用した。
4. ALCパネル面の吸込み止めは、下地調整を行う前に、シーラーを全面に塗り付けた。

No.27 床のフローリングボード張りに関する記述として、**最も不適当なもの**はどれか。

1. 壁、幅木、框及び敷居とフローリングボードの取合いには、板の伸縮に備えた隙間を設けた。
2. 張込み完了後の表面に生じた目違いは、養生期間を経過した後、サンディングした。
3. 接着剤張り工法のため、接着剤は専用のくしべらを使用し、均等に伸ばして塗り付けた。
4. 釘留め工法の根太張り工法のため、根太の上に下張りを行い、フローリングボードを接着剤を併用して張り込んだ。

No.28 外壁の押出成形セメント板（ECP）横張り工法に関する記述として、**最も不適当なもの**はどれか。

1. 取付け金物（Zクリップ）は、パネル小口より80mm離れた位置に取り付けた。
2. 取付け金物（Zクリップ）は、パネル1枚につき左右両端部2か所ずつ4か所取り付けた。
3. 取付け金物（Zクリップ）は、下地鋼材にかかり代を20mm確保して取り付けた。
4. 取付け金物（Zクリップ）は、下地鋼材に溶接長さを15mm確保して取り付けた。

※**問題番号**〔No.29〕〜〔No.38〕までの**10問題**は，**全問題を解答して**ください。

問題は，**四肢択一式**です。正解と思う肢の番号を**1つ**選んでください。

No.29 事前調査に関する記述として，**最も不適当なもの**はどれか。

1. 既存の地下埋設物を記載した図面があったが，位置や規模の確認のための試掘調査を行うこととした。
2. 既製杭の打込みが予定されているため，近接する工作物や舗装の現況の調査を行うこととした。
3. 根切り工事が予定されているため，前面道路や周辺地盤の高低の調査を行うこととした。
4. 防護棚を設置するため，敷地地盤の高低や地中埋設配管の調査を行うこととした。

No.30 仮設計画に関する記述として，**最も不適当なもの**はどれか。

1. 規模が小さい作業所のため，守衛所を設けず，警備員だけを出入口に配置することとした。
2. 敷地内に仮設道路を設置するに当たり，地盤が軟弱であったため，浅層地盤改良を行うこととした。
3. 鋼板製仮囲いの下端には，雨水が流れ出やすいように隙間を設けることとした。
4. 仮囲いの出入口は，管理をしやすくするため，人や車両の入退場の位置を限定することとした。

No. 31 建築工事に係る申請や届出等に関する記述として，**最も不適当なもの**はどれか。

1. 振動規制法による特定建設作業を指定地域内で行うため，特定建設作業実施届出書を市町村長に提出した。
2. 常時10人の労働者が従事する事業で附属寄宿舎を設置するため，寄宿舎設置届を市町村長に提出した。
3. 積載荷重が1tの仮設の人荷用エレベーターを設置するため，エレベーター設置届を労働基準監督署長に提出した。
4. 歩道に工事用仮囲いを設置するため，道路占用許可申請書を道路管理者に提出した。

No. 32 工程計画及び工程管理に関する記述として，**最も不適当なもの**はどれか。

1. 工期短縮に用いる手法として，山積工程表における山崩しがある。
2. ネットワーク工程表は，工程における複雑な作業間の順序関係を視覚的に表現することができる。
3. 工程管理の手法として，3次元CADやコンピューターグラフィックスを使用することで工事現場の進捗状況を視覚的に把握する方法がある。
4. Sチャートは，工事の進捗に対応した出来高の累積値を縦軸に，時間を横軸に取って，出来高の進捗を数量的，かつ，視覚的に示すことができる。

No. 33 バーチャート工程表に関する記述として，**最も不適当なもの**はどれか。

1. 工事種目を縦軸に，月日を横軸に示し，各作業の開始から終了までを横線で表したものである。
2. 工程表に示す作業を増やしたり，作業を細分化すると，作業間の関係が把握しやすくなる。
3. 作業の流れ，各作業の所要日数や施工日程が把握しやすい。
4. 工程の進捗をマイルストーンごとに確認すると，全体工程の遅れを防ぐことにつながる。

No.34 次のうち，品質管理に関する用語として，**最も関係の少ない**ものはどれか。

1. PDCA
2. トレーサビリティ
3. ALC
4. サンプリング

No.35 品質管理のための試験及び検査に関する記述として，**最も不適当なもの**はどれか。

1. シーリング工事において，接着性の確認のため，簡易接着性試験を行った。
2. タイル工事において，外壁タイルの接着力の確認のため，引張接着試験を行った。
3. コンクリート工事において，フレッシュコンクリートの受入検査のため，空気量試験を行った。
4. 既製コンクリート杭地業工事において，根固め液の強度の確認のため，針入度試験を行った。

No.36 トルシア形高力ボルトの本締め完了後に確認すべき事項として，**最も不適当なもの**はどれか。

1. ナット回転量は，各ボルト群のナットの平均回転角度の±30°以内であることを確認する。
2. 一次締めの後につけたマークのずれにより，共回りが生じていないことを確認する。
3. ボルト締付けの合否は，トルク値を測定して確認する。
4. ナット面から突き出たボルトの余長が，ねじ1山から6山までの範囲であることを確認する。

No.37 足場の組立て等作業主任者の職務として，「労働安全衛生規則」上，**定められていないもの**はどれか。

1. その日の作業を開始する前に，作業を行う箇所に設けた足場用墜落防止設備の取り外しの有無を点検すること。
2. 器具，工具，要求性能墜落制止用器具及び保護帽の機能を点検し，不良品を取り除くこと。
3. 要求性能墜落制止用器具及び保護帽の使用状況を監視すること。
4. 作業の方法及び労働者の配置を決定し，作業の進行状況を監視すること。

No.38 建築工事の足場に関する記述として，**最も不適当なもの**はどれか。

1. くさび緊結式足場において，壁つなぎの間隔は，法令で定められた単管足場の間隔を適用した。
2. 高さ5m以上の枠組足場において，壁つなぎの水平方向の間隔は，10m以下とした。
3. 単管足場において，単管と単管の交点の緊結金具は，直交型クランプ又は自在型クランプを使用した。
4. 枠組足場において，階段の手すりの高さは，踏板より90cmとした。

　　問題は**四肢択二式**です。正解と思う肢の番号を**2つ**選んでください。

No.39 　鉄筋のかぶり厚さに関する記述として，**不適当なものを2つ選べ。**

1. 設計かぶり厚さは，最小かぶり厚さに施工誤差を考慮した割増を加えたものである。

2. かぶり厚さは，ひび割れ補強筋についても確保する。

3. かぶり厚さとは，鉄筋の中心からコンクリートの表面までの距離である。

4. 土に接するスラブのかぶり厚さには，捨コンクリートの厚さを含む。

No.40 　鉄骨の錆止め塗装に関する記述として，**不適当なものを2つ選べ。**

1. 工事現場溶接を行う箇所は，開先面のみ塗装を行わなかった。

2. 塗膜にふくれや割れが生じた部分は，塗膜を剥がしてから再塗装を行った。

3. 素地調整を行った面は，素地が落ち着くまで数日あけて塗装を行った。

4. コンクリートに埋め込まれる部分は，塗装を行わなかった。

No.41 セルフレベリング材塗りに関する記述として，**不適当なものを2つ選べ。**

ただし，塗り厚は10mm程度とする。

1. 流し込みは，吸水調整材塗布後，直ちに行った。
2. 流し込み作業中は，通風のため窓や開口部を開放した。
3. 流し込み後は，表面全体をトンボ等を用いて均した。
4. 硬化後，打継ぎ部等の突起は，サンダーで削り取った。

No.42 鋼製建具に関する記述として，**不適当なものを2つ選べ。**

ただし，1枚の戸の有効開口は，幅950mm，高さ2,400mmとする。

1. 建具枠の取付け用のアンカーは，枠の両端を固定して，中間部を900mm内外の間隔とした。
2. 建具枠の取付け精度は，対角寸法差を3mm以内とした。
3. くつずりは，ステンレス製とし，表面の仕上げをヘアラインとした。
4. くつずり裏面のモルタル詰めは，建具枠の取付け後に行った。

※問題番号〔No.43〕～〔No.50〕までの**8問題**のうちから，**6問題を選択し**，解答してください。

ただし，**6問題を超えて解答した場合**，**減点となります**から注意してください。

問題は，**四肢択一式**です。正解と思う肢の番号を**1つ**選んでください。

No.43 建築確認等の手続きに関する記述として，「建築基準法」上，**誤っているもの**はどれか。

1. 特定工程後の工程に係る工事は，当該特定工程に係る中間検査合格証の交付を受けた後でなければ，これを施工してはならない。
2. 特定行政庁は，工事施工者に対して工事の計画又は施工の状況に関する報告を求めることができる。
3. 建築主事は，建築主に対して，建築物の敷地に関する報告を求めることができる。
4. 工事施工者は，建築物の工事を完了したときは，建築主事又は指定確認検査機関の完了検査を申請しなければならない。

No.44 次の記述のうち，「建築基準法施行令」上，**誤っているもの**はどれか。

1. 階段に代わる傾斜路には，原則として，手すり等を設けなければならない。
2. 階段の幅が3mを超える場合，原則として，中間に手すりを設けなければならない。
3. 居室の天井の高さは，室の床面から測り，1室で天井の高さの異なる部分がある場合は，最も低いところの高さによる。
4. 水洗便所に必要な照明設備及び換気設備を設けた場合，当該便所には採光及び換気のため直接外気に接する窓を設けなくともよい。

解説▶別冊 p.41 ▶▶▶

No. 45 建設業の許可に関する記述として,「建設業法」上,**誤っているもの**はどれか。

1. 許可を受けた建設業者は,営業所に置く専任の技術者を欠くこととなった場合,これに代わるべき者について,書面を提出しなければならない。
2. 許可を受けた建設業者は,毎事業年度終了の時における工事経歴書を,提出しなければならない。
3. 許可を受けた建設業者は,業種の区分について変更があったときは,その旨の変更届出書を提出しなければならない。
4. 許可を受けた建設業者は,商号又は名称について変更があったときは,その旨の変更届出書を提出しなければならない。

No. 46 工事現場における技術者に関する記述として,「建設業法」上,**誤っているもの**はどれか。

1. 主任技術者は,工事現場における建設工事を適正に実施するため,当該建設工事の施工計画の作成,工程管理,品質管理の職務を誠実に行わなければならない。
2. 学校教育法による大学を卒業後,1年以上実務の経験を有する者で在学中に国土交通省令で定める学科を修めたものは,建築一式工事における主任技術者になることができる。
3. 主任技術者を設置する工事で専任が必要とされるものでも,密接な関係のある2以上の建設工事を同一の建設業者が同一の場所において施工するものについては,これらの工事を同じ主任技術者が管理することができる。
4. 元請負人の特定建設業者から請け負った建設工事で,元請負人に監理技術者が置かれている場合であっても,施工する建設業の許可を受けた下請負人は主任技術者を置かなければならない。

No.47 次の業務のうち,「労働基準法」上,満17才の者を**就かせて
はならない業務**はどれか。

1. 20kgの重量物を断続的に取り扱う業務
2. 電気ホイストの運転の業務
3. 最大積載荷重1tの荷物用エレベーターの運転の業務
4. 動力により駆動される土木建築用機械の運転の業務

No.48 「労働安全衛生法」上,事業者が,所轄労働基準監督署長へ
所定の様式で報告書を**提出しなければならないもの**はどれか。

1. 産業医を選任したとき
2. 労働衛生指導医を選任したとき
3. 安全衛生推進者を選任したとき
4. 安全衛生責任者を選任したとき

No.49 建設工事に伴う次の副産物のうち,「建設工事に係る資材の
再資源化等に関する法律(建設リサイクル法)」上,**特定建設
資材廃棄物に該当するもの**はどれか。

1. 場所打ちコンクリート杭工事の杭頭処理に伴って生じたコンクリート
塊
2. 左官工事に伴って生じたモルタル屑
3. 鋼製建具の取替えに伴って撤去した金属
4. 内装改修工事に伴って撤去したタイルカーペット

No.50 次の建設作業のうち，「騒音規制法」上，**特定建設作業に該当しないもの**はどれか。

ただし，作業は開始したその日に終わらないものとする。

1. モルタルを製造するために行う作業を除く，混練機の混練容量が0.45m³のコンクリートプラントを設けて行う作業

2. さく岩機を使用し作業地点が連続して移動する作業で，1日における作業に係る2地点間の最大距離が60mの作業

3. 環境大臣が指定するものを除く，原動機の定格出力が40kWのブルドーザーを使用する作業

4. 環境大臣が指定するものを除く，原動機の定格出力が70kWのトラクターショベルを使用する作業

2級建築施工管理技術検定試験

令和4年度（後期）

第一次検定

■試験時間は，**10時15分から12時45分**

■選択問題は，解答数が**指定数を超えた場合，減点**となります。

イ．〔No.1〕～〔No.14〕までの**14問題**のうちから，**9問題を選択し，解答**してください。

ロ．〔No.15〕～〔No.17〕までの**3問題**は，**全問題を解答**してください。

ハ．〔No.18〕～〔No.28〕までの**11問題**のうちから，**8問題を選択し，解答**してください。

ニ．〔No.29〕～〔No.38〕までの**10問題**は，**全問題を解答**してください。

ホ．〔No.39〕～〔No.42〕までの**4問題**は，**全問題を解答**してください。

ヘ．〔No.43〕～〔No.50〕までの**8問題**のうちから，**6問題を選択し，解答**してください。

◆ 第一次検定結果データ ◆

受検者数	27,004人		
合格者数	11,421人	合格基準	24問以上
合格率	42.3%		

※第一次検定のみ受検者数または合格者数を含む。

別冊p.172に解答用紙がありますので，コピーしてお使いください。

2級 建築施工管理技術検定
第一次検定問題

※**問題番号**〔No.1〕～〔No.14〕までの**14問題**のうちから，**9問題を選択し，解答**してください。

No.1 冬季暖房時の結露に関する記述として，**最も不適当なもの**はどれか。

1. 外壁の室内側の表面結露を防止するためには，室内側の表面温度を露点温度以下に下げないようにする。
2. 室内側の表面結露を防止するためには，外壁や屋根等に熱伝導率の高い材料を用いる。
3. 外壁の室内側の表面結露を防止するためには，室内側表面に近い空気を流動させる。
4. 室内側が入隅となる外壁の隅角部は，室内側に表面結露が生じやすい。

No.2 照明に関する記述として，**最も不適当なもの**はどれか。

1. 光束は，視感度に基づいて測定された単位時間当たりの光のエネルギー量である。
2. 輝度は，光源の光の強さを表す量である。
3. 天井や壁等の建築部位と一体化した照明方式を，建築化照明という。
4. 照明対象となる範囲外に照射されるような漏れ光によって引き起こされる障害のことを，光害という。

No. 3 色に関する記述として，**最も不適当なもの**はどれか。

1. 純色とは，各色相の中で最も明度の高い色をいう。
2. 色彩によって感じられる距離感は異なり，暖色は寒色に比べて近くに感じられやすい。
3. 印刷物や塗料等の色料の三原色を同量で混色すると，黒に近い色になる。
4. 明度と彩度を合わせて色の印象を表したものを，トーン(色調)という。

No. 4 木造在来軸組構法に関する記述として，**最も不適当なもの**はどれか。

1. 床等の水平構面は，水平荷重を耐力壁や軸組に伝達できるよう水平剛性を十分に高くする。
2. 胴差は，垂木を直接受けて屋根荷重を柱に伝えるための部材である。
3. 筋かいをたすき掛けにするためにやむを得ず欠き込む場合は，筋かいに必要な補強を行う。
4. 筋かいの端部は，柱と梁その他の横架材との仕口に接近して，ボルト，かすがい，釘その他の金物で緊結する。

No. 5 鉄筋コンクリート構造の配筋に関する記述として，**最も不適当なもの**はどれか。

1. 梁の幅止め筋は，腹筋間に架け渡したもので，あばら筋の振れ止め及びはらみ止めの働きをする。
2. 梁は，全スパンにわたり主筋を上下に配置した複筋梁とする。
3. 柱の帯筋は，柱の上下端部より中央部の間隔を密にする。
4. 柱の帯筋は，主筋を取り囲むように配筋したもので，主筋の座屈を防止する働きをする。

No. 6 鉄骨構造の接合に関する記述として，**最も不適当なもの**はどれか。

1. 高力ボルト接合の形式には，摩擦接合，引張接合，支圧接合等があり，このうち摩擦接合が多く用いられる。

2. 支圧接合とは，ボルト軸部のせん断力と部材の支圧によって応力を伝える接合方法である。

3. 完全溶込み溶接とは，溶接部の強度が母材と同等以上になるように全断面を完全に溶け込ませる溶接である。

4. 隅肉溶接の有効長さは，隅肉溶接の始端から終端までの長さである。

No. 7 杭基礎に関する記述として，**最も不適当なもの**はどれか。

1. 場所打ちコンクリート杭工法には，アースオーガーを使用するプレボーリング拡大根固め工法がある。

2. アースドリル工法は，オールケーシング工法やリバース工法に比べて，狭い敷地でも作業性がよい。

3. 節部付きの遠心力高強度プレストレストコンクリート杭（節杭）は，杭本体部に外径が軸径よりも大きい節部を多数設けたもので，主に摩擦杭として用いられる。

4. 外殻鋼管付きのコンクリート杭（SC杭）は，大きな水平力が作用する杭に適している。

No. 8 建築物の構造設計における荷重及び外力に関する記述として，**最も不適当なもの**はどれか。

1. 積雪荷重は，雪下ろしを行う慣習のある地方では，低減することができる。

2. 風力係数は，風洞試験によって定める場合のほか，建築物の断面及び平面の形状に応じて定められた数値とする。

3. 風圧力は，地震力と同時に作用するものとして計算する。

4. 地震力は，建築物の固定荷重又は積載荷重を減ずると小さくなる。

No. 9 図に示す単純梁ABに等分布荷重 ω が作用するとき，支点Bにかかる鉛直反力の値の大きさとして，**正しいもの**はどれか。

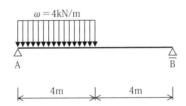

$\omega = 4\text{kN/m}$

A   B

4m   4m

1. 2kN

2. 4kN

3. 8kN

4. 12kN

図に示す単純梁ABの点Aにモーメント荷重Mが作用したときの曲げモーメント図として，**正しいもの**はどれか。

ただし，曲げモーメントは，材の引張側に描くものとする。

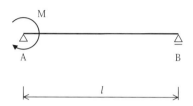

1.

2.

3.

4.

No. 11 コンクリートに関する記述として，**最も不適当なもの**はどれか。

1. コンクリートの引張強度は，圧縮強度に比べて著しく小さい。
2. コンクリートの線膨張係数は，常温では，鉄筋の線膨張係数とほぼ等しい。
3. コンクリートは，大気中の炭酸ガスやその他の酸性物質の浸透によって徐々に中性化する。
4. コンクリートは，不燃性であり，長時間火熱を受けても変質しない。

No. 12 木材に関する一般的な記述として，**最も不適当なもの**はどれか。

1. 木材の強度は，含水率が同じ場合，密度の大きいものほど大きい。
2. 針葉樹は，広葉樹に比べて軽量で加工がしやすい。
3. 節は，断面の減少や応力集中をもたらし，強度を低下させる。
4. 心材は，辺材に比べて腐朽菌や虫害に対して抵抗が低い。

No. 13 日本産業規格（JIS）に規定するセラミックタイルに関する記述として，**最も不適当なもの**はどれか。

1. 表張りユニットタイルとは，多数個並べたタイルの表面に，表張り台紙を張り付けて連結したものをいう。
2. 裏あしは，セメントモルタル等との接着をよくするため，タイルの裏面に付けたリブ又は凹凸のことをいう。
3. 素地は，タイルの主体をなす部分をいい，施ゆうタイルの場合，表面に施したうわぐすりも含まれる。
4. タイルには平物と役物があり，それぞれ形状は定形タイルと不定形タイルに区分される。

解説 ▶ 別冊 p.51 ▶▶▶

防水材料に関する記述として，**最も不適当なもの**はどれか。

1. シート防水には，合成ゴム系やプラスチック系のシートが用いられる。
2. 網状アスファルトルーフィングは，天然又は有機合成繊維で作られた粗布にアスファルトを浸透，付着させたものである。
3. 塗膜防水は，液状の樹脂が塗布後に硬化することで防水層を形成する。
4. 砂付あなあきアスファルトルーフィングは，防水層と下地を密着させるために用いるものである。

※**問題番号**〔No.15〕～〔No.17〕までの**3問題**は，**全問題を解答**してください。

No.**15** 測量に関する記述として，**最も不適当なもの**はどれか。

1. 水準測量は，地表面の高低差を求める測量で，レベル等を用いる。
2. 角測量は，水平角と鉛直角を求める測量で，セオドライト等を用いる。
3. 平板測量は，測点の距離と高さを間接的に求める測量で，標尺等を用いる。
4. 距離測量は，2点間の距離を求める測量で，巻尺等を用いる。

No.**16** 日本産業規格（JIS）に規定する構内電気設備の名称とその配線用図記号の組合せとて，**不適当なもの**はどれか。

1. 換気扇 ──────── ⊗

2. 蛍光灯 ──────── ▭─○─▭

3. 3路点滅器 ──────── ●₃

4. 情報用アウトレット ──── ⊖

No.**17** 給排水設備に関する記述として，**最も不適当なもの**はどれか。

1. 水道直結直圧方式は，水道本管から分岐した水道引き込み管に増圧給水装置を直結し，建物各所に給水する方式である。
2. ウォーターハンマーとは，給水配管内の水流が急激に停止したとき，振動や衝撃音等が生じる現象をいう。
3. 公共下水道の排水方式には，汚水と雨水を同一系統で排除する合流式と，別々の系統で排除する分流式がある。
4. 排水トラップの破封を防止するため，排水系統に通気管を設ける。

No. **18**　土工事の埋戻し及び締固めに関する記述として，**最も不適当なもの**はどれか。

1. 埋戻し土に粘性土を用いるため，余盛りの量を砂質土を用いる場合より多くした。
2. 埋戻し土は，最適含水比に近い状態で締め固めた。
3. 入隅等狭い箇所での締固めを行うため，振動コンパクターを使用した。
4. 動的荷重による締固めを行うため，重量のあるロードローラーを使用した。

No. **19**　鉄筋のかぶり厚さに関する記述として，**最も不適当なもの**はどれか。

1. 杭基礎におけるベース筋の最小かぶり厚さは，杭頭から確保する。
2. 腹筋を外付けするときの大梁の最小かぶり厚さは，幅止め筋の外側表面から確保する。
3. 直接土に接する梁と布基礎の立上り部の最小かぶり厚さは，ともに30mmとする。
4. 屋内では，柱と耐力壁の最小かぶり厚さは，ともに30mmとする。

No.20 型枠工事に関する記述として，**最も不適当なもの**はどれか。

1. 梁の側型枠の寸法をスラブ下の梁せいとし，取り付く底型枠の寸法を梁幅で加工した。
2. 柱型枠は，梁型枠や壁型枠を取り付ける前にチェーン等で控えを取り，変形しないようにした。
3. 外周梁の側型枠の上部は，コンクリートの側圧による変形防止のため，スラブ引き金物で固定した。
4. 階段が取り付く壁型枠は，敷き並べた型枠パネル上に現寸で墨出しをしてから加工した。

No.21 コンクリートの調合に関する記述として，**最も不適当なもの**はどれか。

1. 細骨材率は，乾燥収縮によるひび割れを少なくするためには，高くする。
2. 単位セメント量は，水和熱及び乾燥収縮によるひび割れを防止する観点からは，できるだけ少なくする。
3. AE減水剤を用いると，所定のスランプを得るのに必要な単位水量を減らすことができる。
4. 川砂利と砕石は，それぞれが所定の品質を満足していれば，混合して使用してもよい。

No.22 在来軸組構法における木工事に関する記述として，**最も不適当なもの**はどれか。

1. 真壁の柱に使用する心持ち材には，干割れ防止のため，見え隠れ部分に背割りを入れた。
2. 洋式小屋組における真束と棟木の取合いは，棟木が真束より小さかったため，長ほぞ差しとした。
3. 建入れ直し完了後，接合金物や火打材を固定し，筋かいを取り付けた。
4. 軒桁の継手は，柱心から持ち出して，追掛大栓継ぎとした。

No.23 壁タイル密着張り工法に関する記述として，**最も不適当なもの**はどれか。

1. 振動工具は，タイル面に垂直に当てて使用した。

2. 振動工具による加振は，張付けモルタルがタイル周辺からはみ出すまで行った。

3. 張付けモルタルの1回に塗り付ける面積は，60分でタイルを張り終える面積とした。

4. 目地詰めは，タイル張付け後24時間以上経過してから行った。

No.24 ステンレス鋼板の表面仕上げに関する記述として，**最も不適当なもの**はどれか。

1. 機械的に凹凸の浮出し模様を施した仕上げを，ヘアラインという。

2. 冷間圧延後，熱処理，酸洗いを行うことで，にぶい灰色のつや消し仕上げにしたものを，No.2Dという。

3. 化学処理により研磨板に図柄や模様を施した仕上げを，エッチングという。

4. 研磨線がなくなるまでバフ仕上げをした最も反射率の高い仕上げを，鏡面という。

No.25 コンクリート壁下地のセメントモルタル塗りに関する記述として，**最も不適当なもの**はどれか。

1. 下塗りは，14日以上放置し，十分にひび割れを発生させてから次の塗付けにかかった。

2. 乾燥収縮によるひび割れの防止のため，保水剤を混和剤として使用した。

3. モルタルの1回の練混ぜ量は，60分以内に使い切れる量とした。

4. 上塗りモルタルの調合は，下塗りモルタルよりも富調合とした。

No.26 鋼製建具に関する記述として，**最も不適当なもの**はどれか。

1. くつずりの材料は，厚さ1.5mmのステンレス鋼板とした。
2. 四方枠の気密材は，建具の気密性を確保するため，クロロプレンゴム製とした。
3. フラッシュ戸の組立てにおいて，中骨は600mm間隔で設けた。
4. 大型で重量のある建具の仮止めは，位置調節用の金物を用いた。

No.27 塗装工事に関する記述として，**最も不適当なもの**はどれか。

1. アクリル樹脂系非水分散形塗料塗りにおいて，下塗りには上塗りと同一材料を用いた。
2. 木部のクリヤラッカー塗りにおける着色は，下塗りのウッドシーラー塗布後に行った。
3. 高粘度，高濃度の塗料による厚膜塗装とするため，エアレススプレーを用いて吹き付けた。
4. 合成樹脂エマルションペイント塗りにおいて，天井面等の見上げ部分では研磨紙ずりを省略した。

No.28 フリーアクセスフロアに関する記述として，**最も不適当なもの**はどれか。

1. 電算機室では，床パネルの四隅の交点に共通の支持脚を設けて支持する共通独立脚方式としたため，方杖を設けて耐震性を高めた。
2. 事務室では，1枚のパネルの四隅や中間に高さ調整のできる支持脚が付く，脚付きパネル方式とした。
3. 床パネルの各辺の長さが500mmだったため，幅及び長さの寸法精度は，±0.5mm以内とした。
4. 床パネル取付け後の水平精度は，隣接する床パネルどうしの高さの差を2mm以下とした。

No.29 事前調査に関する記述として，**最も不適当なもの**はどれか。

1. 山留め工事の計画に当たって，周辺地盤の高低について調査すること
   とした。
2. 工事用資材の搬入計画に当たって，幼稚園や学校の場所を確認し，輸
   送経路の制限の有無を調査することとした。
3. 土の掘削計画に当たって，振動が発生するため，近隣の商店や工場の
   業種を調査することとした。
4. 解体工事の計画に当たって，発生する木くずを処分するため，一般廃
   棄物の処分場所を調査することとした。

No.30 仮設計画に関する記述として，**最も不適当なもの**はどれか。

1. 塗料や溶剤等の保管場所は，管理をしやすくするため，資材倉庫の一
   画を不燃材料で間仕切り，設置することとした。
2. 所定の高さを有し，かつ，危害を十分防止し得る既存の塀を，仮囲い
   として使用することとした。
3. 工事用ゲートや通用口は必要な場合を除き閉鎖することとし，開放す
   る場合は誘導員を配置することとした。
4. 工事現場の敷地周囲の仮囲いに設置する通用口には，内開き扉を設け
   ることとした。

No.31 労働基準監督署長に届け出なければならないものとして，**不適当なもの**はどれか。

1. 延べ面積が $10m^2$ を超える建築物の除却
2. 現場で常時15人の労働者が従事するための特定元方事業者の事業開始報告
3. 設置期間が60日以上のつり足場の設置
4. つり上げ荷重が3tのクレーンの設置

No.32 建築工事の工程計画及び工程管理に関する記述として，**最も不適当なもの**はどれか。

1. 工事に必要な実働日数に作業休止日を考慮した日数を，暦日という。
2. 工期を横軸に取り，出来高の累計を縦軸とした進捗度グラフは，直線となる。
3. ネットワーク工程表は，作業の順序関係，開始時期及び終了時期を明確にしたもので，工程の変化に対応しやすい。
4. 工程管理においては，実施工程を分析検討し，その結果を計画工程の修正に合理的に反映させる。

No.33 バーチャート工程表に関する記述として，**最も不適当なもの**はどれか。

1. 複雑な時間計算が不要であるため，作成しやすい。
2. 工程上の重点管理しなければならない作業が判断しやすい。
3. 各作業の開始時期，終了時期及び所要期間を把握しやすい。
4. 出来高の累計を重ねて表現したものは，工事出来高の進捗状況が把握しやすい。

No.34 品質管理の用語に関する記述として，**最も不適当なもの**はどれか。

1. 特性要因図とは，結果の特性とそれに影響を及ぼしている要因との関係を，魚の骨のような図に体系的にまとめたものである。
2. 見える化とは，問題，課題，対象等をいろいろな手段を使って明確にし，関係者全員が認識できる状態にすることである。
3. 管理項目とは，目標の達成を管理するために，評価尺度として選定した項目のことである。
4. QCDSとは，計画，実施，点検，処置のサイクルを確実，かつ，継続的に回して，プロセスのレベルアップを図る考え方である。

No.35 工事現場における試験に関する記述として，**最も不適当なもの**はどれか。

1. 鉄筋のガス圧接部のふくらみの直径の測定は，デジタルノギスを用いて行った。
2. フレッシュコンクリートのスランプの測定は，スランプゲージを用いて行った。
3. 外壁タイル張り後のタイル接着力試験は，油圧式簡易引張試験器を用いて行った。
4. 硬質ウレタンフォーム断熱材の吹付け作業中の厚さの測定は，ダイヤルゲージを用いて行った。

No.36 鉄骨工事の検査に関する記述として，**最も不適当なもの**はどれか。

1. トルシア形高力ボルトの本締め完了は，ピンテールの破断とマーキングのマークのずれによって確認した。
2. スタッド溶接の合否は，打撃曲げ試験によって確認した。
3. 溶接部の欠陥であるブローホールは，目視によって有無を確認した。
4. 溶接後のビード外観は，目視によって表面の不整の有無を確認した。

No.37 型枠支保工の組立て等作業主任者の職務として、「労働安全衛生規則」上、**定められていないもの**はどれか。

1. 作業中、保護帽の使用状況を監視すること。
2. 作業を直接指揮すること。
3. 器具及び工具を点検し、不良品を取り除くこと。
4. 型枠支保工の組立図を作成すること。

No.38 足場に関する記述として、**最も不適当なもの**はどれか。

1. 折りたたみ式の脚立は、脚と水平面との角度を75°以下とし、開き止め具が装備されたものを使用した。
2. 移動式足場（ローリングタワー）の作業床の周囲には、高さ10cmの幅木と高さ90cmの中桟付きの手すりを設けた。
3. 単管足場の建地間隔は、桁行方向、梁間方向ともに、2mとした。
4. つり足場の作業床は、幅を40cmとし、隙間がないように敷きつめた。

※**問題番号**〔No.39〕～〔No.42〕までの**4問題は能力問題**です。**全問題を解答**してください。

No.39 鉄骨の加工に関する記述として、**不適当なものを2つ選べ**。

1. 鋼材の加熱曲げ加工は、青熱脆性域で行った。
2. 鋼材のガス切断は、自動ガス切断機を用いた。
3. 板厚が13mm以下の鋼材のアンカーボルト孔は、せん断孔あけで加工した。
4. 高力ボルトの孔径は、高力ボルトの公称軸径に5mmを加えた値とした。

解説▶別冊 p.62 ▶▶▶

No.40 鉄筋コンクリート造建築物の解体工事に関する記述として，**不適当なものを2つ選べ。**

1. 解体作業に先立ち，各種設備機器の停止並びに給水，ガス，電力及び通信の供給が停止していることを確認した。

2. 壁及び天井のクロスは，せっこうボードと一緒に撤去した。

3. 騒音防止やコンクリート片の飛散防止のため，全面をメッシュシートで養生した。

4. 各階の解体は，中央部分を先行して解体し，外周部を最後に解体した。

No.41 屋上アスファルト防水工事に関する記述として，**不適当なものを2つ選べ。**

1. ルーフィング類は，水上部分から張り付け，継目の位置が上下層で同一箇所にならないようにした。

2. ルーフドレン回りの増張りに用いるストレッチルーフィングは，ドレンのつばに100mm程度張り掛けた。

3. 保護コンクリートの動きによる立上り防水層の損傷を防止するため，成形緩衝材を立上り入隅部に取り付けた。

4. 保護コンクリートの伸縮調整目地の深さは，保護コンクリートの厚さの $\frac{1}{2}$ とした。

No.42 ビニル床シート張りの熱溶接工法に関する記述として，**不適当なものを2つ選べ。**

1. 張付け用の接着剤は，所定のくし目ごてを用いて均一に塗布した。

2. シートの張付けは，空気を押し出すように行い，その後ローラーで圧着した。

3. 継目の溝切りは，シート張付け後，接着剤が硬化する前に行った。

4. 溶接継目の余盛りは，溶接直後に削り取った。

No.**43** 建築確認手続き等に関する記述として，「建築基準法」上，**誤っているもの**はどれか。

1. 建築主は，原則として，工事完了から4日以内に，建築主事に到達するように完了検査を申請しなければならない。
2. 建築主は，工事現場の見やすい場所に，国土交通省令で定める様式によって，建築確認があった旨の表示をしなければならない。
3. 施工者は，建築確認申請が必要な工事の場合，設計図書を工事現場に備えておかなければならない。
4. 建築主事は，工事の完了検査の申請を受理した場合，その受理した日から7日以内に検査をしなければならない。

No.**44** 次の記述のうち，「建築基準法」上，**誤っているもの**はどれか。

1. 階段に代わる傾斜路の勾配は，$\frac{1}{8}$を超えないものとする。
2. 下水道法に規定する処理区域内においては，汚水管が公共下水道に連結された水洗便所としなければならない。
3. 集会場の客用の屋内階段の幅は，120cm以上とする。
4. 建築物に設ける昇降機の昇降路の周壁及び開口部は，防火上支障がない構造でなければならない。

No.45 建設業の許可に関する記述として，「建設業法」上，**誤って**いるものはどれか。

1. 一の都道府県の区域内にのみ営業所を設けて営業をしようとする場合は，原則として，当該営業所の所在地を管轄する都道府県知事の許可を受けなければならない。

2. 建設業の許可は，5年ごとに更新を受けなければ，その期間の経過によって，その効力が失われる。

3. 指定建設業と定められている建設業は，7業種である。

4. 一般建設業の許可を受けた業者と特定建設業の許可を受けた業者では，発注者から直接請け負うことができる工事の請負代金の額が異なる。

No.46 建設工事現場に置く技術者に関する記述として，「建設業法」上，**誤っているもの**はどれか。

1. 国又は地方公共団体が発注する建築一式工事以外の建設工事で，請負代金の額が3,000万円の工事現場に置く主任技術者は，専任の者でなければならない。

2. 共同住宅の建築一式工事で，請負代金の額が8,000万円の工事現場に置く主任技術者は，専任の者でなければならない。

3. 主任技術者は，工事現場における建設工事を適正に実施するため，当該建設工事の施工に従事する者の技術上の指導監督の職務を誠実に行わなければならない。

4. 下請負人として建設工事を請け負った建設業者は，下請代金の額にかかわらず主任技術者を置かなければならない。

No.47 次の記述のうち,「労働基準法」上,**誤っているもの**はどれか。

1. 使用者は,妊娠中の女性を,地上又は床上における補助作業の業務を除く足場の組立ての作業に就かせてはならない。
2. 使用者は,満18歳に満たない者について,その年齢を証明する戸籍証明書を事業場に備え付けなければならない。
3. 未成年者は,独立して賃金を請求することができる。
4. 親権者又は後見人は,未成年者に代って労働契約を締結することができる。

No.48 建設工事の現場において,元方安全衛生管理者を選任しなければならない就労する労働者の最少人員として,「労働安全衛生法」上,**正しいもの**はどれか。

ただし,ずい道等の建設の仕事,橋梁の建設の仕事又は圧気工法による作業を行う仕事を除くものとする。

1. 20人
2. 30人
3. 50人
4. 100人

No.49 解体工事に係る次の資材のうち,「建設工事に係る資材の再資源化等に関する法律(建設リサイクル法)」上,特定建設資材に**該当しないもの**はどれか。

1. 木造住宅の解体工事に伴って生じた木材
2. 公民館の解体工事に伴って生じたせっこうボード
3. 事務所ビルの解体工事に伴って生じたコンクリート塊及び鉄くず
4. 倉庫の解体工事に伴って生じたコンクリートブロック

No.50 次の記述のうち,「道路法」上,道路の占用の許可を受ける**必要のないもの**はどれか。

1. 歩道の上部に防護構台を組んで,構台上に現場事務所を設置する。
2. 道路の上部にはみ出して,防護棚(養生朝顔)を設置する。
3. コンクリート打込み作業のために,ポンプ車を道路上に駐車させる。
4. 道路の一部を掘削して,下水道本管へ下水道管の接続を行う。

２級建築施工管理技術検定試験

令和4年度（前期）

第一次検定

■試験時間は，**10時15分から12時45分**

■選択問題は，解答数が**指定数を超えた場合，減点**となります。

イ．〔No.1〕〜〔No.14〕までの**14問題**のうちから，**9問題を選択**し，解答してください。

ロ．〔No.15〕〜〔No.17〕までの**3問題**は，**全問題を解答**してください。

ハ．〔No.18〕〜〔No.28〕までの**11問題**のうちから，**8問題を選択**し，解答してください。

ニ．〔No.29〕〜〔No.38〕までの**10問題**は，**全問題を解答**してください。

ホ．〔No.39〕〜〔No.42〕までの**4問題**は，**全問題を解答**してください。

ヘ．〔No.43〕〜〔No.50〕までの**8問題**のうちから，**6問題を選択**し，解答してください。

◆ 第一次検定結果データ ◆

受検者数	13,474人		
合格者数	6,834人	合格基準	24問以上
合格率	50.7%		

別冊p.173に解答用紙がありますので，コピーしてお使いください。

※**問題番号**〔No.1〕～〔No.14〕までの**14問題**のうちから，**9問題**を選択し，**解答**してください。

No. 1 換気に関する記述として，**最も不適当なもの**はどれか。

1. 全般換気方式は，室内全体の空気を外気によって希釈しながら入れ替える換気のことである。
2. 局所換気方式は，局所的に発生する汚染物質を発生源近くで捕集して排出する換気のことである。
3. 第1種機械換気方式は，映画館や劇場等外気から遮断された大きな空間の換気に適している。
4. 第2種機械換気方式は，室内で発生した汚染物質が他室に漏れてはならない室の換気に適している。

No. 2 採光及び照明に関する記述として，**最も不適当なもの**はどれか。

1. 輝度は，光源からある方向への光度を，その方向への光源の見かけの面積で除した値をいう。
2. 昼光率は，全天空照度に対する室内のある点の天空光による照度の割合である。
3. 光源の色温度が低いほど青みがかった光に見え，高いほど赤みがかった光に見える。
4. 照度の均斉度が高いほど，室内の照度分布は均一になる。

No. **3** 音に関する記述として，**最も不適当なもの**はどれか。

1. 吸音率は，壁面に入射した音のエネルギーに対する吸収された音のエネルギーの割合である。
2. 正対する反射性の高い壁面が一組だけ存在する室内では，フラッターエコーが発生しやすい。
3. 窓や壁体の音響透過損失が大きいほど，遮音性能は高い。
4. 材料が同じ単層壁の場合，壁の厚さが厚いほど，一般に音響透過損失は大きくなる。

No. **4** 鉄筋コンクリート構造に関する記述として，**最も不適当なもの**はどれか。

1. 大梁は，曲げ破壊よりもせん断破壊を先行するように設計する。
2. 柱は，軸方向の圧縮力，曲げモーメント及びせん断力に耐えられるように設計する。
3. 床スラブの厚さは，8cm以上で設計する。
4. 耐力壁の厚さは，12cm以上で設計する。

No. **5** 鉄骨構造に関する記述として，**最も不適当なもの**はどれか。

1. 圧縮材は，細長比が小さいものほど座屈しやすい。
2. 軽量鉄骨構造に用いる軽量形鋼は，通常の形鋼に比べ，部材にねじれや局部座屈が生じやすい。
3. 鉄骨構造の柱は，鉄筋コンクリート構造の柱に比べ，小さな断面で大きな荷重に耐えることができる。
4. 大空間を必要とする建築物に用いる長大な梁は，軽量化を図るためにトラス梁とすることが多い。

No. 6 鉄骨構造に関する記述として，**最も不適当なもの**はどれか。

1. フィラープレートは，厚さの異なる板をボルト接合する際に，板厚の差による隙間を少なくするために設ける部材である。
2. 添え板（スプライスプレート）は，梁のウェブの座屈防止のために設ける補強材である。
3. 柱の形式には，形鋼等の単一材を用いた柱のほか，溶接組立箱形断面柱等の組立柱がある。
4. 合成梁に用いる頭付きスタッドは，鉄骨梁と鉄筋コンクリート床スラブが一体となるように設ける部材である。

No. 7 基礎構造に関する記述として，**最も不適当なもの**はどれか。

1. べた基礎は，地盤が軟弱で，独立基礎の底面が著しく広くなる場合に用いられる。
2. 杭基礎は，一般に直接基礎で建築物自体の荷重を支えられない場合に用いられる。
3. 同一建築物に杭基礎と直接基礎等，異種の基礎を併用することは，なるべく避ける。
4. 直接基礎の底面は，冬季の地下凍結深度より浅くする。

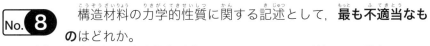

No. 8 構造材料の力学的性質に関する記述として，**最も不適当なものはどれか。**

1. 部材の材軸方向に圧縮力が生じているとき，その力がある限界を超えると，その部材が安定を失って曲がる現象を座屈という。
2. ヤング係数は，熱による材料の単位長さ当たりの膨張長さの割合である。
3. ポアソン比とは，一方向の垂直応力によって材料に生じる縦ひずみと，これに対する横ひずみの比をいう。
4. 座屈荷重は，座屈軸まわりの断面二次モーメントに比例する。

No. 9 図に示す単純梁ABに集中荷重P_1及びP_2が作用するとき，CD間に作用するせん断力の値の大きさとして，**正しいもの**はどれか。

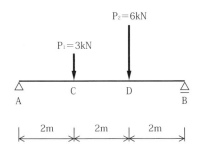

1. 1kN
2. 3kN
3. 4kN
4. 5kN

79 　　　　　　　　　　　　　　　　　解説▶別冊 p.73 ▶▶▶

図に示す片持ち梁ABの点Cに曲げモーメントMが作用する場合の曲げモーメント図として，**正しいもの**はどれか。

ただし，曲げモーメントは，材の引張側に描くものとする。

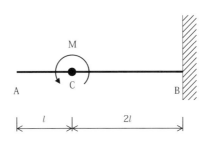

1.

2.

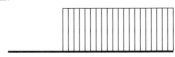

3.

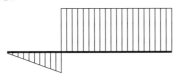

4.

No.11 鋼の一般的な性質に関する記述として，**最も不適当なもの**はどれか。

1. 弾性限度内であれば，引張荷重を取り除くと元の状態に戻る。
2. 炭素含有量が多くなると，溶接性は向上する。
3. 熱処理によって，強度等の機械的性質を変化させることができる。
4. 空気中で酸化し，錆を生じるため，防食を施す必要がある。

No.12 日本産業規格（JIS）に規定する建具の性能試験における性能項目に関する記述として，**不適当なもの**はどれか。

1. 防火性とは，火災時の延焼防止の程度をいう。
2. 面内変形追随性とは，地震によって生じる面内変形に追随し得る程度をいう。
3. 水密性とは，風雨による建具室内側への水の浸入を防ぐ程度をいう。
4. 遮熱性とは，熱の移動を抑える程度をいう。

解説▶別冊 p.75 ▶▶▶

No.**13** シーリング材の特徴に関する記述として，**最も不適当なもの**はどれか。

1. ポリウレタン系シーリング材は，紫外線によって黄変することがある。
2. ポリサルファイド系シーリング材は，表面に塗った塗料を変色させることがある。
3. シリコーン系シーリング材は，表面への塗料の付着性がよい。
4. アクリル系シーリング材は，未硬化の状態では水に弱く，雨に流されやすい。

No.**14** 内装材料に関する一般的な記述として，**最も不適当なもの**はどれか。

1. インシュレーションボードは，断熱性に優れている。
2. ロックウール化粧吸音板は，吸音性，耐水性に優れている。
3. フレキシブル板は，セメント，無機質繊維を主原料とし，成形後に高圧プレスをかけたものである。
4. せっこうボードは，せっこうを心材として両面をボード用原紙で被覆して成形したものである。

※問題番号〔No.15〕〜〔No.17〕までの**3問題**は，**全問題を解答**してください。

No.**15**　屋外排水工事に関する記述として，**最も不適当なもの**はどれか。

1.　地中埋設排水管の勾配は，原則として，$\dfrac{1}{100}$ 以上とする。
2.　硬質ポリ塩化ビニル管をコンクリート桝に接合する部分は，砂付きの桝取付け短管を用いる。
3.　遠心力鉄筋コンクリート管のソケット管は，受口を下流に向けて敷設する。
4.　雨水桝に接合する配管は，流入配管を上にして流出配管とは20mm程度の管底差をつける。

No.**16**　建築物に設ける自動火災報知設備の感知器として，**最も関係の少ないもの**はどれか。

1.　熱感知器
2.　煙感知器
3.　炎感知器
4.　地震感知器

1. パッケージユニット方式は，機械室，配管，ダクト等のスペースが少なくてすむ。
2. ファンコイルユニット方式は，ユニットごとの温度調節はできない。
3. 二重ダクト方式は，別々の部屋で同時に冷房と暖房を行うことができる。
4. 単一ダクト方式は，主機械室の空気調和機から各室まで，一系統のダクトで冷風又は温風を送るものである。

※問題番号〔No.18〕～〔No.28〕までの**11問題**のうちから,**8問題を選択し,**
解答してください。

No.18　墨出し等に関する記述として,**最も不適当なもの**はどれか。

1.　陸墨を柱主筋に移す作業は,台直し等を終え,柱主筋が安定した後に行った。

2.　建物の位置を確認するための縄張りは,配置図に従ってロープを張り巡らせた。

3.　通り心の墨打ちができないため,通り心より1m離れたところに逃げ墨を設け,基準墨とした。

4.　建物四隅の基準墨の交点を上階に移す際,2点を下げ振りで移し,他の2点はセオドライトで求めた。

No.19　既製コンクリート杭工事に関する記述として,**最も不適当なもの**はどれか。

1.　中掘り根固め工法は,杭の中空部に挿入したアースオーガーで掘削しながら杭を設置した後,根固め液を注入する工法である。

2.　プレボーリング拡大根固め工法のアースオーガーの引上げ速度は,孔壁の崩壊が生じないように,速くする。

3.　プレボーリング拡大根固め工法の杭周固定液は,杭と周囲の地盤との摩擦力を確保するために使用する。

4.　セメントミルク工法において,支持地盤への到達の確認は,アースオーガーの駆動用電動機の電流値の変化により行う。

解説▶別冊 p.77 ▶▶▶

No.20 型枠支保工に関する記述として，**最も不適当なもの**はどれか。

1. 階段の斜めスラブ部分の支柱は，脚部にキャンバーを用い，斜めスラブに対して直角に建て込む。

2. 支柱にパイプサポートを使用する場合，継手は差込み継手としてはならない。

3. 柱，壁及び梁側型枠のせき板を保持する場合，支保工は一般に内端太及び外端太により構成する。

4. パイプサポートに水平つなぎを設ける場合，根がらみクランプ等を用いて緊結しなければならない。

No.21 コンクリートの養生に関する記述として，**最も不適当なもの**はどれか。

1. 打込み後の養生温度が高いほど，長期材齢における強度増進性が大きくなる。

2. 湿潤養生期間は，早強ポルトランドセメントを用いた場合，普通ポルトランドセメントより短くできる。

3. 打込み後，直射日光等による急速な乾燥を防ぐための湿潤養生を行う。

4. 打込み後，少なくとも1日間はそのコンクリートの上で歩行又は作業をしないようにする。

No.22 在来軸組構法における木工事に関する記述として，**最も不適当なもの**はどれか。

1. 土台の継手は腰掛けあり継ぎとし，継手付近の下木をアンカーボルトで締め付けた。

2. 和小屋組の棟木や母屋には，垂木を取り付けるため，垂木当たり欠きを行った。

3. 隅通し柱の仕口は土台へ扇ほぞ差しとし，ホールダウン金物を用いてボルトで締め付けた。

4. 床束の転倒やずれを防止するため，床束の相互間に根がらみ貫を釘で打ち付けた。

No.23 花崗岩の表面仕上げに関する記述として，**最も不適当なもの**はどれか。

1. びしゃん仕上げとは，石材表面を多数の格子状突起をもつハンマーでたたいた仕上げをいう。

2. 小たたき仕上げとは，びしゃんでたたいた後，先端がくさび状のハンマーで平行線状に平坦な粗面を作る仕上げをいう。

3. ジェットバーナー仕上げとは，超高圧水で石材表面を切削して粗面とした仕上げをいう。

4. ブラスト仕上げとは，石材表面に鋼鉄の粒子等を圧縮空気でたたきつけて粗面とした仕上げをいう。

No.24 とい工事に関する記述として，**最も不適当なもの**はどれか。

1. 鋼板製谷どいの継手部は，シーリング材を入れ60mm重ね合わせて，リベットで留め付けた。

2. 硬質塩化ビニル製縦どいは，継いだ長さが10mを超えるため，エキスパンション継手を設けた。

3. 鋼板製丸縦どいの長さ方向の継手は，下の縦どいを上の縦どいの中に差し込んで継いだ。

4. 硬質塩化ビニル製軒どいは，とい受け金物に金属線で取り付けた。

No.25 床コンクリートの直均し仕上げに関する記述として，**最も不適当なもの**はどれか。

1. 床仕上げレベルを確認できるガイドレールは，床コンクリートを打ち込んだ後に4m間隔で設置した。

2. コンクリート面を指で押しても少ししか入らない程度になった時に，木ごてで中むら取りを行った。

3. 金ごて仕上げの中ずりで，ブリーディングが多かったため，金ごての代わりに木ごてを用いた。

4. 最終こて押えの後，12時間程度を経てから，散水養生を行った。

解説▶別冊 p.78 ▶▶▶

No.26 建具工事に関する記述として，**最も不適当なもの**はどれか。

1. アルミニウム製建具のアルミニウムに接する小ねじは，亜鉛めっき処理した鋼製のものを使用した。

2. ステンレス製建具のステンレスに接する鋼製の重要な補強材は，錆止め塗装をした。

3. 木製フラッシュ戸の中骨は，杉のむく材を使用した。

4. 樹脂製建具は，建具の加工及び組立てからガラスの組込みまでを建具製作所で行った。

No.27 カーペット敷きに関する記述として，**最も不適当なもの**はどれか。

1. タイルカーペットは，粘着はく離形の接着剤を用いて張り付けた。

2. タイルカーペットは，フリーアクセスフロアのパネル目地とずらして割り付けた。

3. グリッパー工法に用いるグリッパーは，壁に密着させて取り付けた。

4. グリッパー工法に用いる下敷き用フェルトは，グリッパーよりやや厚いものとした。

No.28 内装改修工事における既存床仕上材の除去に関する記述として，**最も不適当なもの**はどれか。

ただし，除去する資材は，アスベストを含まないものとする。

1. ビニル床シートの除去は，カッターで切断し，スクレーパーを用いて他の仕上材に損傷を与えないように行った。

2. モルタル下地の合成樹脂塗床は，電動研り器具を用いてモルタル下地とも除去した。

3. 根太張り工法の単層フローリングボードは，丸のこを用いて根太下地を損傷しないように切断し，除去した。

4. モルタル下地の磁器質床タイルの張替え部は，研りのみを用いて手作業で存置部分と縁切りをした。

No.**29** 事前調査に関する記述として，**最も不適当なもの**はどれか。

1. 敷地内の排水工事に先立ち，排水管の勾配が公設桝まで確保できるか調査を行うこととした。
2. 杭工事に先立ち，騒音規制及び振動規制と，近隣への影響の調査を行うこととした。
3. 山留め工事に先立ち，設計時の地盤調査が不十分であったため，試掘調査を行うこととした。
4. 鉄骨工事の建方に先立ち，日影による近隣への影響の調査を行うこととした。

No.**30** 仮設計画に関する記述として，**最も不適当なもの**はどれか。

1. 騒音，塵埃，飛沫等の近隣への影響を抑制するため，仮囲いを設けることとした。
2. 施工者用事務所と監理者用事務所は，機能が異なるため，それぞれ分けて設けることとした。
3. ハンガー式門扉は，扉を吊る梁が車両の積荷高さを制約する場合があるため，有効高さを検討することとした。
4. 酸素やアセチレン等のボンベ類の貯蔵小屋は，ガスが外部に漏れないよう，密閉構造とすることとした。

No.31 工事現場における材料の保管に関する記述として，**最も不適当なもの**はどれか。

1. 袋詰めセメントは，風通しのよい倉庫に保管した。

2. 型枠用合板は，直射日光が当たらないよう，シートを掛けて保管した。

3. 長尺のビニル床シートは，屋内の乾燥した場所に縦置きにして保管した。

4. 鉄筋は，直接地面に接しないように角材間に渡し置き，シートを掛けて保管した。

No.32 総合工程表の立案に関する記述として，**最も不適当なもの**はどれか。

1. 上下階で輻輳する作業では，資材運搬，機器移動等の動線が錯綜しないように計画する。

2. 鉄骨工事の工程計画では，建方時期に合わせた材料調達，工場製作期間を検討する。

3. 工区分割を行い，後続作業を並行して始めることにより，工期短縮が可能か検討する。

4. 工程計画上のマイルストーン(管理日)は，工程上の重要な区切りを避けて計画する。

No.33 バーチャート工程表に関する記述として，**最も不適当なもの**はどれか。

1. 工事全体を掌握することが容易で，作成しやすい。

2. クリティカルパスが把握しやすい。

3. 各作業の全体工期に与える影響度が把握しにくい。

4. 各工事間の細かい作業工程の関連性が把握しにくい。

No.34 品質管理に関する記述として，**最も不適当なもの**はどれか。

1. 工程間検査は，作業工程の途中で，ある工程から次の工程に移ってもよいかどうかを判定するために行う。

2. 品質管理は，作業そのものを適切に実施するプロセス管理に重点を置くより，試験や検査に重点を置くほうが有効である。

3. 品質管理とは，施工計画書に基づいて工事のあらゆる段階で問題点や改善方法等を見出しながら，合理的，かつ，経済的に施工を行うことである。

4. 施工の検査に伴う試験は，試験によらなければ品質及び性能を証明できない場合に行う。

No.35 品質管理のための試験及び検査に関する記述として，**最も不適当なもの**はどれか。

1. 木工事において，造作用木材の含水率の確認は，高周波水分計を用いて行った。

2. 地業工事において，支持地盤の地耐力の確認は，平板載荷試験によって行った。

3. 鉄筋工事において，鉄筋のガス圧接部の確認は，超音波探傷試験によって行った。

4. 鉄骨工事において，隅肉溶接のサイズの確認は，マイクロメーターを用いて行った。

No.36 レディーミクストコンクリートの受入れ時において，検査及び確認を**行わない項目**はどれか。

1. 運搬時間

2. 骨材の粒度

3. 空気量

4. コンクリートの温度

解説▶別冊 p.83 ▶▶▶

No.37 工事現場の安全管理に関する記述として，**最も不適当なもの**はどれか。

1. 安全施工サイクルとは，施工の安全を図るため，毎日，毎週，毎月の基本的な実施事項を定型化し，継続的に実施する活動である。
2. 新規入場者教育とは，新しく現場に入場した者に対して，作業所の方針，安全施工サイクルの具体的な内容，作業手順等を教育することである。
3. ゼロエミッションとは，作業に伴う危険性又は有害性に対し，作業グループが正しい行動を互いに確認し合う活動である。
4. リスクアセスメントとは，労働災害の要因となる危険性又は有害性を洗い出してリスクを見積もり，優先順位を定め，リスクの低減措置を検討することである。

No.38 高さが2m以上の構造の足場の組立て等に関する事業者の講ずべき措置として，「労働安全衛生規則」上，**定められていないもの**はどれか。

1. 組立て，解体又は変更の時期，範囲及び順序を当該作業に従事する労働者に周知させること。
2. 組立て，解体又は変更の作業を行う区域内には，関係労働者以外の労働者の立入りを禁止すること。
3. 作業の方法及び労働者の配置を決定し，作業の進行状況を監視すること。
4. 材料，器具，工具等を上げ，又は下ろすときは，つり綱，つり袋等を労働者に使用させること。

No.**39** 鉄筋の継手に関する記述として，**不適当なものを2つ選べ。**

1. 鉄筋の継手には，重ね継手，圧接継手，機械式継手，溶接継手等がある。
2. 重ね継手の長さは，コンクリートの設計基準強度にかかわらず同じである。
3. フック付き重ね継手の長さには，フック部分の長さを含める。
4. 鉄筋の継手の位置は，原則として，構造部材における引張力の小さいところに設ける。

No.**40** 鉄骨の建方に関する記述として，**不適当なものを2つ選べ。**

1. 玉掛け用ワイヤロープでキンクしたものは，キンクを直してから使用した。
2. 仮ボルトの本数は，強風や地震等の想定される外力に対して，接合部の安全性の検討を行って決定した。
3. 油が付着している仮ボルトは，油を除去して使用した。
4. 建方時に用いた仮ボルトを，本締めに用いるボルトとして使用した。

No.41 ウレタンゴム系塗膜防水に関する記述として，**不適当なもの**を2つ選べ。

1. 下地コンクリートの入隅を丸面，出隅を直角に仕上げた。
2. 防水層の施工は，立上り部，平場部の順に施工した。
3. 補強布の張付けは，突付け張りとした。
4. 仕上塗料は，刷毛とローラー刷毛を用いてむらなく塗布した。

No.42 塗装における素地ごしらえに関する記述として，**不適当なもの**を2つ選べ。

1. 木部面に付着した油汚れは，溶剤で拭き取った。
2. 木部の節止めに，ジンクリッチプライマーを用いた。
3. 鉄鋼面の錆及び黒皮の除去は，ブラスト処理により行った。
4. 鉄鋼面の油類の除去は，錆を除去した後に行った。

※**問題番号**〔No.43〕～〔No.50〕までの**8問題**のうちから，**6問題を選択し，**
解答してください。

No.**43** 　　　用語の定義に関する記述として，「建築基準法」上，**誤って**
いるものはどれか。

1. 建築物を移転することは，建築である。
2. 住宅の浴室は，居室ではない。
3. 危険物の貯蔵場の用途に供する建築物は，特殊建築物である。
4. 建築設備は，建築物に含まれない。

No.**44** 　　　居室の採光及び換気に関する記述として，「建築基準法」上，
誤っているものはどれか。

1. 地階に設ける居室には，必ず，採光のための窓その他の開口部を設け
なければならない。
2. 幼稚園の教室には，原則として，床面積の $\frac{1}{5}$ 以上の面積の採光に有
効な開口部を設けなければならない。
3. 換気設備を設けるべき調理室等に設ける給気口は，原則として，天井
の高さの $\frac{1}{2}$ 以下の高さに設けなければならない。
4. 居室には，政令で定める技術的基準に従って換気設備を設けた場合，
換気のための窓その他の開口部を設けなくてもよい。

No.45 建設業の許可に関する記述として、「建設業法」上、**誤っているもの**はどれか。

1. 建設業の許可は、建設工事の種類ごとに、29業種に分けて与えられる。
2. 下請負人として建設業を営もうとする者が建設業の許可を受ける場合、一般建設業の許可を受ければよい。
3. 二以上の都道府県の区域内に営業所を設けて建設業を営もうとする者は、特定建設業の許可を受けなければならない。
4. 一の営業所で、建築工事業と管工事業の許可を受けることができる。

No.46 建設工事における発注者との請負契約書に記載しなければならない事項として、「建設業法」上、**定められていないもの**はどれか。

1. 工事の完成又は出来形部分に対する下請代金の支払の時期及び方法並びに引渡しの時期
2. 工事着手の時期及び工事完成の時期
3. 注文者が工事に使用する資材を提供するときは、その内容及び方法に関する定め
4. 価格等の変動若しくは変更に基づく請負代金の額又は工事内容の変更

No.47 使用者が労働契約の締結に際し,「労働基準法」上, 原則として, 労働者に**書面で交付しなければならない労働条件**はどれか。

1. 安全及び衛生に関する事項
2. 職業訓練に関する事項
3. 休職に関する事項
4. 退職に関する事項

No.48 建設業において,「労働安全衛生法」上, 事業者が安全衛生教育を**行わなくてもよい者**はどれか。

1. 新たに選任した作業主任者
2. 新たに雇い入れた短時間(パートタイム)労働者
3. 作業内容を変更した労働者
4. 新たに職務につくこととなった職長

No.49 産業廃棄物の運搬又は処分の委託契約書に記載しなければならない事項として,「廃棄物の処理及び清掃に関する法律」上, **定められていないもの**はどれか。

　　ただし, 特別管理産業廃棄物を除くものとする。

1. 運搬を委託するときは, 運搬の方法
2. 運搬を委託するときは, 運搬の最終目的地の所在地
3. 処分を委託するときは, 種類及び数量
4. 処分を委託するときは, 処分の方法

No. 50 次の資格者のうち,「消防法」上, **定められていないもの**は
どれか。

1. 消防設備士
2. 特定高圧ガス取扱主任者
3. 防火管理者
4. 危険物取扱者

2級建築施工管理技術検定試験

令和3年度（後期）

第 一 次 検 定

■試験時間は，**10時15分から12時45分**

■選択問題は，解答数が**指定数を超えた場合，減点**となります。

イ．〔No.1〕〜〔No.14〕までの**14問題**のうちから，**9問題を選択し**，解答してください。

ロ．〔No.15〕〜〔No.17〕までの**3問題**は，**全問題を解答**してください。

ハ．〔No.18〕〜〔No.28〕までの**11問題**のうちから，**8問題を選択し**，解答してください。

ニ．〔No.29〕〜〔No.38〕までの**10問題**は，**全問題を解答**してください。

ホ．〔No.39〕〜〔No.42〕までの**4問題**は，**全問題を解答**してください。

ヘ．〔No.43〕〜〔No.50〕までの**8問題**のうちから，**6問題を選択し**，解答してください。

◆ 第一次検定結果データ ◆

受検者数	32,128人		
合格者数	15,736人	合格基準	24問以上
合格率	49.0%		

※第一次検定のみ受検者数または合格者数を含む。
別冊p.174に解答用紙がありますので，コピーしてお使いください。

令和3年度 後期

2級 建築施工管理技術検定
第一次検定問題

※問題番号〔No.1〕～〔No.14〕までの**14問題**のうちから，**9問題**を選択し，解答してください。

No.1 通風及び換気に関する記述として，**最も不適当なもの**はどれか。

1. 風圧力による自然換気では，換気量は開口部面積と風速に比例する。
2. 室内外の温度差による自然換気では，給気口と排気口の高低差が大きいほど換気量は大きくなる。
3. 室内における必要換気量は，在室人数によらず一定になる。
4. 室内を風が通り抜けることを通風といい，もっぱら夏季の防暑対策として利用される。

No.2 日照及び日射に関する記述として，**最も不適当なもの**はどれか。

1. 日照時間は，日の出から日没までの時間をいう。
2. 太陽放射の光としての効果を重視したものを日照といい，熱的効果を重視したものを日射という。
3. 1年を通して終日日影となる部分を，永久日影という。
4. 天空日射量とは，日射が大気中で散乱した後，地表に到達する日射量をいう。

No. 3 採光及び照明に関する記述として，**最も不適当なもの**はどれか。

1. 室内のある点における昼光率は，時刻や天候によって変化する。
2. 昼光率は，室内表面の反射の影響を受ける。
3. 全天空照度は，直射日光による照度を含まない。
4. モデリングは，光の強さや方向性，拡散性などを視対象の立体感や質感の見え方によって評価する方法である。

No. 4 鉄筋コンクリート造の構造形式に関する一般的な記述として，**最も不適当なもの**はどれか。

1. シェル構造は，薄く湾曲した版を用いた構造で，大きな空間をつくることができる。
2. 壁式鉄筋コンクリート構造は，室内に梁形や柱形が突き出ないため，室内空間を有効に利用できる。
3. フラットスラブ構造は，鉄筋コンクリートの腰壁が梁を兼ねる構造で，室内空間を有効に利用できる。
4. ラーメン構造は，柱と梁の接合部を剛接合とした骨組で，自由度の高い空間をつくることができる。

No. 5 鉄骨構造の一般的な特徴に関する記述として，**最も不適当なもの**はどれか。

1. トラス構造は，比較的細い部材による三角形を組み合わせて構成し，大きな空間をつくることができる。
2. H形鋼の大梁に架けられる小梁には，大梁の横座屈を拘束する働きがある。
3. 柱脚の形式には，露出形式，根巻き形式，埋込み形式がある。
4. 鋼材は不燃材料であるため，骨組は十分な耐火性能を有する。

No. 6 鉄骨構造に関する記述として，**最も不適当なもの**はどれか。

1. ダイアフラムは，梁から柱へ応力を伝達するため，仕口部に設ける。
2. エンドタブは，溶接時に溶接線の始終端に取り付けられる。
3. 丸鋼を用いる筋かいは，主に引張力に働く。
4. スチフナーは，ボルト接合の継手を構成するために，母材に添える。

No. 7 基礎杭に関する記述として，**最も不適当なもの**はどれか。

1. 既製コンクリート杭の埋込み工法のひとつで，杭の中空部を掘削しながら杭を圧入する中掘工法は，比較的杭径の大きなものの施工に適している。
2. 拡径断面を有する遠心力高強度プレストレストコンクリート杭（ST杭）は，拡径部を杭の先端に使用する場合，大きな支持力を得ることができる。
3. 摩擦杭は，硬い地層に杭先端を貫入させ，主にその杭の先端抵抗力で建物を支持する。
4. 場所打ちコンクリート杭は，地盤を削孔し，その中に鉄筋かごを挿入した後，コンクリートを打ち込んで造る。

No.8 建築物の構造設計における荷重及び外力に関する記述として，**最も不適当なもの**はどれか。

1. 床の構造計算をする場合と大梁の構造計算をする場合では，異なる単位床面積当たりの積載荷重を用いることができる。

2. 屋根面における積雪量が不均等となるおそれのある場合，その影響を考慮して積雪荷重を計算する。

3. 風圧力は，その地方における過去の台風の記録に基づいて定められた風速に，風力係数のみを乗じて計算する。

4. 地上階における地震力は，算定しようとする階の支える荷重に，その階の地震層せん断力係数を乗じて計算する。

No.9 図に示す単純梁ABに等変分布荷重が作用するとき，支点Aの垂直反力 V_A 及び支点Bの垂直反力 V_B の大きさの比率として，**正しいもの**はどれか。

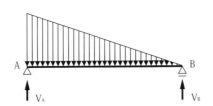

1. $V_A : V_B = 1 : 1$

2. $V_A : V_B = 2 : 1$

3. $V_A : V_B = 3 : 1$

4. $V_A : V_B = 4 : 1$

図に示す単純梁ABのBC間に等分布荷重 w が作用したときの曲げモーメント図として，**正しいもの**はどれか。

ただし，曲げモーメントは，材の引張側に描くものとする。

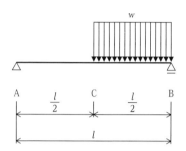

1.

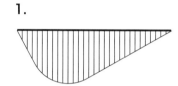

2.

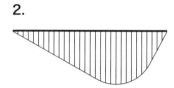

3.

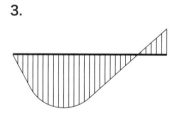

4.

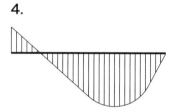

No.11 構造用鋼材に関する記述として，**最も不適当なもの**はどれか。

1. 建築構造用圧延鋼材SN 400の引張強さの下限値は，400N/mm²である。
2. 引張強さは250〜300℃で最大となり，それ以上の高温になると急激に低下する。
3. 線膨張係数は，約1.2×10^{-5}（1/℃）である。
4. ヤング係数は，約3.14×10^5N/mm²である。

No.12 木材の樹種に関する一般的な圧縮強度の比較として，**適当なもの**はどれか。

1. ス ギ＜ヒノキ＜ケヤキ
2. ヒノキ＜ス ギ＜ケヤキ
3. ケヤキ＜ス ギ＜ヒノキ
4. ヒノキ＜ケヤキ＜ス ギ

令和３年度（後期）第一次検定

No. 13 日本産業規格（JIS）に規定する建具の性能試験方法に関する記述として，**不適当なもの**はどれか。

1. 耐風圧性の性能試験では，変位及びたわみを測定する。
2. 遮音性の性能試験では，音響透過損失を測定する。
3. 結露防止性の性能試験では，熱貫流率を測定する。
4. 遮熱性の性能試験では，日射熱取得率を測定する。

No. 14 防水材料に関する記述として，**最も不適当なもの**はどれか。

1. 金属系シート防水のステンレスシート又はチタンシートは，連続溶接することで防水層を形成する。
2. ウレタンゴム系の塗膜防水材は，塗り重ねることで連続的な膜を形成する。
3. アスファルトプライマーは，下地と防水層の接着性を向上させるために用いる。
4. 防水モルタルに混入した防水剤は，塗り付ける下地に浸透して防水効果を高めるために用いる。

No.**15** 屋外排水工事に関する記述として，**最も不適当なもの**はどれか。

1. 内法が600mmを超え，かつ，深さ1.2mを超える雨水用排水桝には，足掛け金物を取り付けた。
2. 雨水用排水桝及びマンホールの底部には，深さ50mmの泥だめを設けた。
3. 地中埋設排水管の長さが，その内径又は内法幅の120倍を超えない範囲内で，桝又はマンホールを設けた。
4. 排水管を給水管に平行して埋設する場合，給水管を上方にして，両配管は500mm以上のあきを設けた。

No.**16** LEDランプに関する一般的な記述として，**最も不適当なもの**はどれか。

1. 他のランプ類に比べ耐熱性が低いため，高温にさらされないよう，発熱体の周辺への設置は避ける。
2. 他のランプ類に比べ寿命が短いため，高い天井等，ランプの交換がしにくい場所への設置は避ける。
3. 光線に紫外線をほとんど含まないため，屋外照明に使用しても虫が寄り付きにくい。
4. 光の照射方向に熱をほとんど発しないため，生鮮食料品の劣化を助長しない。

No.17 建築設備とそれに関連する用語の組合せとして，**最も関係の少ないもの**はどれか。

1. 給水設備 ──────── バキュームブレーカー
2. 排水設備 ──────── 通気管
3. ガス設備 ──────── マイコンメーター
4. 空気調和設備 ─────── バスダクト

※**問題番号**〔No.18〕〜〔No.28〕までの**11問題**のうちから，**8問題を選択し，解答**してください。

No.18 遣方及び墨出しに関する記述として，**最も不適当なもの**はどれか。

1. ベンチマークは，移動するおそれのない既存の工作物に2箇所設けた。
2. 2階より上階における高さの基準墨は，墨の引通しにより，順次下階の墨を上げた。
3. 水貫は，水杭に示した一定の高さに上端を合わせて，水杭に水平に取り付けた。
4. 鋼製巻尺は，同じ精度を有する巻尺を2本以上用意して，1本は基準巻尺として保管した。

No.19 地業工事に関する記述として，**最も不適当なもの**はどれか。

1. 土間コンクリートに設ける防湿層のポリエチレンフィルムは，砂利地業の直下に敷き込んだ。
2. 砂利地業の締固めによるくぼみが生じた場合は，砂利を補充して表面を平らにした。
3. 砂利地業に，砕砂と砕石の混合した切込砕石を使用した。
4. 捨てコンクリート地業は，基礎スラブ及び基礎梁のセメントペーストの流出等を防ぐために行った。

解説▶別冊 p.98 ▶▶▶

No.20 型枠工事に関する記述として，**最も不適当なもの**はどれか。

1. 内柱の型枠の加工長さは，階高からスラブ厚さとスラブ用合板せき板の厚さを減じた寸法とした。
2. 柱型枠の足元は，型枠の変形防止やセメントペーストの漏出防止等のため，桟木で根巻きを行った。
3. 壁の窓開口部下部の型枠に，コンクリートの盛り上がりを防ぐため，端部にふたを設けた。
4. 床型枠用鋼製デッキプレート（フラットデッキ）を受ける梁の側型枠は，縦桟木で補強した。

No.21 型枠の最小存置期間に関する記述として，**最も不適当なもの**はどれか。

1. コンクリートの圧縮強度による場合，柱とスラブ下のせき板は同じである。
2. コンクリートの圧縮強度による場合，壁とはり側のせき板は同じである。
3. コンクリートの材齢による場合，柱と壁のせき板は同じである。
4. コンクリートの材齢による場合，基礎と壁のせき板は同じである。

No.22 高力ボルト接合に関する記述として，**最も不適当なもの**はどれか。

1. ナット側の座金は，座金の内側面取り部がナットに接する側に取り付ける。
2. 高力ボルト接合部のフィラープレートは，両面とも摩擦面処理を行う。
3. 摩擦面の錆の発生状態は，自然発錆による場合，鋼材の表面が一様に赤く見える程度とする。
4. ボルトの締付けは，ボルト群ごとに継手の周辺部より中央に向かう順序で行う。

No.23 加硫ゴム系シート防水接着工法に関する記述として，**最も不適当なもの**はどれか。

1. プライマーを塗布する範囲は，その日にシートを張り付ける範囲とした。
2. 下地への接着剤の塗布は，プライマーの乾燥後に行った。
3. シートは，接着剤を塗布後，オープンタイムを置かずに張り付けた。
4. 仕上塗料塗りは，美観と保護を目的に行った。

No.24 金属製折板葺の工法に関する記述として，**最も不適当なもの**はどれか。

1. 嵌合形折板は，折板を仮葺せずに本締めを行う。
2. はぜ締め形折板は，本締めの前にタイトフレームの間を1m程度の間隔で部分締めを行う。
3. けらばの変形防止材には，折板の3山ピッチ以上の長さのものを用いる。
4. タイトフレームと下地材との接合は，スポット溶接とする。

No.25 コンクリート壁下地のセメントモルタル塗りに関する記述として，**最も不適当なもの**はどれか。

1. 下塗り，中塗り，上塗りの各層の塗り厚は，6mm程度とした。
2. 下塗りは，吸水調整材塗りの後，3時間経過後に行った。
3. 下塗り用の砂は，ひび割れを防止するため，粒度が粗いA種の砂を用いた。
4. 吸水調整材は，下地とモルタルの接着力を増強するため，厚膜となるように十分塗布した。

No.26 建具金物に関する記述として，**最も不適当なもの**はどれか。

1. モノロックは，押しボタンやシリンダーが設けられており，内外の握り玉の同一線上で施解錠することができる。
2. ピボットヒンジは，床に埋め込まれる扉の自閉金物で，自閉速度を調整することができる。
3. 空錠は，鍵を用いずに，ハンドルでラッチボルトを操作することができる。
4. 本締り錠は，鍵又はサムターンでデッドボルトを操作することができる。

No.27 壁のせっこうボード張りに関する記述として，**最も不適当なもの**はどれか。

1. ボードを突付けとせず隙間を開けて底目地を取る目透し工法で仕上げる壁は，スクェアエッジのボードを使用した。
2. 鋼製下地に張り付ける場合のドリリングタッピンねじの頭は，仕上げ面の精度確保のため，ボード面と同面となるように締め込んだ。
3. 鋼製下地に張り付ける場合のドリリングタッピンねじの留付け間隔は，ボードの中間部より周辺部を小さくした。
4. ボードの重ね張りは，上張りと下張りのジョイント位置が同位置にならないように行った。

No.28 外部仕上げ改修工事に関する記述として，**最も不適当なもの**はどれか。

1. 既存防水層撤去後の下地コンクリート面の軽微なひび割れは，新規防水がアスファルト防水のため，アスファルト防水用シール材により補修した。
2. コンクリート下地面の複層仕上塗材の既存塗膜の劣化部は，高圧水洗工法にて除去した。
3. 既存露出アスファルト防水層の上に，アスファルト防水熱工法にて改修するため，下地調整材としてポリマーセメントモルタルを用いた。
4. 外壁石張り目地のシーリング材の劣化した部分を再充填工法にて改修するため，既存シーリング材を除去し，同種のシーリング材を充填した。

※**問題番号**〔No.29〕～〔No.38〕までの**10問題**は，**全問題を解答して**
ください。

No.29 事前調査に関する記述として，**最も不適当なもの**はどれか。

1. 既製杭の打込みが予定されているため，近接する工作物や舗装の現況
   の調査を行うこととした。
2. 掘削中に地下水を揚水するため，周辺の井戸の使用状況の調査を行う
   こととした。
3. 工事予定の建物による電波障害に関する調査は済んでいたため，タワー
   クレーン設置による影響の調査を省くこととした。
4. 地中障害物を確認するため，過去の土地利用の履歴について調査を行
   うこととした。

No.30 仮設計画に関する記述として，**最も不適当なもの**はどれか。

1. 規模が小さい作業所のため，守衛所を設けず，警備員だけを出入口に
   配置することとした。
2. 作業員詰所は，職種数や作業員の増減に対応するため，大部屋方式と
   することとした。
3. 下小屋は，材料置場の近くに設置し，電力及び水道等の設備を設ける
   こととした。
4. 鋼板製仮囲いの下端には，雨水が流れ出やすいように隙間を設けるこ
   ととした。

No.31 工事現場における材料の保管に関する記述として，**最も不適当なもの**はどれか。

1. アスファルトルーフィングは，屋内の乾燥した場所に平積みで保管する。
2. ALCパネルは，台木を水平に置いた上に平積みで保管する。
3. 巻いた壁紙は，くせが付かないように屋内に立てて保管する。
4. アルミニウム製建具は，平積みを避け，縦置きにして保管する。

No.32 工程計画の立案段階で考慮すべき事項として，**最も不適当なもの**はどれか。

1. 敷地周辺の上下水道やガス等の公共埋設物を把握する。
2. 敷地内の既存埋設物の状況を把握する。
3. 全ての工種別の施工組織体系を把握する。
4. 敷地における騒音及び振動に関する法的規制を把握する。

No.33 バーチャート工程表に関する記述として，**最も不適当なもの**はどれか。

1. 縦軸に工事項目を，横軸に月日を示し，各作業の開始から終了までを横線で表したものである。
2. 主要な工事の節目をマイルストーンとして工程表に付加すると，工程の進捗状況が把握しやすくなる。
3. 各作業の相互関係が表されていないため，工期に影響する作業がどれであるか掴みにくい。
4. 工程表に示す作業を増やしたり，作業を細分化すると，工程の内容が把握しやすくなる。

No.34 施工品質管理表（QC工程表）の作成に関する記述として，**最も不適当なもの**はどれか。

1. 工種別又は部位別に作成する。
2. 管理項目は，目指す品質に直接関係している要因から取りあげる。
3. 管理項目は，品質に関する重要度の高い順に並べる。
4. 管理項目ごとに，管理担当者の分担を明確にする。

No.35 トルシア形高力ボルトの１次締め後に行うマーキングに関する記述として，**最も不適当なもの**はどれか。

1. マークのずれによって，軸回りの有無を確認できる。
2. マークのずれによって，トルク値を確認できる。
3. マークのずれによって，ナットの回転量を確認できる。
4. マークのずれによって，共回りの有無を確認できる。

No.36 コンクリートの試験に関する記述として，**最も不適当なもの**はどれか。

1. フレッシュコンクリートの温度測定は，その結果を1℃単位で表示する。
2. 圧縮強度の試験は，コンクリート打込み日ごと，打込み工区ごと，かつ，150m³以下にほぼ均等に分割した単位ごとに行う。
3. スランプ試験は，1cm単位で測定する。
4. スランプ試験時に使用するスランプコーンの高さは，300mmとする。

No.37 建築工事における危害又は迷惑と，それを防止するための対策の組合せとして，**最も不適当なもの**はどれか。

1. 投下によるくずやごみの飛散 ——————— ダストシュートの設置
2. 工事用車両による道路の汚れ ——————— 沈砂槽の設置
3. 高所作業による工具等の落下 ——————— 水平安全ネットの設置
4. 解体工事による粉塵の飛散 ——————— 散水設備の設置

No.38 特定元方事業者が行うべき安全管理に関する記述として，「労働安全衛生法」上，**誤っているもの**はどれか。

1. 毎作業日に，作業場所を巡視すること。
2. 足場の組立て作業において，材料の欠点の有無を点検し，不良品を取り除くこと。
3. 関係請負人が行う安全教育に対して，安全教育に使用する資料を提供すること。
4. クレーン等の運転についての合図を統一的に定めること。

※問題番号〔No.39〕～〔No.42〕までの**4問題は応用能力問題**です。**全問題を解答してください。**

No.39 鉄筋の加工及び組立てに関する記述として，**不適当なものを2つ選べ。**

1. 鉄筋の折曲げ加工は，常温で行う。
2. 壁筋は，鉄筋相互の交点の半数以上を結束する。
3. 鉄筋相互のあきの最小寸法は，鉄筋の強度によって決まる。
4. 鉄筋末端部のフックの余長の最小寸法は，折曲げ角度が大きいほど長くなる。

No.40 在来軸組構法における木工事に関する記述として，**不適当なものを2つ選べ。**

1. 土台を固定するアンカーボルトは，土台の両端部や継手の位置，耐力壁の両端の柱に近接した位置に設置した。
2. 根太の継手は，大引の心を避けて突付け継ぎとし，釘打ちとした。
3. 火打梁は，柱と梁との鉛直構面の隅角部に斜めに入れた。
4. 内装下地や造作部材の取付けは，屋根葺き工事が終わった後に行った。

　　　　　　解説▶別冊 p.104 ▶▶▶

No.41 セメントモルタルによるタイル後張り工法に関する記述として，**不適当なものを2つ選べ。**

1. 密着張りにおいて，タイルの張付けは，下部から上部にタイルを張った。

2. 改良積上げ張りにおいて，小口タイルの張付けは，1日の張付け高さを1.5mとした。

3. モザイクタイル張りのたたき押えは，紙張りの目地部分がモルタルの水分で濡れてくるまで行った。

4. 改良圧着張りにおいて，張付けモルタルの1回に塗り付ける面積は，タイル工1人当たり3m²とした。

No.42 塗装工事に関する記述として，**不適当なものを2つ選べ。**

1. 強溶剤系塗料のローラーブラシ塗りに，モヘアのローラーブラシを用いた。

2. オイルステイン塗りの色濃度の調整は，シンナーによって行った。

3. モルタル面の塗装に，合成樹脂調合ペイントを用いた。

4. 壁面をローラーブラシ塗りとする際，隅やちり回りなどは，小刷毛を用いて先に塗布した。

※**問題番号**〔No.43〕〜〔No.50〕までの**8問題**のうちから，**6問題**を選択し，**解答**してください。

No.43 用語の定義に関する記述として，「建築基準法」上，**誤っているもの**はどれか。

1. 設計者とは，その者の責任において，設計図書を作成した者をいう。
2. コンビニエンスストアは，特殊建築物ではない。
3. 建築物に関する工事用の仕様書は，設計図書である。
4. 駅のプラットホームの上家は，建築物ではない。

No.44 地上階にある次の居室のうち，「建築基準法」上，原則として，採光のための窓その他の開口部を**設けなくてよいもの**はどれか。

1. 病院の診察室
2. 寄宿舎の寝室
3. 有料老人ホームの入所者用談話室
4. 保育所の保育室

★

No.**45** 建設業の許可に関する記述として，「建設業法」上，**誤っているもの**はどれか。

1. 解体工事業で一般建設業の許可を受けている者は，発注者から直接請け負う1件の建設工事の下請代金の総額が4,000万円の下請契約をすることができない。

2. 建築工事業で一般建設業の許可を受けている者は，発注者から直接請け負う1件の建設工事の下請代金の総額が6,000万円の下請契約をすることができない。

3. 建設業を営もうとする者は，すべて，建設業の許可を受けなければならない。

4. 建設業の許可を受けようとする者は，営業所の名称及び所在地を記載した許可申請書を国土交通大臣又は都道府県知事に提出しなければならない。

No.**46** 建設工事の請負契約書に記載しなければならない事項として，「建設業法」上，**定められていないもの**はどれか。

1. 工事内容及び請負代金の額

2. 工事の履行に必要となる建設業の許可の種類及び許可番号

3. 各当事者の履行の遅滞その他債務の不履行の場合における遅延利息，違約金その他の損害金

4. 請負代金の全部又は一部の前金払の定めをするときは，その支払いの時期及び方法

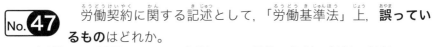

No.47 労働契約に関する記述として、「労働基準法」上、**誤っているもの**はどれか。

1. 使用者は、労働することを条件とする前貸の債権と賃金を相殺することができる。
2. 労働者は、使用者より明示された労働条件が事実と相違する場合においては、即時に労働契約を解除することができる。
3. 使用者は、労働者が業務上の傷病の療養のために休業する期間及びその後30日間は、原則として解雇してはならない。
4. 労働条件は、労働者と使用者が、対等の立場において決定すべきものである。

No.48 事業者が、新たに職務に就くことになった職長に対して行う安全衛生教育に関する事項として、「労働安全衛生法」上、**定められていないもの**はどれか。
ただし、作業主任者を除くものとする。

1. 労働者の配置に関すること
2. 異常時等における措置に関すること
3. 危険性又は有害性等の調査に関すること
4. 作業環境測定の実施に関すること

解説 ▶ 別冊 p.108 ▶▶▶

No.49 次の記述のうち，「廃棄物の処理及び清掃に関する法律」上，誤っているものはどれか。

1. 工作物の新築に伴って生じた紙くずは，一般廃棄物である。
2. 建設工事の現場事務所から排出された新聞，雑誌等は，一般廃棄物である。
3. 工作物の除去に伴って生じたコンクリートの破片は，産業廃棄物である。
4. 工作物の新築に伴って生じたゴムくずは，産業廃棄物である。

No.50 消防用設備等の種類と機械器具又は設備の組合せとして，「消防法」上，誤っているものはどれか。

1. 警報設備 ———— 自動火災報知設備
2. 避難設備 ———— 救助袋
3. 消火設備 ———— 連結散水設備
4. 消防用水 ———— 防火水槽

２級建築施工管理技術検定試験

令和３年度（前期）

第 一 次 検 定

■試験時間は，**10時15分から12時45分**

■選択問題は，解答数が**指定数を超えた場合，減点**となります。

イ．〔No.1〕～〔No.14〕までの**14問題**のうちから，**9問題を選択し**，解答してください。

ロ．〔No.15〕～〔No.17〕までの**3問題**は，**全問題を解答**してください。

ハ．〔No.18〕～〔No.28〕までの**11問題**のうちから，**8問題を選択し**，解答してください。

ニ．〔No.29〕～〔No.38〕までの**10問題**は，**全問題を解答**してください。

ホ．〔No.39〕～〔No.42〕までの**4問題**は，**全問題を解答**してください。

ヘ．〔No.43〕～〔No.50〕までの**8問題**のうちから，**6問題を選択し**，解答してください。

◆第一次検定結果データ◆

受検者数	13,074人		
合格者数	4,952人	合格基準	24問以上
合格率	37.9%		

別冊p.175に解答用紙がありますので，コピーしてお使いください。

※**問題番号**〔No.1〕～〔No.14〕までの**14問題**のうちから,**9問題**を選択し,**解答**してください。

No. 1 湿度及び結露に関する記述として,**最も不適当なもの**はどれか。

1. 絶対湿度が100%になる温度を露点温度という。
2. 壁体の中に熱伝導率の大きい場所がある場合に,熱が集中して流れるこの部分を熱橋という。
3. 冬季暖房時に,室内の水蒸気により外壁などの室内側表面で生じる結露を表面結露という。
4. 乾燥空気1kg当たりに含まれている水蒸気の質量を絶対湿度という。

No. 2 照明に関する記述として,**最も不適当なもの**はどれか。

1. 一般に直接照明による陰影は,間接照明と比べ濃くなる。
2. 点光源による照度は,光源からの距離の2乗に反比例する。
3. 色温度は,絶対温度で示し,単位はlm(ルーメン)である。
4. タスク・アンビエント照明は,全般照明と局部照明を併せて行う方式である。

No. 3 色に関する記述として，**最も不適当なもの**はどれか。

1. 一般に明度が高い色ほど膨張して見える。
2. 一般に同じ色でもその面積が小さいほど，明るさや鮮やかさが増して見える。
3. 2つの有彩色を混ぜて灰色になるとき，その2色は互いに補色の関係にある。
4. 補色どうしを対比すると，互いに強調しあい，鮮やかさが増して見える。

No. 4 木造在来軸組構法に関する記述として，**最も不適当なもの**はどれか。

1. 構造耐力上主要な部分である柱の有効細長比は，150以下とする。
2. 引張力を負担する木材の筋かいは，厚さ1.5cm以上で幅9cm以上とする。
3. 筋かいを入れた構造耐力上必要な軸組の長さは，各階の床面積が同じ場合，2階の方が1階より大きな値となる。
4. 3階建ての1階の構造耐力上主要な部分である柱の断面は，原則として，小径13.5cm以上とする。

No. 5 鉄筋コンクリート構造に関する記述として，**最も不適当なもの**はどれか。

1. 柱の出隅部の主筋には，末端部にフックを付ける。
2. 梁は，圧縮側の鉄筋量を増やすと，クリープによるたわみが小さくなる。
3. 梁主筋とコンクリートの許容付着応力度は，上端筋より下端筋の方が大きい。
4. コンクリートの設計基準強度が高くなると，鉄筋とコンクリートの許容付着応力度は低くなる。

No.6 鉄骨構造の接合に関する記述として，**最も不適当なもの**はどれか。

1. 高力ボルト接合の摩擦面には，ショットブラスト処理などによる一定の値以上のすべり係数が必要である。

2. 隅肉溶接は，母材の端部を切り欠いて開先をとり，そこに溶着金属を盛り込んで溶接継目を形づくるものである。

3. 応力を伝達させる主な溶接継目の形式は，完全溶込み溶接，部分溶込み溶接，隅肉溶接である。

4. 溶接と高力ボルトを併用する継手で，高力ボルトを先に締め付ける場合は両方の許容耐力を加算してよい。

No.7 地盤及び基礎構造に関する記述として，**最も不適当なもの**はどれか。

1. 直接基礎は，基礎スラブの形式によって，フーチング基礎とべた基礎に大別される。

2. 水を多く含んだ粘性土地盤では，圧密が生じやすい。

3. 沖積層は，洪積層に比べ建築物の支持地盤として適している。

4. 複合フーチング基礎は，隣接する柱間隔が狭い場合などに用いられる。

No.8 部材の応力度の算定とそれに用いる係数の組合せとして，**最も不適当なもの**はどれか。

1. せん断応力度の算定 ———————— 断面一次モーメント
2. 曲げ応力度の算定 ———————— 断面二次モーメント
3. 縁応力度の算定 ———————— 断面係数
4. 引張応力度の算定 ———————— 断面二次半径

No.9 図に示す単純梁ABにおいて，点Cにモーメント荷重Mが作用したとき，点Dに生じる応力の値の大きさとして，**正しいもの**はどれか。

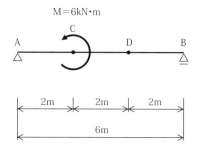

M＝6kN・m

1. せん断力は，1kNである。
2. せん断力は，2kNである。
3. 曲げモーメントは，3kN・mである。
4. 曲げモーメントは，4kN・mである。

図に示す片持梁ABにおいて，点Aに集中荷重P及び点Cに集中荷重3Pが同時に作用したときの曲げモーメント図として，**正しいもの**はどれか。

ただし，曲げモーメントは，材の引張側に描くものとする。

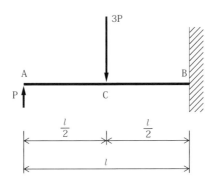

1.

2.

3.

4.

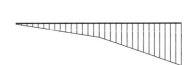

No.11 コンクリートに関する一般的な記述として，**最も不適当なもの**はどれか。

1. スランプが大きいほど，フレッシュコンクリートの流動性は大きくなる。
2. 水セメント比が大きいほど，コンクリートの圧縮強度は大きくなる。
3. 単位セメント量や細骨材率が大きくなると，フレッシュコンクリートの粘性は大きくなる。
4. コンクリートの圧縮強度が大きくなると，ヤング係数は大きくなる。

No.12 日本産業規格（JIS）に規定するセラミックタイルに関する記述として，**最も不適当なもの**はどれか。

1. 床に使用可能なタイルの耐摩耗性には，耐素地摩耗性と耐表面摩耗性がある。
2. 有機系接着剤によるタイル後張り工法で施工するタイルには，裏あしがなくてもよい。
3. 裏連結ユニットタイルの裏連結材には，施工時に剥がすタイプと剥がさないタイプがある。
4. うわぐすりの有無による種類には，施ゆうと無ゆうがある。

シーリング材に関する記述として，**最も不適当なもの**はどれか。

1. ポリウレタン系シーリング材は，施工時の気温や湿度が高い場合，発泡のおそれがある。

2. シリコーン系シーリング材は，耐候性，耐久性に劣る。

3. 変成シリコーン系シーリング材は，ガラス越し耐光接着性に劣る。

4. アクリルウレタン系シーリング材は，ガラス回り目地に適していない。

No.14 内装材料に関する一般的な記述として，**最も不適当なもの**はどれか。

1. 木毛セメント板は，断熱性，吸音性に優れている。

2. けい酸カルシウム板は，軽量で耐火性に優れている。

3. パーティクルボードは，木材小片を主原料として接着剤を用いて成形熱圧したものである。

4. 強化せっこうボードは，芯のせっこうに油脂をしみ込ませ，強度を向上させたものである。

※**問題番号**〔No.15〕～〔No.17〕までの**3問題**は，**全問題を解答**してください。

No.**15** アスファルト舗装に関する記述として，**最も不適当なもの**はどれか。

1. 路盤は，舗装路面に作用する荷重を分散させて路床に伝える役割を持っている。
2. 表層は，交通荷重による摩耗とせん断力に抵抗し，平坦ですべりにくく快適な走行性を確保する役割を持っている。
3. プライムコートは，路床の仕上がり面を保護し，路床と路盤との接着性を向上させる役割を持っている。
4. タックコートは，基層と表層を密着し，一体化する役割を持っている。

No.**16** 建築物の電気設備とそれに関する用語の組合せとして，**最も関係の少ないもの**はどれか。

1. 電力設備 ──────── 同軸ケーブル
2. 照明設備 ──────── コードペンダント
3. 電話設備 ──────── PBX
4. 情報通信設備 ─────── LAN

給排水設備に関する記述として，**最も不適当なもの**はどれか。

1. 圧力水槽方式の給水設備は，給水圧力の変動が大きく，停電時には給水が期待できない。

2. 地中埋設排水管において，桝を設ける場合，雨水桝には泥だめを，汚水桝にはインバートを設ける。

3. 水道直結直圧方式は，水圧が大きすぎるため，2階建住宅の給水には採用できない。

4. トラップとは，悪臭などが室内へ侵入するのを防ぐためのものをいう。

※**問題番号**〔No.18〕〜〔No.28〕までの**11問題**のうちから，**8問題を選択し，**
解答してください。

No.**18** 　埋戻しに関する記述として，**最も不適当なもの**はどれか。

1. 埋戻し土に用いる透水性のよい山砂は，水締めで締め固めた。
2. 埋戻し土に用いる流動化処理土は，建設発生土に水を加えて泥状化したものに固化材を加えたものを使用した。
3. 埋戻し土に用いる砂質土は，粒度試験を行い均等係数が小さいものを使用した。
4. 埋戻し土に用いる山砂は，砂に適度の礫やシルトが混入されたものを使用した。

No.**19** 　鉄筋のかぶり厚さに関する記述として，**最も不適当なもの**はどれか。

1. 設計かぶり厚さは，最小かぶり厚さに施工精度に応じた割増しを加えたものである。
2. かぶり厚さの確保には，火災時に鉄筋の強度低下を防止するなどの目的がある。
3. 外壁の目地部分のかぶり厚さは，目地底から確保する。
4. 屋内の耐力壁は，耐久性上有効な仕上げがある場合とない場合では，最小かぶり厚さが異なる。

No.20 鉄骨製作工場における錆止め塗装に関する記述として，**最も不適当なもの**はどれか。

1. 組立てによって肌合せとなる部分は，錆止め塗装を行わなかった。
2. 柱ベースプレート下面のコンクリートに接する部分は，錆止め塗装を行わなかった。
3. 素地調整を行った鉄鋼面は，素地が落ち着くまで数日あけて錆止め塗装を行った。
4. 錆止め塗装を行う部材は，原則として塗装検査以外の検査を終了した後に塗装を行った。

No.21 在来軸組構法における木工事に関する記述として，**最も不適当なもの**はどれか。

1. せいが異なる胴差の継手は，受材心より150mm程度持ち出し，腰掛けかま継ぎとし，ひら金物両面当て釘打ちとした。
2. 束立て床組の大引の継手は，床束心で腰掛けあり継ぎとし，釘打ちとした。
3. 筋かいと間柱の交差する部分は，間柱を筋かいの厚さだけ欠き取って筋かいを通した。
4. ラグスクリューのスクリュー部の先孔の径は，スクリュー径の70%程度とした。

No.22 木造2階建住宅の解体工事に関する記述として，**最も不適当なもの**はどれか。

1. 作業の効率を高めるため，障子，襖，ドア等の建具は，1階部分から撤去した。
2. 外壁の断熱材として使用されているグラスウールは，可能な限り原形のまま取り外した。
3. 蛍光ランプは，窓ガラスと共に専用のコンテナ容器内で破砕して，ガラス類として処分した。
4. 屋根葺き材は，内装材を撤去した後，手作業で取り外した。

No.23 アスファルト防水工事に関する記述として，**最も不適当なものはどれか。**

1. 防水下地となるコンクリートの入隅の形状は，通りよく45°の面取りとした。

2. 平場部のアスファルトルーフィングの重ね幅は，長手及び幅方向とも100mm以上とした。

3. 平場部のストレッチルーフィングの流し張りは，ルーフィングの両端からアスファルトがはみ出さないように押し付けながら張り付けた。

4. 砂付あなあきルーフィングを用いる絶縁工法の立上り部は，砂付あなあきルーフィングを省略した。

No.24 外壁の張り石工事において，湿式工法と比較した場合の乾式工法の特徴として，**最も不適当なものはどれか。**

1. 台車等の衝突で張り石が破損しやすい。

2. 白華現象が起こりにくい。

3. 地震時の躯体の挙動に追従しにくい。

4. 工期短縮を図りやすい。

No.25 アルミニウム合金の表面処理に関する記述として，**最も不適当なものはどれか。**

1. 陽極酸化皮膜の上に，クリア塗装する。

2. 硫黄を用いた硫化処理を行い，褐色に発色させる。

3. 化成皮膜の上に，樹脂塗料を焼付け塗装する。

4. 有機酸を用いた陽極酸化処理を行い，皮膜の生成と同時に発色させる。

解説▶別冊 p.119 ▶▶▶

No.26 鋼製建具に関する記述として，**最も不適当なもの**はどれか。

1. 建具枠の取付け精度は，対角寸法差を3mm以内とした。

2. 外部に面する鋼製ドアのステンレス製くつずりは，両端を縦枠より延ばし，縦枠の裏面で溶接した。

3. 外部に面する両面フラッシュ戸の見込み部は，上下を除いた左右2方のみ，表面板で包んだ。

4. くつずりは，あらかじめ裏面に鉄線を付けておき，モルタル詰めを行った後，取り付けた。

No.27 塗装工事における素地ごしらえに関する記述として，**最も不適当なもの**はどれか。

1. モルタル面の吸込み止めは，パテかいを行った後に，シーラーを全面に塗り付けた。

2. せっこうボード面のパテかいには，合成樹脂エマルションパテを使用した。

3. 不透明塗料塗りの木部面は，節止めにセラックニスを塗り付けた。

4. 鉄鋼面に付着した機械油の除去には，石油系溶剤を使用した。

No.28 カーテン工事に関する記述として，**最も不適当なもの**はどれか。

1. カーテン上端の折返し長さは，使用するフック（ひるかん）の長さにより定めた。

2. 引分け式遮光用カーテンは，中央召合せを300mmとした。

3. レースカーテンのカーテンボックスは，窓幅に対して片側各々150mm長くした。

4. レースカーテンの上端の縁加工は，カーテン心地を入れないで袋縫いとした。

No.**29** 　事前調査に関する記述として，**最も不適当なもの**はどれか。

1. 総合仮設計画に当たり，敷地周辺の電柱及び架空電線の調査を行った。
2. 解体工事計画に当たり，発生する木くずを再生するため，再資源化施
設の調査を行った。
3. 根切り工事に当たり，埋蔵文化財の有無について調査を行った。
4. 防護棚の設置に当たり，敷地地盤の高低及び地中埋設配管の調査を
行った。

No.**30** 　仮設計画に関する記述として，**最も不適当なもの**はどれか。

1. 仮囲いには，合板パネルなどの木製材料を使用することとした。
2. 仮囲いを設けなければならないため，その高さは周辺の地盤面から1.5m
とすることとした。
3. ハンガー式門扉は，重量と風圧を軽減するため，上部を網状の構造と
することとした。
4. 工事ゲートは，トラックアジテータが通行するため，有効高さを3.8m
とすることとした。

No.31 建築工事に係る申請や届出等に関する記述として，**最も不適当なもの**はどれか。

1. 道路上に高所作業車を駐車して作業するため，道路使用許可申請書を警察署長宛てに届け出た。

2. 振動規制法による特定建設作業を指定地域内で行うため，特定建設作業実施届出書を市町村長宛てに届け出た。

3. 延べ面積が20m²の建築物を建築するため，建築工事届を市町村長宛てに届け出た。

4. 支柱の高さが3.5m以上の型枠支保工を設置するため，設置の届けを労働基準監督署長宛てに届け出た。

No.32 工程計画及び工程管理に関する記述として，**最も不適当なもの**はどれか。

1. ネットワーク工程表は，工程における複雑な作業間の順序関係を視覚的に表現することができる工程表である。

2. 基本工程表は，工事全体を一つの工程表としてまとめたもので，工事の主要な作業の進捗を表示する。

3. 工程計画を立てるに当たり，その地域の雨天日や強風日等を推定して作業不能日を設定する。

4. 各作業の所要期間は，作業の施工数量に投入数量と1日当たりの施工能力を乗じて求める。

No.33 バーチャート工程表に関する記述として，**最も適当なもの**はどれか。

1. 工事出来高の累積値を表現しているため，工事進捗度合が把握しやすい工程表である。
2. 各作業に対する先行作業，並列作業，後続作業の相互関係が把握しやすい工程表である。
3. 作業間調整に伴う修正が容易な工程表である。
4. 各作業ごとの日程及び工事全体の工程計画が，比較的容易に作成できる工程表である。

No.34 次の用語のうち，品質管理に**最も関係の少ないもの**はどれか。

1. SMW
2. PDCA
3. ばらつき
4. トレーサビリティ

No.35 品質管理のための試験及び検査に関する記述として，**最も不適当なもの**はどれか。

1. 鉄骨工事において，高力ボルト接合部の締付けの検査のため，超音波探傷試験を行った。
2. シーリング工事において，接着性の確認のため，簡易接着性試験を行った。
3. コンクリート工事において，フレッシュコンクリートの受入れ検査のため，空気量試験を行った。
4. 鉄筋工事において，ガス圧接継手の検査のため，抜き取った接合部の引張試験を行った。

No.36 コンクリートの試験に関する記述として，**最も不適当なもの**はどれか。

1. スランプの測定値は，スランプコーンを引き上げた後の，平板からコンクリート最頂部までの高さとした。
2. 材齢が28日の構造体コンクリート強度の判定に用いる供試体は，現場水中養生とした。
3. 受入れ検査における圧縮強度試験は，3回の試験で1検査ロットを構成した。
4. スランプ試験は，コンクリートの打込み中に品質の変化が認められた場合にも行うこととした。

No.37 作業主任者を選任すべき作業として，「労働安全衛生法」上，**定められていないもの**はどれか。

1. 高さ5mの足場の変更の作業
2. 土止め支保工の切りばりの取り外しの作業
3. 軒高5mの木造建築物の構造部材の組立て作業
4. ALCパネルの建込み作業

No.38 足場に関する記述として，**最も不適当なもの**はどれか。

1. 枠組足場に使用する作業床の幅は，30cmとした。
2. 枠組足場の墜落防止設備として，交さ筋かい及び高さ15cm以上の幅木を設置した。
3. 移動式足場（ローリングタワー）の作業台上では，脚立の使用を禁止とした。
4. 移動式足場（ローリングタワー）の脚輪のブレーキは，移動中を除き，常に作動させた。

※**問題番号**〔No.39〕～〔No.42〕までの**4問題は応用能力問題**です。**全問題を解答**してください。

No.**39** 型枠の締付け金物等に関する記述として，**不適当なものを2つ選べ。**

1. セパレータは，せき板に対して垂直となるよう配置した。
2. 打放し仕上げとなる外壁コンクリートの型枠に使用するセパレータは，コーンを取り付けないものを用いた。
3. 塗り仕上げとなる壁コンクリートの型枠に使用するフォームタイと座金は，くさび式を用いた。
4. 柱の型枠に用いるコラムクランプは，セパレータと組み合わせて使用した。

No.**40** レディーミクストコンクリートに関する記述として，**不適当なものを2つ選べ。**

1. コンクリート荷卸し時のスランプの許容差は，スランプの値に関係なく一定である。
2. コンクリートに含まれる塩化物は，原則として塩化物イオン量で0.30kg/m³以下とする。
3. 空気量の許容差は，普通コンクリートよりも高強度コンクリートの方が大きい。
4. 単位水量は，最大値を185kg/m³とし，所定の品質が確保できる範囲内で，できるだけ少なくする。

No.**41** 仕上塗材仕上げに関する記述として，**不適当なものを2つ選べ。**

1. 各工程ごとに用いる下塗材，主材及び上塗材は，同一製造所のものとした。
2. 仕上塗材の所要量は，被仕上塗材仕上面の単位面積に対する希釈前の仕上塗材の使用質量から算出した。
3. 屋外や室内の湿潤になる場所の下地調整に用いるパテは，合成樹脂エマルションパテを使用した。
4. シーリング面への仕上塗材仕上げは，シーリング材の硬化前に行った。

No.**42** 床のフローリングボード張りに関する記述として，**不適当なものを2つ選べ。**

1. フローリングボードに生じた目違いは，パテかいにより平滑にした。
2. フローリングボード張込み後，床塗装仕上げを行うまで，ポリエチレンシートを用いて養生をした。
3. フローリングボードの下張り用合板は，長手方向が根太と直交するように割り付けた。
4. 隣り合うフローリングボードの木口の継手位置は，すべて揃えて割り付けた。

No.43 建築確認手続き等に関する記述として，「建築基準法」上，**誤っているもの**はどれか。

1. 特定工程後の工程に係る工事は，当該特定工程に係る中間検査合格証の交付を受けた後でなければ，これを施工してはならない。
2. 建築主事は，木造3階建ての建築物の確認申請書を受理した場合，受理した日から35日以内に，建築基準関係規定に適合するかどうかを審査しなければならない。
3. 工事施工者は，建築物の工事を完了したときは，建築主事又は指定確認検査機関の完了検査を申請しなければならない。
4. 鉄骨造2階建ての建築物の建築主は，原則として，検査済証の交付を受けた後でなければ，当該建築物を使用し，又は使用させてはならない。

No.44 次の記述のうち，「建築基準法」上，**誤っているもの**はどれか。

1. 居室の天井の高さは，室の床面から測り，1室で天井の高さの異なる部分がある場合は，その平均の高さによる。
2. 映画館における客用の階段で高さが3mをこえるものには，3m以内ごとに踊場を設けなければならない。
3. 木造3階建ての住宅の3階に設ける調理室の壁及び天井の内装は，準不燃材料としなければならない。
4. 階段に代わる傾斜路には，原則として，手すり等を設けなければならない。

令和3年度（前期）第一次検定

No.45 建設業の許可の変更に関する記述として，「建設業法」上，**誤っているもの**はどれか。

1. 許可を受けた建設業の営業所の所在地について，同一の都道府県内で変更があったときは，その旨の変更届出書を提出しなければならない。
2. 許可を受けた建設業の業種の区分について変更があったときは，その旨の変更届出書を提出しなければならない。
3. 許可を受けた建設業の使用人数に変更を生じたときは，その旨を書面で届け出なければならない。
4. 許可を受けた建設業の営業所に置く専任の技術者について，代わるべき者があるときは，その者について，書面を提出しなければならない。

No.46 工事現場における技術者に関する記述として，「建設業法」上，**誤っているもの**はどれか。

1. 主任技術者は，工事現場における建設工事を適正に実施するため，当該建設工事の施工計画の作成，工程管理，品質管理の職務を誠実に行わなければならない。
2. 主任技術者を設置する工事で専任が必要とされるものは，同一の建設業者が同一の場所において行う密接な関係のある2以上の工事であっても，これらの工事を同一の主任技術者が管理してはならない。
3. 建築一式工事に関し10年以上実務の経験を有する者は，建築一式工事における主任技術者になることができる。
4. 工事現場における建設工事の施工に従事する者は，主任技術者又は監理技術者がその職務として行う指導に従わなければならない。

No.47 次の業務のうち，「労働基準法」上，満17才の者を**就かせてはならない業務**はどれか。

1. 屋外の建設現場での業務
2. 動力により駆動される土木建築用機械の運転の業務
3. 最大積載荷重1tの荷物用エレベーターの運転の業務
4. 20kgの重量物を断続的に取り扱う業務

No.48 「労働安全衛生法」上，事業者が，所轄労働基準監督署長へ**報告書を提出する必要がないもの**はどれか。

1. 産業医を選任したとき
2. 安全管理者を選任したとき
3. 総括安全衛生管理者を選任したとき
4. 安全衛生推進者を選任したとき

No.49 建設工事に伴う次の副産物のうち，「建設工事に係る資材の再資源化等に関する法律（建設リサイクル法）」上，**特定建設資材廃棄物に該当するもの**はどれか。

1. 場所打ちコンクリート杭工事の杭頭処理に伴って生じたコンクリート塊
2. 住宅の屋根の葺替え工事に伴って生じた粘土瓦
3. 基礎工事の掘削に伴って生じた土砂
4. 鋼製建具の取替えに伴って生じた金属くず

No.50 「騒音規制法」上，指定地域内における特定建設作業を伴う建設工事の施工に際し，市町村長への**届出書に記入又は添附する必要のないもの**はどれか。

1. 建設工事の目的に係る施設又は工作物の種類
2. 特定建設作業の開始及び終了の時刻
3. 特定建設作業の工程を明示した工事工程表
4. 特定建設作業に係る仮設計画図

2級建築施工管理技術検定

令和5年度

第二次検定

試験時間に合わせて解いてみましょう！

■試験内容

　試験問題は，5問題です。
　問題1～問題3は，**記述式**です。
　問題4～5は，**四肢択一式**です。
　問題5は，**受検種別**に従って次に該当する問題を**解答**してください。
　イ．**受検種別：建　築**の受検者は**問題5−A**を解答してください。
　ロ．**受検種別：躯　体**の受検者は**問題5−B**を解答してください。
　ハ．**受検種別：仕上げ**の受検者は**問題5−C**を解答してください。

■試験時間　　14:15～16:15

◆ 第二次検定結果データ ◆

受検者数	21,859人
合格者数	6,999人
合格率	32.0%

※受検者数は第一次検定及び第二次検定同日受検者のうち第一次検定合格者と第二次検定のみ
　試験受検者の実際の受検者の合計，合格率も同様の数値を元に算出。

　別冊p.176～181に解答用紙がありますので，コピーしてお使いください。

問題1

　あなたが経験した**建築工事**のうち，あなたの受検種別に係る工事の中から，**工程の管理**を行った工事を**1つ**選び，工事概要を具体的に記入した上で，次の1．及び2．の問いに答えなさい。

　なお，**建築工事**とは建築基準法に定める建築物に係る工事とし，建築設備工事を除くものとする。

〔工事概要〕

イ．工　事　名

ロ．工事場所

ハ．工事の内容
新築等の場合：建物用途，構造，階数，延べ面積又は施工数量，主な外部仕上げ，主要室の内部仕上げ

改修等の場合：建物用途，建物規模，主な改修内容及び施工数量

ニ．工　　期　　等（工期又は工事に従事した期間を年号又は西暦で年月まで記入）

ホ．あなたの立場

ヘ．あなたの業務内容

1.　工事概要であげた工事であなたが担当した工種において，項目Aのaからcの中からテーマを選び，それらを手配や配置，施工の計画を立てる際に，**工事を遅延させないために**あなたがどのようなことを行ったのか，項目Bの①から③について具体的な事例を**3つ**記述しなさい。

　　なお，選んだ項目Aは○で囲み，3つの事例は同じ項目を選んでもよいものとする。

　　また，項目Bの①**工種名又は作業名等**はあなたの受検種別に係るものとし，同じものでもよいが，②**状況と理由**及び③**行った対策**はそれぞれ

異なる内容を記述するものとし，品質管理，安全管理，コスト管理のみについて記述したものは不可とする。

項目A　a. 材料（本工事材料，仮設材料）
　　　　b. 工事用機械・器具・設備
　　　　c. 作業員（交通誘導警備員は除く）

項目B　① **工種名又は作業名等**
　　　　② 遅延させるかも知れないと考えた当時の**状況**とそれが遅延につながる**理由**
　　　　③ ②による遅延を防ぐために実際に**行った対策**

2.　工事概要であげた工事に係わらず，あなたの今日までの建築工事の経験を踏まえて，計画どおりに工事を進める上で，関係者に作業工程を周知や共有するための**有効な方法や手段**と，周知や共有が不十分な場合に起こる工程への**影響**について，具体的な事例を**2つ**記述しなさい。

　　ただし，2つの事例の有効な方法や手段はそれぞれ異なる内容を記述するものとし，1.の③の行った対策と同じ内容の記述は不可とする。

問題2　次の建築工事に関する用語の一覧表の中から**5つ**用語を選び，解答用紙の用語の記号欄の**記号にマーク**した上で，選んだ用語欄に**用語（太字で示す部分のみでも可）**を記入し，その**用語の説明**と**施工上留意すべきこと**を具体的に記述しなさい。

　　ただし，a及びb以外の用語については，作業上の安全に関する記述は不可とする。

　　また，使用資機材に不良品はないものとする。

用語の一覧表

用語の記号	用 語
a	足場の**手すり先行工法**
b	親綱
c	型枠の**剥離剤**
d	グリッパー工法
e	コンクリートの**レイタンス**
f	シーリング工事の**バックアップ材**
g	ジェットバーナー仕上げ
h	隅肉溶接
i	せっこうボード張りにおける**コーナービード**
j	鉄筋の**先組み工法**
k	壁面の**ガラスブロック積み**
ℓ	べた基礎
m	木工事の**仕口**
n	木造住宅の**気密シート**

問題 3　鉄骨造3階建て事務所ビルの新築工事について，工事概要を確認の上，右（152ページ）の工程表及び出来高表に関し，次の1.から3.の問いに答えなさい。

工程表は，予定出来高曲線を破線で表示している。

また，出来高表は4月末時点のものを示しており，合計欄の月別実績出来高及び実績出来高累計の金額は記載していない。

なお，各作業は一般的な手順に従って施工されるものとする。

〔工事概要〕

用　　途：事務所

構造，規模：鉄骨造，地上3階，延べ面積400m²

　　　　　　耐火被覆は，耐火材巻付け工法，外周部は合成工法

外部仕上げ：屋上防水は，塩化ビニル樹脂系断熱シート防水
外壁は，押出成形セメント板，耐候性塗料塗り
内部仕上げ：床は，フリーアクセスフロア，タイルカーペット張り
壁は，軽量鉄骨下地せっこうボード張り，合成樹脂
エマルションペイント塗り
天井は，軽量鉄骨下地化粧せっこうボード張り
外壁押出成形セメント板の裏面に，断熱材吹付
内部建具扉は，すべて工場塗装品

1. 工程表の土工事及び地業工事の**Ⓐ**，鉄骨工事の**Ⓑ**に該当する**作業名**を記入しなさい。
2. 出来高表から，2月末までの実績出来高累計の金額を求め，工事金額の合計に対する**比率**をパーセントで記入しなさい。
3. 工程表は工事計画時に作成していたものであるが，工程上，着手時期が不適当な作業があり，出来高表についても誤った月にその予定出来高の金額と実績出来高の金額が記載されたままとなっている。

　　これらに関して，次の①から③について答えなさい。

① 工程上，着手時期が不適当な**作業名**を記入しなさい。
② ①で解答した作業の適当な**着手時期**を記入しなさい。
　　ただし，作業着手時期は月と旬日で記入し，**旬日**は，**上旬**，**中旬**，**下旬**とする。
③ ②で解答した適当な着手時期に合わせて出来高表の誤りを修正した上で，3月末までの実績出来高の**累計の金額**を記入しなさい。

工程表

工程表（ガントチャート）

工種	1月	2月	3月	4月	5月
仮設工事	仮囲い設置 / 準備	外部足場組立 ·········	外部足場解体	仮囲い解体	完成検査 / クリーニング
土工事 地業工事	根切, 床付け, 捨てコン Ⓐ / 杭打設				
鉄筋コンクリート工事	基礎躯体	1～RF床, パラペット躯体			
鉄骨工事	アンカーボルト設置 / 鉄骨建方, 本締め, デッキプレート, スタッドジベル	Ⓑ			
外壁工事			押出成形セメント板		
防水工事			屋上シート防水 / 外部シール		
建具工事			外部建具（ガラス取付を含む）	内部建具枠	内部建具扉吊込み
金属工事				アルミ笠木 / 壁・天井軽量鉄骨下地	
内装工事			断熱材吹付	壁・天井ボード張り / フリーアクセスフロア	タイルカーペット
塗装工事			外壁塗装	内壁塗装	
外構工事				外構	
設備工事	電気, 給排水衛生, 空調設備				

予定出来高曲線

出来高表

単位　万円

工種	工事金額	予定出来高／実績出来高	1月	2月	3月	4月	5月
仮設工事	700	予定	150	300	50	50	150
		実績	150	300	50	50	
土工事 地業工事	760	予定	500	260			
		実績	500	260			
鉄筋コンクリート工事	700	予定	490	70	140		
		実績	380	30	290		
鉄骨工事	1,000	予定	40	840	120		
		実績	10	870	120		
外壁工事	600	予定			600		
		実績			600		
防水工事	200	予定			80	120	
		実績			60	140	
建具工事	550	予定			450	60	40
		実績			450	60	
金属工事	200	予定				200	
		実績				200	
内装工事	1,100	予定			50	300	750
		実績			50	300	
塗装工事	190	予定				130	60
		実績				130	
外構工事	500	予定				350	150
		実績				350	
設備工事	1,000	予定	100	100	100	650	50
		実績	100	100	100	650	
合計	7,500	月別予定出来高	1,280	1,570	1,590	1,860	1,200
		月別実績出来高					
		実績出来高累計					

次の1.から3.の各法文において，□に当てはまる**正しい語句**を，下の該当する枠内から**1つ**選びなさい。

1. 建設業法（検査及び引渡し）
　　第24条の4　元請負人は，下請負人からその請け負った建設工事が　①　した旨の通知を受けたときは，当該通知を受けた日から　②　日以内で，かつ，できる限り短い期間内に，その　①　を確認するための検査を完了しなければならない。
　　2　元請負人は，前項の検査によって建設工事の　①　を確認した後，下請負人が申し出たときは，直ちに，当該建設工事の目的物の引渡しを受けなければならない。ただし，下請契約において定められた工事　①　の時期から　②　日を経過した日以前の一定の日に引渡しを受ける旨の特約がされている場合には，この限りでない。

①	① 完了	② 終了	③ 竣工	④ 完成

②	① 10	② 15	③ 20	④ 25

2. 建築基準法施行令（工事用材料の集積）
　　第136条の7　建築工事等における工事用材料の集積は，その倒壊，崩落等による　③　の少ない場所に安全にしなければならない。
　　2　建築工事等において山留めの周辺又は架構の　④　に工事用材料を集積する場合においては，当該山留め又は架構に予定した荷重以上の荷重を与えないようにしなければならない。

③	① 事故	② 損傷	③ 損壊	④ 危害

④	① 上	② 下	③ 横	④ 中

3. 労働安全衛生法（事業者の講ずべき措置等）

第25条の2 建設業その他政令で定める業種に属する事業の仕事で，政令で定めるものを行う事業者は，爆発，火災等が生じたことに伴い労働者の ⑤ に関する措置がとられる場合における労働災害の発生を防止するため，次の措置を講じなければならない。

　一 労働者の ⑤ に関し必要な機械等の備付け及び管理を行うこと。

　二 労働者の ⑤ に関し必要な事項についての訓練を行うこと。

　三 前二号に掲げるもののほか，爆発，火災等に備えて，労働者の ⑤ に関し必要な事項を行うこと。

2 前項に規定する事業者は，厚生労働省令で定める資格を有する者のうちから，厚生労働省令で定めるところにより，同項各号の措置のうち ⑥ 的事項を管理する者を選任し，その者に当該 ⑥ 的事項を管理させなければならない。

| ⑤ | ① 補助 | ② 補佐 | ③ 救護 | ④ 避難 |

| ⑥ | ① 技術 | ② 技能 | ③ 事務 | ④ 実践 |

※受検種別：建　築の受検者は解答してください。

問題 5-A 次の1. から8. の各記述において， □ に当てはまる最も適当な語句又は数値を，下の枠内から1つ選びなさい。

1. 地盤調査において，スクリューウエイト貫入試験（スウェーデン式サウンディング試験）は，荷重による貫入と ① による貫入を併用しているため，比較的貫入能力に優れ，人力でもある程度の調査が可能であり，住宅等の簡易な建物に多用されている。

①	① 打撃	② 振動	③ 摩擦	④ 回転

2. 既製コンクリート杭地業において，プレボーリングによる埋込み工法のセメントミルク工法では掘削用のオーガーヘッドに杭径よりも ② mm程度大きいものを使用する。

②	① 100	② 150	③ 200	④ 250

3. 型枠工事において，内部の柱型枠の高さ方向の加工長さは，一般に階高からスラブ厚さとスラブ用合板せき板の厚さを減じた寸法より，下階のスラブコンクリートの不陸を考慮して ③ mm程度短めに加工する。

③	① 5	② 10	③ 25	④ 40

4. 木造在来軸組構法において，屋根や上階の床等の荷重を土台に伝える鉛直材である柱は，2階建てでは，1階から2階まで通して1本の材を用いる通し柱と，各階ごとに用いる ④ とがある。

④	① 継柱	② 止柱	③ 管柱	④ 間柱

5. 屋根の金属製折板葺きにおいて，重ね形折板は ⑤ ごとにタイトフレームに固定ボルト締めとし，折板の流れ方向の重ね部を緊結するボルトの間隔は，600mm程度とする。

⑤	① 各山	② 2山	③ 3山	④ 4山

6. 外壁の吹付工事において，複層仕上塗材のゆず肌状の仕上げとする場合，主材及び上塗り材は塗付けを ⑥ とする。

⑥	① はけ塗り	② ローラー塗り	③ こて塗り	④ 吹付け

7. 塗装工事において，塗膜が平らに乾燥せず，ちりめん状あるいは波形模様の凹凸を生じる現象を ⑦ といい，厚塗りによる上乾きの場合等に起こりやすい。

⑦	① にじみ	② だれ	③ はけ目	④ しわ

8. 屋内の間仕切壁の軽量鉄骨壁下地において，スタッドは，スタッドの高さによる区分に応じたものを使用することとし，塗装下地となるせっこうボードを一重張りとする場合，スタッド間隔は ⑧ mm程度とする。

⑧	① 150	② 300	③ 450	④ 600

※**受検種別：躯　体**の受検者は**解答**してください。

問題 **5−B**　　次の1. から4. の各記述において， □ に当てはまる**最も適当な語句又は数値**を，下の該当する枠内から**1つ**選びなさい。

1. コンクリート躯体図に示されているX軸やY軸の基準の通り心は，柱心や壁心であることが多く，床面に地墨を打つ際に柱心や壁心を通しで打つことができない。そのため柱心や壁心の基準墨から一定寸法離した位置に補助の墨を打つが，この墨のことを ① という。1階床の基準墨の ① は，上階の基準墨の基になるので特に正確を期す必要がある。
　　2階より上では，通常建築物の四隅の床に小さな穴を開けておき ② により1階から上階へ順次，基準墨の ① を上げていく。この作業を墨の引通しという。

①	① 親墨	② 陸墨	③ 逃げ墨	④ ベンチマーク

②	① 自動レベル	② 巻尺	③ 水糸	④ 下げ振り

2. 掘削した土の中で良質土を埋戻し土に用いる場合の締固めは，建築物の躯体等のコンクリート強度が発現していることを確認の上，厚さ ③ mm程度ごとに行う。

　使用する機器は，小規模な埋戻しの場合は，ランマー等の衝撃作用，振動コンパクター等の振動作用で締め固める機器を使用する。大規模の場合は，ロードローラー等の転圧機械を使用する。

　埋戻しの最終層には，土質による沈み代を見込んで ④ を行う。 ④ の適切な標準値は決まっていないが通常の埋戻しにおいて，粘性土を用い十分な締固めを行う場合，100mmから150mm程度が目安として考えられる。

③	① 300	② 400	③ 500	④ 600

④	① 床付け	② 地ならし	③ 余盛り	④ 土盛り

3. 購入者が受け入れるレディーミクストコンクリートが，指定した性能を有する製品であるかどうかを判定するための検査を受入検査という。

　受入検査は建築現場の荷卸し地点で行い，その検査の項目には，スランプ，空気量， ⑤ ，コンクリート温度等がある。

　 ⑤ の測定結果が ⑥ kg/m³を超えるとコンクリート中の鉄筋の腐食が促進される可能性があるため，日本産業規格（JIS）では原則として，この値以下とすることが定められている。

⑤	① 酸化物含有量	② 塩化物含有量	③ 水分含有量	④ 炭素含有量

⑥	① 0.30	② 0.40	③ 0.50	④ 0.60

4. 木造在来軸組構法の2階建て以上の軸組において，2階以上の床位置で外周の柱を相互につなぐ横架材を　⑦　といい，その階の壁や床梁を支える。材料には一般にベイマツやマツ等が使用されている。

　　　⑦　の大きさは，幅は柱と同じとし，せいは上部の荷重や下部の柱の間隔により決められるが、一般に梁間寸法の　⑧　程度のものが使用されている。

⑦	① 軒桁	② 妻梁	③ 火打梁	④ 胴差

⑧	① $\frac{1}{5}$	② $\frac{1}{10}$	③ $\frac{1}{15}$	④ $\frac{1}{20}$

※**受検種別：仕上げ**の受検者は**解答**してください。

問題 **5-C**　次の1. から4. の各記述において，　　　に当てはまる**最も適当な語句又は数値**を，下の該当する枠内から**1つ**選びなさい。

1. 屋根保護アスファルト防水において，現場打ちコンクリート保護層には　①　が発生することを防ぐために伸縮目地を設ける。

　　伸縮目地の割付けは，中間部の縦横間隔を3,000mm程度とし，端部を立上りパラペット及び塔屋等の立上り際から　②　mm程度とする。

①	① ふくれ	② 水たまり	③ ひび割れ	④ ジャンカ

②	① 100	② 600	③ 900	④ 1,200

2. セメントモルタルによる外壁タイル張りにおいて，□③□工法は，タイルを下地に塗り付けた張付けモルタルに押し付け，軟らかいうちに振動工具を用いて振動を与え，モルタルに埋め込むようにタイルを張り付ける工法である。

　タイル張付け後，□④□時間以上経過した後，張付けモルタルの硬化を見計らって目地詰めを行い，目地ごてで目地深さをタイル厚さの$\frac{1}{2}$以下に仕上げる。

③	①改良積上げ張り	②改良圧着張り	③密着張り	④マスク張り

④	①6	②12	③18	④24

3. フローリングボード張りにおいて，下張り用床板の上に接着剤を併用してフローリングボードを釘打ちで張り込む場合，下張り用床板は乱に継ぎ，継手部は根太心で突付けとし，□⑤□mm程度の間隔で釘打ちとする。

　フローリングボードは，所定の接着剤を下張り用床板に塗布し，通りよく敷き並べて押さえ，□⑥□の付け根から隠し釘留めとする。

⑤	①150	②300	③450	④600

⑥	①ほぞ	②溝じゃくり	③雌ざね	④雄ざね

4. 押出成形セメント板工事において，外壁パネルの取付け方法は，縦張り工法及び横張り工法がある。

縦張り工法の場合，パネルは各段ごとに構造体に固定された下地鋼材で受け，パネルが ⑦ により層間変形に追従できるように，取付け金物を上下端部に正確に，かつ，堅固に取り付ける。

横張り工法の場合，パネルは積上げ枚数3枚以下ごとに自重受け金物で受け，パネルが ⑧ により層間変形に追従できるように，取付け金物を左右端部に正確に，かつ，堅固に取り付ける。

⑦	①ロッキング ②スライド ③スプリット ④ストレッチ

⑧	①ロッキング ②スライド ③スプリット ④ストレッチ

2級建築施工管理技術検定

令和4年度
第二次検定

試験時間に合わせて解いてみましょう！

■試験内容

　試験問題は，5問題です。

　問題1〜問題3は，記述式です。

　問題4〜5は，四肢一択式です。

　問題5は，受検種別に従って次に該当する問題を解答してください。

　イ．受検種別：建　築の受検者は問題5-Aを解答してください。

　ロ．受検種別：躯　体の受検者は問題5-Bを解答してください。

　ハ．受検種別：仕上げの受検者は問題5-Cを解答してください。

■試験時間　14：15〜16：15

◆ 第二次検定結果データ ◆

受検者数	14,909人
合格者数	7,924人
合格率	53.1%

※受検者数は第一次検定及び第二次検定同日受検者のうち第一次検定合格者と第二次検定のみ
試験受検者の実際の受検者の合計，合格率も同様の数値を元に算出。

　別冊p.182〜186に解答用紙がありますので，コピーしてお使いください。

問題 **1**　あなたが経験した**建築工事**のうち，あなたの受検種別に係る工事の中から，**品質管理**を行った工事を**1つ**選び，工事概要を具体的に記入したうえで，次の1．及び2．の問いに答えなさい。

　　なお，**建築工事**とは，建築基準法に定める建築物に係る工事とし，建築設備工事を除くものとする。

〔工事概要〕

イ．工 事 名

ロ．工 事 場 所

ハ．工 事 の 内 容　新築等の場合：建物用途，構造，階数，延べ面積又は施工数量，主な外部仕上げ，主要室の内部仕上げ

改修等の場合：建物用途，建物規模，主な改修内容及び施工数量

ニ．工 期 等（工期又は工事に従事した期間を年号又は西暦で年月まで記入）

ホ．あなたの立場

ヘ．あなたの業務内容

1.　工事概要であげた工事であなたが担当した工種において，**施工の品質低下を防止するために**取り組んだ事例を**3つ**選び，次の①から③について具体的に記述しなさい。

　　ただし，①は同一でもよいが，あなたの受検種別に係る内容とし，②及び③はそれぞれ異なる内容とする。また，③の行ったことは「設計図書どおりに施工した。」等行ったことが具体的に記述されていないものや品質管理以外について記述したものは不可とする。

① 工種名又は作業名等

② 品質低下につながる**不具合**とそう**考えた理由**

③ ②の不具合を発生させないために**行ったこと**とその際特に**留意したこと**

2. 工事概要であげた工事及び受検種別にかかわらず，あなたの今日までの建築工事の経験を踏まえて，**施工の品質を確保するために**確認すべきこととして，次の①から③をそれぞれ**2つ**具体的に記述しなさい。

ただし，①は同一でもよいが，②及び③はそれぞれ異なる内容とする。また，②及び③は「設計図書どおりであることを確認した。」等確認した内容が具体的に記述されていないものや1．の②及び③と同じ内容を記述したものは不可とする。

① 工種名又は作業名等

② ①の**着手時の確認事項とその理由**

③ ①の**施工中又は完了時の確認事項とその理由**

問題 **2** 次の建築工事に関する用語の一覧表の中から**5つ**用語を選び，解答用紙の**用語の記号欄**の記号にマークしたうえで，**選んだ用語欄**に用語を記入し，その**用語の説明**と**施工上留意すべきこと**を具体的に記述しなさい。

ただし，a及びj以外の用語については，作業上の安全に関する記述は不可とする。

また，使用資機材に不良品はないものとする。

解説▶別冊 p.145 ▶▶▶

用語の一覧表

用語の記号	用語
a	足場の壁つなぎ
b	帯筋
c	親杭横矢板壁
d	型枠のセパレーター
e	壁のモザイクタイル張り
f	先送りモルタル
g	セッティングブロック
h	タイトフレーム
i	天井インサート
j	ベンチマーク
k	防水工事の脱気装置
ℓ	マスキングテープ
m	木構造のアンカーボルト
n	溶接のアンダーカット

鉄骨造2階建て店舗兼商品倉庫建物の新築工事について，工事概要を確認のうえ，右の工程表及び出来高表に関し，次の1.から3. の問いに答えなさい。

工程表は，予定出来高曲線を破線で表示している。また，出来高表は，4月末時点のものを示しており，実績出来高の累計金額は記載していない。

なお，各作業は一般的な手順に従って施工されるものとする。

〔工事概要〕

用　　途：店舗及び事務所（1階），商品倉庫（2階）
構造・規模：鉄骨造　地上2階，延べ面積350m²

　　　　　　鉄骨耐火被覆は，耐火材巻付け工法，外周部は合成工法

外部仕上げ：外壁は，ALCパネル張り，防水形複層塗材仕上げ
　　　　　　屋根は，折板葺屋根

内部仕上げ：店舗，事務所　床は，コンクリート金ごて仕上げ，ビニ
　　　　　　　　　　　　　ル床シート張り

　　　　　　　　　　　　　壁は，軽量鉄骨下地,せっこうボード張り,
　　　　　　　　　　　　　塗装仕上げ

　　　　　　　　　　　　　天井は，軽量鉄骨下地,化粧せっこうボー
　　　　　　　　　　　　　ド張り

　　　　　　商品倉庫　床は，コンクリート金ごて仕上げ，無機
　　　　　　　　　　　質系塗床材塗り

　　　　　　　　　　　壁は,軽量鉄骨下地,せっこうボード張り,
　　　　　　　　　　　素地のまま

　　　　　　　　　　　天井は，折板葺屋根裏打材表し

　そ　の　他：荷物用油圧エレベーター設置
　　　　　　　内部建具は化粧扉

1. 工程表の鉄筋コンクリート工事の**Ⓐ**，塗装工事の**Ⓑ**に該当する**作業名**を記入しなさい。

2. 出来高表から，1月末までの実績出来高の累計金額を求め，総工事金額に対する**比率**をパーセントで記入しなさい。

3. 工程表は工事計画時に作成していたものであるが，工程上，完了時期が不適当な作業があり，出来高表についても誤った月次にその予定金額と実績金額が記載されたままとなっている。

　これらに関して，次の①から③について答えなさい。

　① 工程上，完了時期が不適当な**作業名**を記入しなさい。

　② ①の作業の適当な**完了時期**を記入しなさい。
　　 ただし，作業完了時期は月次と旬日で記入し，**旬日**は，**上旬**，**中旬**，**下旬**とする。

　③ 作業の適当な完了時期に合わせて出来高表の誤りを修正したうえで，3月末までの実績出来高の**累計金額**を記入しなさい。

工程表

工種　＼　月次	1月	2月	3月	4月	5月	出来高%
仮 設 工 事	仮囲い設置／準備	外部足場組立	外部足場解体	仮囲い解体	完成検査／クリーニング	
土 工 事／地 業 工 事	根切、床付け、捨てコン	埋戻し、砂利地業				
鉄筋コンクリート工 事	基礎躯体	2F床躯体 Ⓐ				100
鉄 骨 工 事	アンカーフレーム設置／鉄骨建方、本締め、デッキプレート敷込み	スタッド溶接	耐火被覆			90
外 壁 工 事		外壁ALC取付け				80
屋 根 工 事		折板葺屋根				70
防 水 工 事		外部シール				60
建 具 工 事		外部建具（ガラス取付を含む）	内部建具枠取付け	内部建具扉吊込み		50
金 属 工 事		棟、ケラバ化粧幕板取付け				
内 装 工 事	予定出来高曲線	1F壁、天井、2F壁軽鉄下地／1F壁、天井ボード張り	2F壁ボード張り／2F塗床／ビニル床シート張り			40／30
塗 装 工 事		外壁塗装	Ⓑ			20
外 構 工 事			外構			10
設 備 工 事	電気、給排水衛生、空調設備	エレベーター設置				0

出来高表

単位　万円

工　種	工事金額	予定／実績	1月	2月	3月	4月	5月
仮 設 工 事	600	予定	60	270	210	30	30
		実績	60	270	210	30	
土 工 事／地 業 工 事	500	予定	320	180			
		実績	390	110			
鉄筋コンクリート工 事	750	予定	150	600			
		実績	190	560			
鉄 骨 工 事	900	予定	50	790		60	
		実績	50	790		60	
外 壁 工 事	450	予定			450		
		実績			450		
屋 根 工 事	250	予定			250		
		実績			250		
防 水 工 事	50	予定			50		
		実績			50		
建 具 工 事	550	予定			370	140	40
		実績			370	140	
金 属 工 事	150	予定			150		
		実績			120	30	
内 装 工 事	300	予定				230	70
		実績				230	
塗 装 工 事	100	予定			50	50	
		実績			50	50	
外 構 工 事	500	予定				400	100
		実績				400	
設 備 工 事	900	予定	90	90	90	580	50
		実績	90	90	90	580	
総 工 事 金 額	6,000	予定	670	1,930	1,620	1,490	290
		実績					

問題 4　次の1. から3. の各法文において，□に当てはまる正しい語句を，下の該当する枠内から**1つ**選びなさい。

1. 建設業法（下請負人の意見の聴取）
　　第24条の2　元請負人は，その請け負った建設工事を □①□ するために必要な工程の細目，□②□ その他元請負人において定めるべき事項を定めようとするときは，あらかじめ，下請負人の意見をきかなければならない。

①	① 計画	② 準備	③ 施工	④ 完成

②	① 作業方法	② 作業内容	③ 作業代金	④ 作業人数

2. 建築基準法（工事現場の危害の防止）
　　第90条　建築物の建築，修繕，模様替又は除却のための工事の □③□ は，当該工事の施工に伴う地盤の崩落，建築物又は工事用の □④□ の倒壊等による危害を防止するために必要な措置を講じなければならない。
　　2　（略）
　　3　（略）

③	① 管理者	② 事業者	③ 施工者	④ 設計者

④	① 機械	② 工作物	③ 事務所	④ 仮設足場

3. 労働安全衛生法（就業制限）
　　第61条　事業者は，クレーンの運転その他の業務で，政令で定めるものについては，都道府県労働局長の当該業務に係る □⑤□ を受けた者又は都道府県労働局長の登録を受けた者が行う当該業務に

解説▶別冊 p.150 ▶▶▶

係る ⑥ 講習を修了した者その他厚生労働省令で定める資格を有する者でなければ，当該業務に就かせてはならない。

2 （略）

3 （略）

4 （略）

| ⑤ | ① 認定 | ② 免許 | ③ 許可 | ④ 通知 |

| ⑥ | ① 技術 | ② 特別 | ③ 作業 | ④ 技能 |

※**受検種別：建　築の受検者は解答**してください。

問題 **5－A**　次の1．から8．の各記述において， □ に当てはまる**最も適当な語句又は数値**を，下の該当する枠内から**1つ**選びなさい。

1.　墨出し等に用いる鋼製巻尺は，工事着手前に ① 合わせを行い，同じ精度を有する鋼製巻尺を2本以上用意して，1本は基準巻尺として保管しておく。

　　 ① 合わせの際には，それぞれの鋼製巻尺に一定の張力を与えて，相互の誤差を確認する。

| ① | ① ゲージ | ② テープ | ③ 長さ | ④ 寸法 |

2.　大梁鉄筋をガス圧接する際，鉄筋径程度の縮み代を見込んで加工しないと， ② 寸法の不足や，直交部材の配筋の乱れを招くことになる。

| ② | ① あき | ② かぶり | ③ 付着 | ④ 定着 |

168

3. 鉄筋コンクリート造でコンクリートを打ち継ぐ場合，打継ぎ部の位置は，構造部材の耐力への影響が最も少ない位置に定めるものとし，梁，床スラブ及び屋根スラブの鉛直打継ぎ部は，一般にスパンの中央又は端から ③ 付近に設け，柱及び梁の水平打継ぎ部は，床スラブ又は梁の下端，あるいは床スラブ，梁又は基礎梁の上端に設ける。

③	① $\frac{1}{4}$	② $\frac{1}{5}$	③ $\frac{1}{8}$	④ $\frac{1}{10}$

4. 木造の建築物にあっては，地震力等の水平荷重に対して，建築物に ④ を生じないように，筋かい等を入れた軸組を，梁間方向及び桁行方向にそれぞれにつり合いよく配置する。

④	① ねじれ	② 亀裂	③ 不同沈下	④ 芯ずれ

5. アスファルト防水において，立上り部のルーフィング類を平場部と別に張り付ける場合，平場部のルーフィング類を張り付けた後，その上に重ね幅 ⑤ mm程度をとって張り重ねる。

⑤	① 50	② 100	③ 150	④ 300

6. 外壁の有機系接着剤によるタイル後張り工法で，裏あしのあるタイルを張り付ける場合の接着剤の塗付けは，くし目ごてを用いて下地面に平坦に塗り付け，次に接着剤の塗り厚を確保するために，壁面に対してくし目ごてを ⑥ 度の角度を保ってくし目を付ける。

タイルの裏あしとくし目の方向が平行になると，タイルと接着剤との接着率が少なくなることがあるため，裏あしに対して直交又は斜め方向にくし目を立てるようにする。

⑥	① 15	② 30	③ 60	④ 75

7. 日本産業規格（JIS）による建築用鋼製下地材を用いた軽量鉄骨天井

下地工事において，天井のふところが1.5m以上3m以下の場合は，吊りボルトの水平補強，斜め補強を行う。水平補強の補強材の間隔は，縦横方向に ⑦ m程度の間隔で配置する。

⑦	① 0.9	② 1.8	③ 2.7	④ 3.6

8. 壁紙張りにおいて，表面に付いた接着剤や手垢等を放置しておくと ⑧ の原因となるので，張り終わった部分ごとに直ちに拭き取る。

⑧	① しみ	② はがれ	③ だれ	④ しわ

※**受検種別：躯　体**の受検者は**解答**してください。

問題 **5-B**　次の1. から4. の各記述において， □ に当てはまる**最も適当な語句，文字又は数値**を，下の該当する枠内から**1つ**選びなさい。

1.　敷地の地盤の構成や性質などを調査する地盤調査には，一般にロータリーボーリングが行われている。ボーリングによる掘削孔を用いて ① ，試料の採取，地下水位の測定等の調査を行う。

　また，採取された試料は各種の土質試験を行い，土質柱状図にまとめられる。

　 ① は，ハンマーを自由落下させて，SPTサンプラーが地層を300mm貫入するのに必要な打撃回数を求める試験である。ここで得られた打撃回数を ② といい，地盤の硬軟や締り具合を推定するのに使われる。

①	① フロー試験	② 平板載荷試験	③ 標準貫入試験	④ CBR試験

② ① K値　　②NC値　　③トルク係数値　④N値

2. 型枠工事において，コンクリート型枠用合板を用いた柱型枠や壁型枠を組み立てる場合，足元を正しい位置に固定するために　③　を行う。敷桟で行う場合にはコンクリートの漏れ防止に，パッキングを使用する方法やプラスチックアングルを使用する方法等がある。

　床型枠においては，設計者との協議を行い，フラットデッキ（床型枠用鋼製デッキプレート）を使用することがある。その場合，梁側板型枠との接合方法として，フラットデッキの長手方向に対する梁へののみこみ代は，原則として，一般階では　④　mmとしている。

③ ① 根固め　　② 根巻き　　③ 根回し　　④ 根がらみ

④ ① 10　　② 20　　③ 30　　④ 40

3. 鉄筋工事において，鉄筋相互のあきは，鉄筋とコンクリートの間の　⑤　による応力の伝達が十分に行われ，コンクリートが分離することなく密実に打ち込まれるために必要なものである。

　柱や梁の主筋の継手に，ガス圧接継手を採用し，異形鉄筋を用いる場合の鉄筋相互のあきの最小寸法は，隣り合う鉄筋の平均径（呼び名の数値）の1.5倍，粗骨材最大寸法の1.25倍，　⑥　mmのうちで，最も大きい値以上とする。

⑤ ① 定着　　② 付着　　③ 引張　　④ 圧縮

⑥ ① 20　　② 25　　③ 30　　④ 35

4. 鉄骨工事において，トルシア形高力ボルトを使用した接合部の本締め
は，梁フランジの場合には図の ⑦ のように行っていく。また，本締
め後の検査は，ピンテールが破断していること，共回り・軸回りがないこと，
ボルトの余長がネジ1山から6山までの範囲であること，ナットの回転量
が平均回転角度± ⑧ 度以内であることを目視確認する。

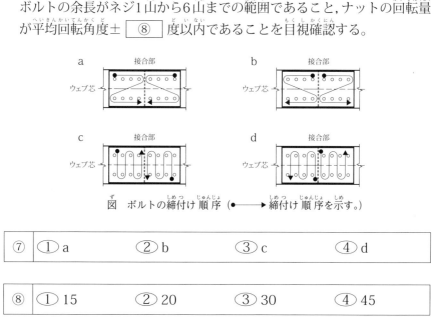

図　ボルトの締付け順序（●———→ 締付け順序を示す。）

⑦	① a	② b	③ c	④ d

⑧	① 15	② 20	③ 30	④ 45

※**受検種別：仕上げ**の受検者は**解答**してください。

問題 5-C　次の 1. から 4. の各記述において， □ に当てはま
る**最も適当な語句又は数値**を，下の該当する枠内から**1つ**
選びなさい。

1. アスファルト防水の密着工法において，平場部のアスファルトルーフィ
ング類の張付けに先立ち，コンクリート打継ぎ部は，幅50mm程度の絶
縁用テープを張った上に，幅 ① mm以上の ② ルーフィングを
増張りする。
　　アスファルトルーフィング類の張付けは，空隙，気泡，しわ等が生じな

いよう均一に押し均して，下層に密着させる。

| ① | ① 100 | ② 150 | ③ 200 | ④ 300 |

| ② | ① 砂付 | ② ストレッチ | ③ あなあき | ④ 合成高分子系 |

2. セメントモルタルによる壁タイル張りの工法において，　③　は張付けモルタルを下地面とタイル裏面の両方に塗ってタイルを張り付ける工法である。

　タイルの張付けは，タイル張りに用いるハンマー等でタイル周辺からモルタルがはみ出すまで入念にたたき押し，　④　に向かって張り進める。

　張付けモルタルの1回の塗り付け面積は，2m²/人以内，かつ，60分以内に張り終える面積とし，1回のタイルを張り終わったら，張付けモルタルの硬化を見ながら，はみ出したモルタルを除去する。

| ③ | ① 密着張り | ② マスク張り | ③ 改良圧着張り | ④ 改良積上げ張り |

| ④ | ① 1段おきに上から下 | ② 1段おきに下から上 | ③ 1段ごとに上から下 | ④ 1段ごとに下から上 |

3. 金属屋根工事において，金属板葺の下葺にアスファルトルーフィングを用いる場合，野地面上に軒先と平行に敷き込み，隣接するアスファルトルーフィングを上下，左右とも重ねながら軒先から棟に向かって張り進める。アスファルトルーフィングの左右の重ねは，　⑤　mm程度を標準とし，継ぎ目が相互に近接しないようにする。

　アスファルトルーフィングの留付けは，ハンマー式タッカー等を用い，ステープルで野地板に固定する場合が多く，アスファルトルーフィングの重ね部分は　⑥　mm程度，その他の部分は必要に応じ900mm以内の間隔で留め付けるのが一般的である。

173　　**解説▶別冊 p.155** ▶▶▶

| ⑤ | ① 50 | ② 100 | ③ 150 | ④ 200 |

| ⑥ | ① 150 | ② 300 | ③ 450 | ④ 600 |

4. 塗装工事において，壁面を吹付け塗りとする場合，吹付けはエアスプレーやエアレススプレー等を用いて行う。

エアスプレーによる吹付けは，エアスプレーガンを塗り面から ⑦ cm程度離し，対象面に対し ⑧ に向け，毎秒30cm程度の一定の速度で平行に動かす。

塗料の噴霧は，一般に中央ほど密で周辺が粗になりやすいため，一列ごとに吹付け幅が約$\frac{1}{3}$ずつ重なるように吹き付ける。

| ⑦ | ① 20 | ② 30 | ③ 40 | ④ 50 |

| ⑧ | ① 直角 | ② やや上 | ③ やや下 | ④ やや横 |

2級建築施工管理技術検定

令和3年度
第二次検定

試験時間に合わせて解いてみましょう！

■試験内容

　試験問題は，5問題です。

　問題1〜問題3は，**記述式**です。

　問題4〜5は，**四肢一択式**です。

　問題5は，**受検種別に従って次に該当する問題を解答してください。**

イ．**受検種別：建　築**の受験者は**問題5−A**を解答してください。

ロ．**受検種別：躯　体**の受験者は**問題5−B**を解答してください。

ハ．**受検種別：仕上げ**の受験者は**問題5−C**を解答してください。

■試験時間　14：15〜16：15

◆第二次検定結果データ◆

受検者数	15,507人
合格者数	8,205人
合格率	52.9%

※受検者数は第一次検定及び第二次検定同日受検者のうち第一次検定合格者と第二次検定のみ
　試験受検者の実際の受検者の合計，合格率も同様の数値を元に算出。

　別冊p.187〜191に解答用紙がありますので，コピーしてお使いください。

2級 建築施工管理技術検定
第二次検定問題

問題 1　あなたが経験した**建築工事**のうち，あなたの受検種別に係る工事の中から，**施工の計画**を行った工事を**1つ**選び，工事概要を具体的に記述したうえで，次の1. から2. の問いに答えなさい。

　　なお，**建築工事**とは，建築基準法に定める建築物に係る工事とし，建築設備工事を除くものとする。

〔工事概要〕

イ. 工　事　名

ロ. 工　事　場　所

ハ. 工　事　の　内　容（新築等の場合：建物用途，構造，階数，延べ面積
　　　　　　　　　　　　　　又は施工数量，主な外部仕上げ，
　　　　　　　　　　　　　　主要室の内部仕上げ
　　　　　　　　　　　　改修等の場合：建物用途，建物規模，主な改修
　　　　　　　　　　　　　　内容及び施工数量）

ニ. 工　　期　　等（工期又は工事に従事した期間を年号又は西暦で年月まで記入）

ホ. あなたの立場

ヘ. あなたの業務内容

1.　工事概要であげた工事であなたが担当した工種において，施工の計画時に着目した**項目**を①の中から異なる**3つ**を選び，②から④について具体的に記述しなさい。

　　ただし，②の工種名は同一の工種名でもよいが，③及び④はそれぞれ異なる内容を記述するものとする。また，コストについてのみ記述したものは不可とする。

① **着目した項目**
　　a　施工方法又は作業方法

176

  b　資材の搬入又は荷揚げの方法
  c　資材の保管又は仮置きの方法
  d　施工中又は施工後の養生の方法（ただし，労働者の安全に関する養生は除く）
  e　試験又は検査の方法
  ②　**工種名**
  ③　**現場の状況**と施工の計画時に**検討したこと**
  ④　施工の計画時に**検討した理由**と**実施したこと**

2.　工事概要であげた工事及び受検種別にかかわらず，あなたの今日までの工事経験を踏まえて，「**品質低下の防止**」及び「**工程遅延の防止**」について，それぞれ①及び②を具体的に記述しなさい。
　　ただし，1. ③及び④と同じ内容の記述は不可とする。
  ①　施工の計画時に**検討することとその理由**
  ②　**防止対策**とそれに対する**留意事項**

 次の建築工事に関する用語の一覧表の中から**5つ**用語を選び，解答用紙の**用語の記号欄**の記号にマークしたうえで，**選んだ用語欄**に用語を記入し，その**用語の説明**と**施工上留意すべきこと**を具体的に記述しなさい。
　　ただし，g及びn以外の用語については，作業上の安全に関する記述は不可とする。また，使用資機材に不良品はないものとする。

用語の一覧表

用語の記号	用　　語
a	クレセント
b	コンクリート壁の誘発目地
c	ジェットバーナー仕上げ
d	セルフレベリング工法
e	鉄骨の耐火被覆
f	土工事における釜場
g	乗入れ構台
h	腹筋
i	ビニル床シート熱溶接工法
j	フラットデッキ
k	壁面のガラスブロック積み
ℓ	ボンドブレーカー
m	木工事の大引
n	ローリングタワー

問題 3　鉄骨造3階建て複合ビルの新築工事について，次の1. から4. の問いに答えなさい。

工程表は，工事着手時点のもので，鉄骨工事における耐火被覆工事の工程は未記入であり，予定出来高曲線を破線で表示している。

また，出来高表は，3月末時点のものを示しており，総工事金額の月別出来高，耐火被覆工事の工事金額及び出来高は記載していない。

なお，各作業は一般的な手順に従って施工されるものとする。

〔工事概要〕

用　　途：店舗（1階），賃貸住宅（2，3階）

構造・規模：鉄骨造　地上3階，延べ面積300m^2

鉄骨耐火被覆は半乾式工法

外部仕上げ：屋上防水は，ウレタンゴム系塗膜防水絶縁工法，脱気装置設置

外壁は，ALCパネル張り，防水形複層塗材仕上げ

内部仕上げ：店　　舗　床は，コンクリート直押さえのまま

壁，天井は，軽量鉄骨下地せっこうボード張り

ただし，テナント工事は別途で本工事工程外とする。

賃貸住宅　床は，乾式二重床，フローリング張り

壁，天井は，軽量鉄骨下地せっこうボード張りの上，クロス張りユニットバス，家具等（内装工事に含めている）

1. 工程表の仮設工事のⒶ，鉄筋コンクリート工事のⒷ，内装工事のⒸに該当する**作業名**を記入しなさい。
2. 鉄骨工事のうち，耐火被覆工事**完了日**を月と旬日で定めて記入しなさい。ただし，**解答の旬日**は，**上旬，中旬，下旬**とする。
3. 出来高表から，2月末までの実績出来高の累計金額を求め，総工事金額に対する**比率**をパーセントで記入しなさい。
4. 出来高表から，3月末までの実績出来高の**累計金額**を記入しなさい。

工程表

工種 ＼ 月	1月	2月	3月	4月	5月	出来高%
仮　設　工　事	仮囲い　準備工事　地足場組立	鉄骨建方段取り　地足場解体 Ⓐ		外部足場解体	クリーニング　完成検査	
土　工　事　地　業　工　事	山留　根切・捨てコン　杭打設	埋戻し・砂利地業				100
鉄筋コンクリート工事	Ⓑ	2, 3, RF床　1F床・手摺・パラペット				90
鉄　骨　工　事	アンカーフレーム設置　デッキプレート敷込	鉄骨建方・本締　スタッド溶接				80
外　壁　工　事		目地シール　ALC取付				70
防　水　工　事		屋上防水　外部サッシシール　ベランダ塗膜防水				60
建　具　工　事		外部建具（ガラス取付を含む）	内部建具枠取付け　内部建具吊り込み			50
金　属　工　事		ベランダ手摺取付	笠木取付　1F壁・天井軽鉄下地　2, 3F壁・天井軽鉄下地			40
内　装　工　事	予定出来高曲線		2, 3F壁・天井仕上げ工事 Ⓒ　ユニットバス　1F壁・天井ボード張り　家具等工事			30
塗　装　工　事			外壁塗装	内部塗装		20
外　構　工　事				外構工事		10
設　備　工　事		電気・給排水衛生・空調設備工事				0

出来高表

単位　万円

工　　　　　種	工事金額	予定／実績	1月	2月	3月	4月	5月
仮　設　工　事	500	予定	50	200	50	150	50
		実績	50	200	50		
土　工　事　地　業　工　事	600	予定	390	210			
		実績	390	210			
鉄筋コンクリート工事	900	予定	450	180	270		
		実績	360	200	340		
鉄　骨　工　事	900	予定	50	760			
		実績	30	780			
外　壁　工　事	400	予定			400		
		実績			400		
防　水　工　事	150	予定			150		
		実績			150		
建　具　工　事	500	予定			400	100	
		実績			400		
金　属　工　事	250	予定			100	150	
		実績			100		
内　装　工　事	500	予定				400	100
		実績					
塗　装　工　事	200	予定				150	50
		実績					
外　構　工　事	200	予定					200
		実績					
設　備　工　事	900	予定	90	90	180	450	90
		実績	90	90	180		
総　工　事　金　額	6,000	予定					
		実績					

問題④ 次の1. から3. の各法文において， $\boxed{}$ に当てはまる正しい語句又は数値を，下の該当する枠内から**1つ**選びなさい。

1. 建設業法（検査及び引渡し）

第24条の4　元請負人は，下請負人からその請け負った建設工事が $\boxed{①}$ した旨の通知を受けたときは，当該通知を受けた日から $\boxed{②}$ 日以内で，かつ，できる限り短い期間内に，その $\boxed{①}$ を確認するための検査を完了しなければならない。

2　（略）

①	① 完了	② 終了	③ 完成	④ 竣工

②	① 7	② 14	③ 20	④ 30

2. 建築基準法（工事現場における確認の表示等）

第89条　第6条第1項の建築，大規模の修繕又は大規模の模様替の工事の $\boxed{③}$ は，当該工事現場の見易い場所に，国土交通省令で定める様式によって，建築主，設計者，工事施工者及び工事の現場管理者の氏名又は名称並びに当該工事に係る同項の確認があった旨の表示をしなければならない。

2　第6条第1項の建築，大規模の修繕又は大規模の模様替の工事の $\boxed{③}$ は，当該工事に係る $\boxed{④}$ を当該工事現場に備えておかなければならない。

③	① 建築主	② 設計者	③ 施工者	④ 現場管理者

④	① 設計図書	② 請負契約書	③ 施工体系図	④ 確認済証

3. 労働安全衛生法（事業者等の責務）

第3条 （略）

2 （略）

3 建設工事の注文者等仕事を他人に請け負わせる者は，施工方法， ⑤ 等について，安全で衛生的な作業の ⑥ をそこなうおそれのある条件を附さないように配慮しなければならない。

⑤	① 人員配置	② 工期	③ 労働時間	④ 賃金

⑥	① 環境	② 継続	③ 計画	④ 遂行

※**受検種別：建 築**の受験者は**解答**してください。

問題 5-A 次の1. から8. の各記述において， □ に**当てはまる最も適当な語句又は数値**を，下の該当する枠内から**1つ**選びなさい。

1. 図面に示される通り心は壁心であることが多く，壁工事が行われるために墨を打つことができない。そのため壁心から離れた位置に補助の墨を打つが，この墨のことを ① という。

①	① 逃げ墨	② 陸墨	③ 地墨	④ 親墨

2. 埋戻し工事における締固めは，川砂及び透水性のよい山砂の類いの場合は水締めとし，上から単に水を流すだけでは締固めが不十分なときは，埋戻し厚さ ② 程度ごとに水締めを行う。

②	① 5cm	② 10cm	③ 30cm	④ 60cm

3. 鉄筋工事における鉄筋相互のあきは，粗骨材の最大寸法の1.25倍，25mm及び隣り合う鉄筋の平均径の ③ のうち最大のもの以上とする。

| ③ | ① 1.0倍 | ② 1.25倍 | ③ 1.5倍 | ④ 2.0倍 |

4. 鉄骨工事における柱脚アンカーボルトの締付けは，特記がない場合，ナット回転法で行い，ボルト頭部の出の高さは，ねじが2重ナット締めを行っても外に ④ 以上出ることを標準とする。

| ④ | ① 1山 | ② 2山 | ③ 3山 | ④ 4山 |

5. ウレタンゴム系塗膜防水の通気緩衝シートの張付けに当たって，シートの継ぎ目は ⑤ とし，下地からの浮き，端部の耳はね等が生じないように注意して張り付ける。

| ⑤ | ① 50mm重ね | ② 100mm重ね | ③ 目透し | ④ 突付け |

6. 大理石は，模様や色調などの装飾性を重視することが多いため，磨き仕上げとすることが多く，壁の仕上げ材に使用する場合は ⑥ を用いることが多い。

| ⑥ | ① 本磨き | ② 水磨き | ③ 粗磨き | ④ ブラスト |

7. 塗装工事において，塗膜が平らに乾燥せず，ちりめん状あるいは波形模様の凹凸を生じる現象を ⑦ といい，厚塗りによる上乾きの場合などに起こりやすい。

| ⑦ | ① だれ | ② しわ | ③ にじみ | ④ はじき |

8. 内装工事において使用される ⑧ せっこうボードは，両面のボード用原紙と心材のせっこうに防水処理を施したもので，屋内の台所や洗面所などの壁や天井の下地材として使用される。

⑧	① 強化	② シージング	③ 化粧	④ 構造用

※**受検種別：躯　体**の受験者は**解答**してください。

問題 **5-B**　次の1. から4. の各記述において， ◻ に**当てはまる最も適当な語句又は数値**を，下の該当する枠内から**1つ**選びなさい。

1. 建築物の高さ及び位置の基準となるものを ① という。高さの基準は隣接の建築物や既存の工作物に，位置の基準は一般に建築物の縦，横2方向の通り心を延長して設ける。工事測量を行うときの基準のため，工事中に動くことのないよう2箇所以上設けて，随時確認できるようにしておく。

　また，建築物の位置を定めるため建築物の外形と内部の主要な間仕切の中心線上に，ビニルひも等を張って建築物の位置を地面に表すことを ② という。このとき，建築物の隅には地杭を打ち地縄を張りめぐらす。

①	① 親墨	② 逃げ墨	③ ベンチマーク	④ ランドマーク

②	① 縄張り	② 水貫	③ 遣方	④ いすか切り

2. 鉄筋工事において，コンクリートの中性化や火災等の高温による鉄筋への影響を考えた鉄筋を覆うコンクリートの厚さを「かぶり厚さ」といい，建築基準法施行令で規定されており，原則として，柱又は梁にあっ

ては　③　mm以上，床にあっては20mm以上となっている。

　また，かぶり厚さを保つためにスペーサーが用いられ，スラブ筋の組立時には　④　のスラブ用スペーサーを原則として使用する。

| ③ | ① 25 | ② 30 | ③ 35 | ④ 40 |

| ④ | ① 木レンガ | ② モルタル製 | ③ 鋼製 | ④ プラスチック製 |

3. コンクリート工事において，日本産業規格（JIS）では，レディーミクストコンクリートの運搬時間は，原則として，コンクリートの練混ぜを開始してからトラックアジテータが荷卸し地点に到着するまでの時間とし，その時間は　⑤　分以内と規定されている。このため，できるだけ運搬時間が短くなるレディーミクストコンクリート工場の選定をする。

　また，コンクリートの練混ぜ開始から工事現場での打込み終了までの時間は外気温が25℃未満の場合　⑥　分以内，25℃以上の場合90分以内とする。

| ⑤ | ① 60 | ② 70 | ③ 80 | ④ 90 |

| ⑥ | ① 60 | ② 120 | ③ 150 | ④ 180 |

4. 木造在来軸組構法において，屋根や上階の床などの荷重を土台に伝える鉛直材である柱は，2階建てでは，1階から2階まで通して1本の材を用いる通し柱と，各階ごとに用いる　⑦　とがある。

　一般住宅の場合，柱の断面寸法は，通し柱は　⑧　cm角，　⑦　では10.5cm角のものが主に使用されている。

| ⑦ | ① 継柱 | ② 止柱 | ③ 間柱 | ④ 管柱 |

解説▶別冊 p.166 ▶▶▶

⑧	① 10.5	② 12	③ 13.5	④ 15

※**受検種別：仕上げ**の受験者は**解答**してください。

問題 **5-C**　次の1.から4.の各記述において，□□に**当てはまる最も適当な語句又は数値**を，下の該当する枠内から**1つ**選びなさい。

1. 改質アスファルトシート防水トーチ工法において，改質アスファルトシートの張付けは，トーチバーナーで改質アスファルトシートの　①　及び下地を均一にあぶり，　①　の改質アスファルトシートを溶融させながら均一に押し広げて密着させる。改質アスファルトシートの重ねは，2層の場合，上下の改質アスファルトシートの接合部が重ならないように張り付ける。

　　出隅及び入隅は，改質アスファルトシートの張付けに先立ち，幅　②　mm程度の増張りを行う。

①	① 表面	② 裏面	③ 両面	④ 小口面

②	① 100	② 150	③ 200	④ 250

2. セメントモルタルによるタイル張りにおいて，密着張りとする場合，タイルの張付けは，張付けモルタル塗付け後，タイル用振動機（ビブラート）を用い，タイル表面に振動を与え，タイル周辺からモルタルがはみ出すまで振動機を移動させながら，目違いのないよう通りよく張り付ける。

　　張付けモルタルは，2層に分けて塗り付けるものとし，1回の塗付け面積の限度は，2m²以下，かつ，　③　分以内に張り終える面積とする。また，タイル目地詰めは，タイル張付け後　④　時間経過した後，張

付けモルタルの硬化を見計らって行う。

③	① 10	② 20	③ 30	④ 40

④	① 8	② 12	③ 16	④ 24

3. 軽量鉄骨天井下地において，鉄筋コンクリート造の場合，吊りボルトの取付けは，埋込みインサートにねじ込んで固定する。野縁の吊下げは，取り付けられた野縁受けに野縁を ⑤ で留め付ける。
　平天井の場合，目の錯覚で天井面が下がって見えることがあるため，天井下地の中央部を基準レベルよりも吊り上げる方法が行われている。この方法を ⑥ といい，室内張りのスパンに対して $\frac{1}{500}$ から $\frac{1}{1,000}$ 程度が適当とされている。

⑤	① ビス	② 溶接	③ クリップ	④ ハンガー

⑥	① そり	② むくり	③ たわみ	④ テーパー

4. 床カーペット敷きにおいて， ⑦ カーペットをグリッパー工法で敷き込む場合，張り仕舞いは，ニーキッカー又はパワーストレッチャーを用い，カーペットを伸展しながらグリッパーに引っ掛け，端はステアツールを用いて溝に巻き込むように入れる。
　グリッパーは，壁際からの隙間をカーペットの厚さの約 ⑧ とし，壁周辺に沿って均等にとり，釘又は接着剤で取り付ける。

⑦	① ウィルトン	② ニードルパンチ	③ コード	④ タイル

⑧	① $\frac{1}{2}$	② $\frac{1}{3}$	③ $\frac{2}{3}$	④ $\frac{1}{4}$

MEMO

令和5年度 後期 第一次検定 正答一覧

No.		No.		No.		No.		No.	
No. 1	3	No.11	2	No.21	3	No.31	3	No.41	2、3
No. 2	1	No.12	2	No.22	4	No.32	1	No.42	1、3
No. 3	3	No.13	3	No.23	2	No.33	2	No.43	3
No. 4	4	No.14	2	No.24	3	No.34	4	No.44	3
No. 5	2	No.15	3	No.25	1	No.35	1	No.45	2
No. 6	1	No.16	2	No.26	1	No.36	3	No.46	1
No. 7	4	No.17	1	No.27	4	No.37	3	No.47	1
No. 8	3	No.18	4	No.28	2	No.38	4	No.48	4
No. 9	3	No.19	1	No.29	1	No.39	3、4	No.49	4
No.10	4	No.20	2	No.30	2	No.40	1、2	No.50	2

※【能力問題No.39〜42】は選んだ肢の番号が2つとも正しい場合のみ正答

令和5年度 前期 第一次検定 正答一覧

No.		No.		No.		No.		No.	
No. 1	1	No.11	4	No.21	2	No.31	2	No.41	1、2
No. 2	4	No.12	4	No.22	1	No.32	1	No.42	1、4
No. 3	1	No.13	2	No.23	4	No.33	2	No.43	4
No. 4	2	No.14	3	No.24	1	No.34	3	No.44	3
No. 5	1	No.15	1	No.25	2	No.35	4	No.45	3
No. 6	3	No.16	4	No.26	1	No.36	3	No.46	2
No. 7	2	No.17	3	No.27	4	No.37	1	No.47	4
No. 8	1	No.18	4	No.28	3	No.38	2	No.48	1
No. 9	4	No.19	2	No.29	4	No.39	3、4	No.49	1
No.10	1	No.20	3	No.30	3	No.40	1、3	No.50	2

※【能力問題No.39〜42】は選んだ肢の番号が2つとも正しい場合のみ正答

令和4年度 後期 第一次検定 正答一覧

No. 1	2	No.11	4	No.21	1	No.31	1	No.41	1、4
No. 2	2	No.12	4	No.22	2	No.32	2	No.42	3、4
No. 3	1	No.13	3	No.23	3	No.33	2	No.43	2
No. 4	2	No.14	4	No.24	1	No.34	4	No.44	3
No. 5	3	No.15	3	No.25	4	No.35	4	No.45	4
No. 6	4	No.16	4	No.26	3	No.36	3	No.46	1
No. 7	1	No.17	1	No.27	2	No.37	4	No.47	4
No. 8	3	No.18	4	No.28	4	No.38	3	No.48	3
No. 9	2	No.19	3	No.29	4	No.39	1、4	No.49	2
No.10	1	No.20	1	No.30	1	No.40	2、3	No.50	3

※【能力問題No.39～42】は選んだ肢の番号が2つとも正しい場合のみ正答

令和4年度 前期 第一次検定 正答一覧

No. 1	4	No.11	2	No.21	1	No.31	1	No.41	1、3
No. 2	3	No.12	4	No.22	1	No.32	4	No.42	2、4
No. 3	1	No.13	3	No.23	3	No.33	2	No.43	4
No. 4	1	No.14	2	No.24	3	No.34	2	No.44	1
No. 5	1	No.15	3	No.25	1	No.35	4	No.45	3
No. 6	2	No.16	4	No.26	1	No.36	2	No.46	1
No. 7	4	No.17	2	No.27	3	No.37	3	No.47	4
No. 8	2	No.18	4	No.28	4	No.38	3	No.48	1
No. 9	1	No.19	2	No.29	4	No.39	2、3	No.49	1
No.10	2	No.20	2	No.30	4	No.40	1、4	No.50	2

※【能力問題No.39～42】は選んだ肢の番号が2つとも正しい場合のみ正答

令和３年度 後期 第一次検定 正答一覧

No.		No.		No.		No.		No.	
No. 1	3	No.11	4	No.21	1	No.31	1	No.41	1、4
No. 2	1	No.12	1	No.22	4	No.32	3	No.42	1、3
No. 3	1	No.13	3	No.23	3	No.33	4	No.43	2
No. 4	3	No.14	4	No.24	4	No.34	3	No.44	1
No. 5	4	No.15	2	No.25	4	No.35	2	No.45	3
No. 6	4	No.16	2	No.26	2	No.36	3	No.46	2
No. 7	3	No.17	4	No.27	2	No.37	2	No.47	1
No. 8	3	No.18	2	No.28	3	No.38	2	No.48	4
No. 9	2	No.19	1	No.29	3	No.39	3、4	No.49	1
No.10	2	No.20	1	No.30	4	No.40	2、3	No.50	3

※【応用能力問題No.39～42】は選んだ肢の番号が２つとも正しい場合のみ正答

令和３年度 前期 第一次検定 正答一覧

No.		No.		No.		No.		No.	
No. 1	1	No.11	2	No.21	2	No.31	3	No.41	3、4
No. 2	3	No.12	3	No.22	3	No.32	4	No.42	1、4
No. 3	2	No.13	2	No.23	3	No.33	4	No.43	3
No. 4	3	No.14	4	No.24	3	No.34	1	No.44	3
No. 5	4	No.15	3	No.25	2	No.35	1	No.45	2
No. 6	2	No.16	1	No.26	3	No.36	1	No.46	2
No. 7	3	No.17	3	No.27	1	No.37	4	No.47	2
No. 8	4	No.18	3	No.28	4	No.38	1	No.48	4
No. 9	1	No.19	4	No.29	4	No.39	2、4	No.49	1
No.10	2	No.20	3	No.30	2	No.40	1、3	No.50	4

※【応用能力問題No.39～42】は選んだ肢の番号が２つとも正しい場合のみ正答

本書の正誤情報等は、下記のアドレスでご確認ください。
http://www.s-henshu.info/2kskm2401/

上記掲載以外の箇所で正誤についてお気づきの場合は、**書名・発行日・質問事項（該当ペ ージ・行数・問題番号などと誤りだと思う理由）・氏名・連絡先**を明記のうえ、お問い合わ せください。
・web からのお問い合わせ：上記アドレス内【正誤情報】へ
・郵便または FAX でのお問い合わせ：下記住所または FAX 番号へ
※電話でのお問い合わせはお受けできません。

［宛先］ **コンデックス情報研究所**
　　　　『**詳解 2 級建築施工管理技術検定過去 6 回問題集 '24 年版**』係
　　住　　所：〒 359-0042　所沢市並木 3-1-9
　　FAX 番号：04-2995-4362　（10:00 ～ 17:00　土日祝日を除く）

※本書の正誤以外に関するご質問にはお答えいたしかねます。また、受検指導などは行っ ておりません。
※ご質問の受付期限は、2024 年 6 月と 11 月の各試験日の 10 日前必着といたします。
※回答日時の指定はできません。また、ご質問の内容によっては回答まで 10 日前後お時 間をいただく場合があります。
あらかじめご了承ください。

編著：コンデックス情報研究所
1990 年 6 月設立。法律・福祉・技術・教育分野において、書籍の企画・執筆・編集、大学および通 信教育機関との共同教材開発を行っている研究者・実務家・編集者のグループ。

詳解 2級建築施工管理技術検定過去6回問題集 '24年版
2024年 3月20日発行

編　著　コンデックス情報研究所

発行者　深見公子

発行所　成美堂出版
　　　　〒162-8445　東京都新宿区新小川町1-7
　　　　電話(03)5206-8151　FAX(03)5206-8159

印　刷　大盛印刷株式会社

©SEIBIDO SHUPPAN 2024 PRINTED IN JAPAN
ISBN978-4-415-23820-3
落丁・乱丁などの不良本はお取り替えします
定価はカバーに表示してあります

'24年版

詳解

2級建築施工
管理技術検定
過去6回問題集

別冊

正答・解説編

矢印の方向に引くと
正答・解説編が取り外せます。

別冊
正答・解説編

成美堂出版

目　次

正答・解説

解答例・解説 ※令和5、4年度の問題4・問題5以外の第二次検定の解答例・正答は非公開のため、本書独自の見解です。

★：法改正等により、選択肢の内容の正誤が変わり正答となる肢が複数になるなど、問題として成立しないもの。
　→ 問題編、正答・解説編ともに、問題番号に★をつけ、正答は出題当時のものを掲載し、解説は出題当時の法律等に基づいた解説をしたのち、※以下に、現在の法律等に照らした解説を加えました。

☆：問題文の正誤に影響はありませんが、関連する事項に法改正等のあった問題です。正答・解説編で、法改正等の変更箇所に下線をひき、☆印のあとに改正等により変更となった後の表記について記しました。

令和5年度 後期
2級建築施工管理技術検定 第一次検定 正答・解説

No. 1	環境工学（換気）	正答	**3**

1. ○ **空気齢**とは、空気が開口部などから入り、**ある点に到達するまでにかかる平均時間**をいう。

2. ○ **必要換気回数**は、室内の空気が1時間当たり何回入れ替わるかを表すもので、次式で表される。

$$必要換気回数 = \frac{必要換気量[m^3/h]}{室容積[m^3]} \, [回/h]$$

3. × **自然換気方式**は、**屋外の風圧力を利用するもの**と、**室内外の温度差による空気の密度の違いを利用するもの**がある。**機械換気方式**は、送風機（ファン）や換気扇などの**機械力を用いた換気方式**である。

4. ○ **温度差換気の換気量**は次式で表され、給気口と排気口の**高低差**（h:開口部の高低差）**の平方根に比例**する。

$$温度差換気Q = \alpha A \sqrt{2gh \frac{t_i - t_o}{T_i}} \times 3,600 \, [m^3/h]$$

$t_i - t_o$：室内外温度差
h：開口部の高低差
α：流量係数
A：開口部面積
T_i：室内の絶対温度

No. 2	環境工学 （採光及び照明）	正答	**1**

1. × **全天空照度**とは、全天空が望める場所で、直射日光の照度を**除いた水平面照度**のことをいう。

2. ○ **昼光率**は、室内に入射する光の割合をさし、通常**百分率（%）**で表され、次の式で求めることができる。

$$昼光率 = \frac{室内のある点の照度(E)}{屋外の全天空照度(Eo)} \times 100(\%)$$

また、**立体角投射率**とは、窓などの光が入射する部分（採光部）の立体角が持つ面積を、**床面に投影した時に占める割合**をいう。そのため、**昼光率**は、採光部の**立体角投射率**によって**異なる**。

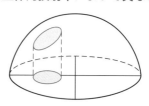

立体角投射

3. ○ **タスク・アンビエント照明**とは、**局部照明（タスク照明）**と**全般照明（アンビエント照明）**を併せて行う方式で、作業灯で作業場所を照らし、天井照明で**室内全般を照らす**照明方式など

がある。

タスク・アンビエント照明

4. ○ **グレア**とは、輝度の高い部分や極端な輝度対比により人が感じる**まぶしさ**のことをいう。なお、**輝度対比**とは、対象物と周辺や背景との**輝度**の**相違の程度**である。

No. 3	環境工学（音）	正答	**3**

1. ○ **残響時間**とは、ある音が停止してから音の強さのレベルが**60dB**減衰するのに要する時間と定義される。室内の形状、仕上げ等が同じ場合、室の容積が**大きい**ほど、残響時間は**長く**なる。

2. ○ 人間が聞き取れる音の**周波数**は、一般的に**20Hz**から**20,000Hz**といわれている。

3. × 音の強さのレベルは、2倍の場合＋**3dB**、4倍の場合＋**6dB**である。音の強さのレベルが60dBの同じ音源が2つ同時に存在する場合、音の強さのレベルは**約63dB**である。

4. ○ 音波が障害物の背後に回り込む現象を**回折**といい、**高い周波**数よりも**低い周波数の音のほう**が**回折しやすい。低音は波長が長く、遠くへ広がる**ためである。

No. 4	建築構造（鉄筋コンクリート構造）	正答	**4**

1. ○ 腰壁やたれ壁がついた**短柱**は、地震発生時に**せん断破壊**を起こしやすい。

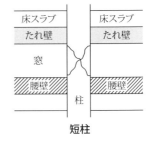

短柱

2. ○ **大梁**とは、**床の鉛直荷重を支え、柱**をつないで、地震力などの**水平力**にも抵抗する部材をいう。

3. ○ **耐震壁**は、建築物の**重心**（重さの中心）と**剛心**（強さの中心）をできるだけ近づけるように配置する。

4. × 耐震壁は、**上階よりも下階が多くなるよう**にすることが、耐震構造上有効である。

No. 5	建築構造（鉄骨構造）	正答	**2**

1. ○ 鉄骨構造の構造体は、鉄筋コンクリート構造に比べて、**小さな断面**の部材で**大きな荷重に耐えることが可能**なので、同じ容

積の建築物では構造体の**軽量化**が可能である。

2. × 鉄骨構造の構造体は、鉄筋コンクリート構造の構造体に比べて、**剛性が小さく、振動障害が**発生**しやすい。**

3. ○ 鉄骨構造は、鉄筋コンクリート構造に比べて、**架構の変形能力が高い。**

4. ○ 鉄骨構造は、鉄筋コンクリート構造に比べ、**柱間隔**（スパン）の**大きな大スパンの建築物を構築する**ことが可能である。

No. 6	建築構造（鉄骨構造）	正答	**1**

1. × **筋かい**とは、柱と梁により構成される四角形の構面に**対角線状**に入れる補強材のことをいう。鋼材は**引張力**に抵抗する部材であり、**丸鋼**を用いる筋かいは、主に**引張力**に働く部材である。木造軸組構造の筋交いは、主に**圧縮力**に抵抗する。

2. ○ **ガセットプレート**は、**節点**における部材相互の**接合**に用いられる部材である。

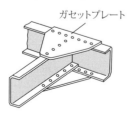
ガセットプレート

3. ○ **裏当て金**とは、完全溶込み溶接を片面から行うために、**溶接線に沿って開先ルート部の裏側**に取り付けられる**鋼板**をいう。なお、**開先**とは溶接しやすくするために部材に施す**切り欠き**をいい、ルート部とは開先の**基部**をいう。

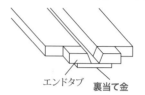
エンドタブ　裏当て金

エンドタブと裏当て金

4. ○ **ダイアフラム**は、柱と梁の接**合部**に用いられ、応力を伝達するため**仕口**に設けられる補強材である。

ダイアフラム

ダイアフラム

No. 7	建築構造（地盤及び基礎構造）	正答	**4**

1. ○ **独立フーチング基礎**は、基礎梁で**連結**して用いられるのが、一般的である。

2. ○ **洪積層**は、沖積層に比べて**地盤が安定**しており、軟弱地盤の傾向のある沖積層に比べて、建築物の**支持地盤として適している。**

3. ○ **液状化**とは、地震が発生して

3

地盤が強い衝撃を受けると、今まで互いに接して支えあっていた土の粒子がバラバラになり、地盤全体が**ドロドロの液体のような状態**になる現象のことをいう。砂質土は、地震が発生すると体積が収縮しようとする働きが起こり、**地下水位が上昇する**ため、粘性土地盤より砂質地盤のほうが**生じやすい**。

4. × **基礎スラブ**とは、基礎の**底板**をいう。**根入れ**とは、地中に埋めることをいう。基礎スラブの根入れ深さを**深くする**と、直接基礎の**鉛直支持力**は大きくなる。

No. 8	建築構造 （応力度の算定）	正 答	**3**

1. ○ **垂直応力度（σ）**は、

$$\sigma = \frac{軸方向力（N）}{断面積（A）}$$である。

そのため、柱の垂直応力度の算定に**柱の断面積（A）**が用いられる。

2. ○ **せん断応力度（τ）**は、Q：せん断力、S：断面1次モーメント、**b：断面の幅**、I：断面2次モーメントとすると、

$$\tau = \frac{QS}{bI}$$である。

よって、梁のせん断応力の算定に**梁幅**が用いられる。

3. × **曲げ応力度（σ）**は、M：曲げモーメント、Z：断面係数とすると、

$$\sigma = \frac{M}{Z}$$である。

断面係数は、**断面二次モーメント**より算定される。座屈荷重は、**断面二次半径**により算定される。

4. ○ **縁応力度**とは、部材の断面の端部（上端、下端）に生じる曲げ応力度をいう。曲げ応力度同様に、**断面係数**により算定される。

No. 9	構造力学（応力値）	正 答	**3**

はじめに、垂直方向のV_AとV_Bを求める。点Aにおけるモーメント$M_A＝0$より、

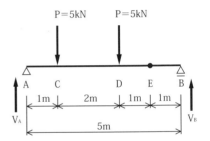

$M_A＝5kN×1m＋5kN×3m－V_B$
$[kN]×5m＝0$

$M_A＝5＋15－5V_B$

$－5V_B＝－20$

$V_B＝4kN$

垂直方向の力のつり合いより、

$V_A[kN]＋V_B[kN]－5kN－5kN$
$＝0$より、

$V_A[kN]＋4kN－5kN－5kN＝0$

$V_A＝6kN$

つづいて、点Eの各応力を求めるため、点Eより右半分で考える。

せん断力は、

$Q_E + 4kN = 0$

$Q_E = -4kN$

曲げモーメントは、

$M_E = 4kN \times 1m$

$M_E = 4kN \cdot m$

したがって、正しいものは**3**である。

No. 10	構造力学（曲げモーメント）	正答	**4**

はじめに、等分布荷重の力を求める。

等分布荷重は長方形のため、

$w \times \dfrac{l}{3} = \dfrac{wl}{3}$ [N]

下向きに力が働いているため、$-\dfrac{wl}{3}$ [N]

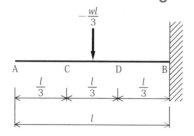

つづいて、B点の曲げモーメントを求める。

$M_B = -\dfrac{wl}{3}$ [N] $\times \dfrac{l}{2}$ [m]

$M_B = -\dfrac{wl^2}{6}$ [N·m]

曲げモーメント図の描き方は、プラスが**下側**、マイナスが**上側**であり、等分布荷重は**湾曲**にグラフを描く。

A点からC点は力がかかっていないため0。

C点からD点は等分布荷重がかかっており、**最小値が**$-\dfrac{wl}{3}$**となるため、**

D点で$-\dfrac{wl}{3}$となるように湾曲に線を描く。

D点からB点は、B点が$-\dfrac{wl^2}{6}$のため、

$-\dfrac{wl}{3}$から$-\dfrac{wl^2}{6}$まで、斜めに線を引く。したがって、正しいものは**4**である。

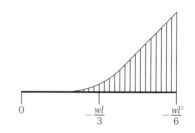

No. 11	建築材料（構造用鋼材）	正答	**2**

1. ○　**線膨張係数**とは、物質の長さが、温度1℃変化するごとに、元の長さに対してどれだけ変化するかを示す。構造用鋼材の**線膨張係数**は、**1.2×10^{-5}（1/℃）程度**である。

2. ×　鋼は、**鉄と炭素の合金**で、炭素の含有量が**多くなる**と、粘り強さや伸びが**小さくなる**。

3. ○　鋼材の材料記号において、数字は、保証される引張強さの下限値であることが**JISで定められている**。SN 400 Bの引張強さ

5

の**下限値は400N/mm²**である。

4. ○　鋼材の**ヤング係数**は2.05 × 10⁵N/mm²で、**常温**では鋼材の強度にかかわらず**ほぼ一定**である。

<table>
<tr><td>No.
12</td><td>建築材料（木材）</td><td>正
答</td><td>2</td></tr>
</table>

1. ○　樹木の中心部の部材を**心材**、周辺部の部材を**辺材**という。一般に、木材の辺材部分は心材部分より**含水率**が高い。

2. ×　**気乾状態**とは、木材の**含水率**が大気中の水分と**平衡**になった状態をいう。

3. ○　木材は、**繊維方向の圧縮力に強い**。繊維に直交する方向から力が作用すると、繊維間に**めり込みが生じる**。よって、繊維方向の圧縮強度は、直交する方向の圧縮強度より**大きい**。

4. ○　木材は、**含水率**が**大きく**なるほど**強度**が低下するが、**繊維飽和点以上**の含水率になると、含水率が変化しても**強度はほぼ一定**となる。

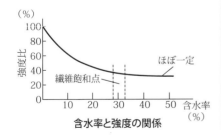

含水率と強度の関係

<table>
<tr><td>No.
13</td><td>建築材料
（建具の性能試験）</td><td>正
答</td><td>3</td></tr>
</table>

1. ○　**遮音性**の性能試験は、音響透過損失を測定する試験であり、音を遮断できる程度を**遮音性**という。

2. ○　**気密性**の性能試験は、通気量を測定する試験であり、圧力差によって生じる空気の漏れを防ぐ程度を**気密性**という。

3. ×　**結露防止性**の性能試験は、温度低下率を測定する試験であり、**熱貫流率**は断熱性試験の測定項目である。

4. ○　**水密性**の性能試験は、**漏水**を測定する試験であり、雨風による建具室内側への水の浸入を防ぐ程度を**水密性**という。

<table>
<tr><td>No.
14</td><td>建築材料
（シーリング材）</td><td>正
答</td><td>2</td></tr>
</table>

1. ○　ポリサルファイド系シーリング材は、**耐候性は優れる**が、柔軟性が**あまり大きくない**ため、**ムーブメントが大きい目地**には好ましくない。

2. ×　ポリウレタン系シーリング材は、**シーリング材表面の仕上塗材、塗装**等に適している。シリコーン系は、**ガラス回り目地**に適している。

3. ○　シリコーン系シーリング材は、**紫外線による変色が少なく、耐候性が優れている**ので、ガラス

回りの目地に**適している**。

4. ○ アクリルウレタン系シーリング材は、**耐候性に欠ける**ため、施工時の気温や湿度が高い場合、**発泡のおそれがある**。外部へ露出できないので、ガラス回りには**適していない**。

No. 15	測量 （測定値の補正）	正答	**3**

1. ○ 及び 2. ○ **光波測距儀**（トータルステーション）とは、プリズム（反射ミラー）を用いて、**斜距離**、**鉛直角**、**水平角**などを測る機器である。光波測距儀には**観測機能にプリズム定数の補正**や気象補正機能が備わっている。

3. × 及び 4. ○ **鋼製巻尺の距離測定**においては、温度による**補正**、尺定数による**補正**、傾斜による**補正**が必要である。湿度による**補正は不要**である。なお、**尺定数**とは、巻尺固有の補正に用いられる定数をいう。

No. 16	電気設備 （LED照明）	正答	**2**

1. ○ **LED照明**は、蛍光灯などと比べ**水銀を用いていない**ため、廃棄する際の処置も**手間が掛からない**。

2. × LEDは他のランプ類に比べ、**耐熱性が低く**、**高温の状態に弱い**。ハロゲンランプは耐熱性が高い。

3. ○ LEDは**低温でも点灯する**特徴

があり、**光の照射方向**に熱をほとんど**発しない**。

4. ○ LEDの光線は、虫が寄り付くとされる**紫外線をほとんど含まない**。そのため、屋外照明に使用しても他の照明類のように虫が寄り付くことが**少ない**。

No. 17	建築設備 （建築設備用語）	正答	**1**

1. × **ヒートポンプ**とは、物体を加熱するのに用いられる原理で、**暖房設備**や給湯設備に用いられる。バキュームブレーカーは給水設備に用いられる。

2. ○ **マイコンメーター**とは、ガスメーターに、マイコン制御器を組み込んだ、**遮断装置付きガスメーター**のことである。地震時やガスの圧力低下、ガスの流量が多大になった場合など、**異常時に自動的に**ガスを遮断する。

3. ○ **トラップ**とは、排水口から臭気や**害虫**が室内に侵入するのを**防ぐ**ために、排水設備に設けられる**水を溜める機能**のある部分をいう。

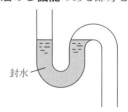

封水

排水トラップ

4. ○ **ファンコイルユニット**は、別置の冷凍機やボイラーなどの熱

源機器でつくられた**冷水**や**温水**を各室に設置されたファンコイルユニットに供給し、**冷風**や**温風**を吹き出す**空気調和システム**である。

No. 18	仮設工事（やり方 及び墨出し）	正 答	**4**

1. ○　**水貫**とは、水杭に示した一定の高さに上端を合わせて、**水杭に水平に取り付ける板**をいう。

2. ○　**鋼製巻尺**は、同じ精度を有する巻尺を**2本以上**用意し、うち**1本は基準巻尺として**保管する。

3. ○　**やり方**とは、建物の**高低、位置、方向、心の基準**を明確にするために設ける**仮設物**をいう。

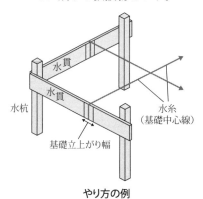

やり方の例

4. ×　2階より上階における高さの基準墨は、**常に1階の基準高さから測定する**。墨の引通しにより、**順次下階の墨を上げないようにする**。

No. 19	地業工事 （地業工事）	正 答	**1**

1. ×　砂利地業で用いる砂利は、**隙間が生じないように**、砂が混じった粒径の揃っていないものとする。

2. ○　砂利地業の締固めによる**くぼみが生じた場合**は、砂又は砂利を補充して**再度転圧して、表面を平らに**均す。

3. ○　地業に施されるコンクリートを**捨てコンクリート**という。捨てコンクリートは、**墨出しをしやすくするために**、表面が**平坦**になるように施工する。

4. ○　土間コンクリートの下の**防湿層**は、**断熱材がある場合**、断熱材の**直下**に設ける。防湿層を設けなければ、断熱材の品質が低下する。

No. 20	鉄筋工事（鉄筋の 加工及び組立て）	正 答	**2**

1. ○　鉄筋の**折曲げ加工**は、**常温**で加工（冷間加工）して組み立てる。

2. ×　鉄筋のあき間隔の**最小寸法**は、**鉄筋の径と粗骨材の最大寸法**によって決まる。鉄筋のあきは、鉄筋とコンクリートの付着による応力の伝達が十分に行われ、かつコンクリートが分離することなく密実に打ち込まれるよう**過小であってはならない**。

3. ○　床開口部補強のための斜め補

強筋は、**上端筋**及び**下端筋**の内側に配筋する。

4. ○ 突き合わせた鉄筋の圧接端面間の隙間が**大きい**と圧接面が**酸化しやすく**、圧接部の**強度が低下する**おそれがある。そのため、鉄筋の圧接端面は、軸線にできるだけ**直角**、かつ、**平滑**に切断・加工し、圧接端面間の隙間をできるだけ**少なくする**必要がある。

No. 21	鉄骨工事（高力ボルト接合）	正答	**3**

1. ○ トルシア形高力ボルトとは、頭が球状で先端に**ピンテール**と呼ばれる部分があり、特定の締付けトルクで**破断**するように設計されたボルトをいう。トルシア形高力ボルトの**本締め**は、**ピンテール**が破断するまで締め付ける。

2. ○ トルシア形高力ボルトのナット側の**座金**は、座金の**内側面取り部**が**ナットに接する**側になるように取り付ける。

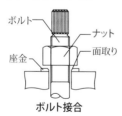

ボルト接合

3. × JIS形高力ボルトの**首下長さ**は、締付け長さに**ナット**、座金の高さ、余長を加えた寸法とする。

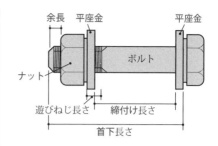

首下長さ

4. ○ 接合部の力を伝達する部分には、**すべり係数の小さいものを挟んではならない**ので、フィラープレートも主材と全く**同様に処理**しなければならない（建築工事監理指針）。

No. 22	木工事（在来軸組構法）	正答	**4**

1. ○ 設問の図は、**大留め**である。

2. ○ 設問の図は、**相欠き**である。

3. ○ 設問の図は、**大入れ**である。

4. × 設問の図は、**渡りあご掛け**である。**蟻掛け**は次の図である。

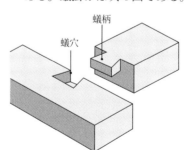

No. 23	タイル工事（タイル後張り工法）	正答	**2**

1. ○ マスク張り工法は、**専用のマスク板**を**ユニットタイル裏面**にかぶせて張付けモルタルを塗り、

マスクを外してから、モルタルが盛り上がるまで**たたき締めて**張り付ける工法である。

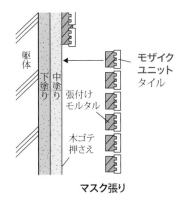

マスク張り

2. ✕　密着張りにおいて、タイルの張付けは、**上部から下部に水糸に合わせタイルを張り、その後に間を埋めるように張る**。

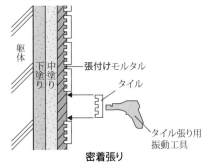

密着張り

3. ○　改良圧着張りの張付けモルタルの**1回の塗付け面積の限度**は、張付けモルタルに触れると手に付く状態のままタイル張りが完了できることとし、**2m²/人以内**とする（公共建築工事標準仕様書建築工事編 11.2.6（3）（ウ）（a））。

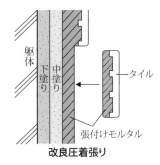

改良圧着張り

4. ○　モザイクタイル張りの張付けモルタルの**1回の塗付け面積の限度**は、張付けモルタルに触れると手に付く状態のままタイル張りが完了できることとし、**3m²/人以内**とする（同仕様書同編 11.2.6（3）（オ）（a））。

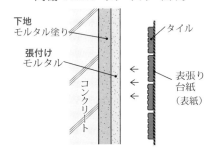

モザイクタイル張り工法

No. 24	屋根及びとい工事（金属製折板葺）	正答	**3**

1. ○　固定金具の位置及び固定金具間は、**手動はぜ締め機**を用いて**1m**間隔程度で部分締めする（建築工事監理指針）。

2. ○　折板葺のけらば部分の変形防止には、**変形防止材**を用いる。なお、けらばとは、屋根の**妻側**の**端部**をいう。

10

3. ×　重ね形の折板は、各山ごとにタイトフレームに固定し、流れ方向の重ね部の**緊結のボルト間隔**は**600mm程度**とする（公共建築工事標準仕様書建築工事編 13.3.3（3）（ウ））。

4. ○　金属製の重ね形折板の**ボルト孔**は、折板を**1枚ずつ**、呼び出しポンチ又はドリルで開孔する。

No. 25	左官工事（セメントモルタル塗り）	正答	1

1. ×　**吸水調整材**とは、モルタル塗りの下地となるコンクリート面などに**直接塗布**し、下地とモルタル界面に非常に薄い膜を形成して、モルタル中の水分の下地への吸水（**ドライアウト**）による**付着力の低下を防ぐ**ものである。

2. ○　**吸水調整材塗布後**、下塗りまでの時間間隔は施工時の気象条件にもよって異なるが、一般には**1時間以上**とする。1日以上間隔を空けると、ほこりなどが付着し、下塗りとの接着に悪影響を及ぼすため、なるべく早めに塗り付ける（JASS 15）。

3. ○　壁面の場合で、**総塗り厚**が**25mm以上**の場合は、補修塗り部分等に対して、**ステンレス製アンカーピン**を縦横**200mm程度**の間隔でコンクリート躯体に打ち込み、**ステンレス鋼ラス**等を張る（公共建築工事標準仕様書建築工事編 15.3.4（1））。

4. ○　タイル張り下地等の下地モルタル塗り及び下地調整塗材塗りは、タイル張りが、密着張り、改良圧着張り、マスク張り若しくはモザイクタイル張り又はセメント系厚付け仕上塗材の場合は、中塗りまで行い、**仕上げ**は

No.24-2 の図

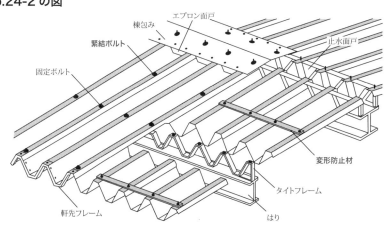

棟包み
エプロン面戸
緊結ボルト
止水面戸
固定ボルト
変形防止材
タイトフレーム
軒先フレーム
はり

木ごて押えとする（同仕様書同編 15.3.5（4）（イ）（a）③）。

No. 26	建具工事 （建具金物）	正 答	**1**

1. × **本締り錠**は、デッドボルトのみを有するシリンダ本締り錠・棒かぎ本締り錠で、**鍵**又は**サムターン**で施解錠できる錠である。設問は**シリンダー錠**の説明である。

2. ○ **鎌錠**は、鎌状の**デッドボルト**を引き戸の受けに引っかけて施錠するタイプの錠である。

3. ○ **ピボットヒンジ**は、戸を上下から軸で支える機構で、一般に

は持出し吊りが多い。

4. ○ **フロアヒンジ**は、床に埋め込まれる扉の自閉金物で、自閉速度を調整できる。

No. 27	塗装工事（木質系 素地面の塗装）	正 答	**4**

1. ○ オイルステインの塗布後、完全に乾く前に**余分な材料**をふき取る。

2. ○ 合成樹脂調合ペイント塗りの中塗りは**1種**のものを用いて、**塗装回数を明らかにするため、上塗りと色を変えて塗装する**。なお、塗付け量は**0.09kg/m²**とする。

3. ○ つや有合成樹脂エマルション

No.27-4の表　　　〈クリヤラッカー塗り〉

工　程	種別		塗料その他			塗付け量 （kg/m²）
	A種	B種	規格番号	規格名称	種類	
素地ごしらえ	○(注) 1		18.2.2 による。			―
1　目止め	○	―	合成樹脂目止め剤			―
2　着色 (注) 2	○	―	溶剤形着色剤（溶剤形ステイン）又は油性染料着色剤（オイルステイン）(注) 2			―
3　下塗り	○	○	JIS K 5533	ラッカー系シーラー	**ウッドシーラー**	0.10
4　中塗り	○	○	JIS K 5533	ラッカー系シーラー	サンジングシーラー	0.10
5　研磨紙ずり	○	―	研磨紙 P220 ～ 240			―
6　上塗り （1回目）	○	○	JIS K 5531	ニトロセルロースラッカー	木材用クリヤラッカー	0.10
7　研磨紙ずり	○	―	研磨紙 P240 ～ 320			―
8　上塗り （2回目）	○	―	JIS K 5531	ニトロセルロースラッカー	木材用クリヤラッカー	0.10

（注）1.　素地ごしらえの種別は、塗料その他の欄による。

　　　2.　A種の場合、工程2の適用及び着色に用いる塗料の種類は、特記による。

ペイント塗りの**塗料の粘度**は、水により調整を行う。

4. ✕ クリヤラッカー塗りについては、「公共建築工事標準仕様書建築工事編18.5.2、表18.5.1」に前ページの表のとおり規定されている。したがって、クリヤラッカー塗りの**下塗り材**には、**ウッドシーラー**を使用する。一次防錆塗料で金属の**腐食防止**には、**ジンクリッチプライマー**を使用する。

No. 28	内装工事（ビニル床シート張り）	正答	**2**

1. ○ **ニトリルゴム系接着剤**は、ゴム系ではあるが、硬い皮膜が得られ、可塑剤の移行を受けにくいので、**軟質のビニル系床材**（特にビニル系床シートや**軟質**塩化ビニル幅木、単層及び複層ビニル床タイル）に使用する。

2. ✕ **熱溶接工法**では、ビニル床シートを張り付け、接着剤が**完全に硬化した後、溝切りを行ってか**ら熱溶接機で溶接を行う。

3. ○ 厚物のシートなどを床面と壁面に、**一体に張り上げる**ために、床と壁が取り合う入隅部には**面木**を取り付ける。

4. ○ **湿気のおそれのある下地**への張付けには、**ウレタン樹脂系接着剤又はエポキシ樹脂系接着剤**を用いる。

No. 29	施工計画（事前調査）	正答	**1**

1. ✕ 鉄骨の**建方計画**のために電波障害に関する調査を行い、タワークレーン設置による影響について**近隣の商店や工事の業種の調**査を行う。

2. ○ **敷地境界と敷地面積**の確認のため、**地積測量**を行う。**地積測量**とは、建物が建つ敷地の面積を測ることをいう。

3. ○ 敷地内の**建家、立木、工作物の配置を把握**する際は、平面測量を行う。平面測量とは、敷地内の起伏や形状を考慮せず、**平面的**な、建家、立木、工作物などの位置を求める測量をいう。

4. ○ **根切り工事**に当たっては、埋蔵文化財の有無についての調査等を行う。

No. 30	施工計画（仮設計画）	正答	**2**

1. ○ **下小屋**（工事現場に設けられる仮設作業小屋）は、**材料置場の近く**に設置し、**電力及び水道**等の設備を設ける。

2. ✕ 鉄筋コンクリート造の工事のための工事用ゲートの有効高さは、**積載時よりも高さが高くなるため、**空の状態のアジテータ車の**高さ以上**を確保する必要がある。

3. ○ 工事現場の周辺状況により、**危害防止上支障がない**ことから、

13

仮囲いを設けないことができるため、ガードフェンスを設置することができる。

4. ○ 工事用ゲートには、**歩行者との接触を避けるため**、車両の入退場を知らせる**標示灯やブザー**を設置するが、**周辺生活環境に影響がある場合、ブザー**は設置しない。

No. 31	品質管理 （材料の保管）	正答	3

1. ○ 壁紙を、**ポリエチレンフィルムを掛けて**養生し、**屋内に立てて保管**することは適当である。

2. ○ ビニル床タイルは、乾燥している床に**箱詰め梱包のまま**、積重ね段数を**10段まで**として保管する（JASS 26）。

3. × ガラスの保管は**クッション材を挟み**、平置きとせず、**立置き**とする。

4. ○ 防水用の袋入りアスファルトを屋外で保管する場合は、**シート等を掛けて**雨露に当たらず、土砂等に汚れないようにする。なお、積み重ねて保管するときは、荷崩れに注意して**10段**を超えて積まないようにする（建築工事監理指針）。

No. 32	工程管理 （工程計画）	正答	1

1. × 工種別の施工組織体系は、**立案段階で考慮すべき事項ではない**。工種別の施工組織体系は、**総合工程表や工種別施工計画を**

計画した後に検討される。

2. ○ 敷地周辺の**上下水道**、**ガス**等の公共埋設物は、着工前の**総合工程表の立案段階**で考慮すべき事項の一つである。

3. ○ 鉄骨工事の工程計画では、工事地域の**労務**、**資材**、**機材**等の調達状況を調査し、**手配計画を立てて**、総合工程表を立案する。

4. ○ 型枠工事の工程計画では、**型枠存置期間**を考慮しながら、型枠に使用されるせき板や支保工の**転用**を検討する。

No. 33	工程管理（バーチャート工程表）	正答	2

1. ○ バーチャート工程表は、**手軽に作成**することができ、**視覚的**に**工程**が把握しやすい。

2. × **バーチャート工程表**は、各作業の順序関係を**明確に把握する**ことができないため、作業間調整に伴う**修正は容易ではない**。作業間調整の修正が容易なのは、**ネットワーク工程表**である。

3. ○ バーチャート工程表は、**先行作業の遅れ**が後続作業の工程にいかに影響を与えるかは、**明確ではない**。

4. ○ バーチャート工程表では、**各作業の相互関係**を明確に**把握**することはできない。また、各作業の**全体工期への影響度**が把握しにくいため、工期短縮を検討

する場合、工程の**どこを縮めて
よいか分かりにくい**。

No. 34	品質管理（品質管理）	正答	**4**

1. ○ 品質計画に基づく施工の**試験
又は検査の結果**を、次の計画や
設計に**活かすこと**が、品質管理
において重要である。

2. ○ **川上管理**とは、上流工程の段
階で、品質に与える影響が大き
い**前段階**や**生産工程**の**品質**を**管
理**することをいう。

3. ○ **施工品質管理表**（QC工程表）
には、**管理項目についての管理**
値、工事の着工から完成までの
検査の時期、方法、頻度などが
明示される。

4. × **試験**とは、特性を調べること
をいう。性質又は状態を調べ、
判定基準と比較して良否の判断
を下すことは、**検査**に相当する。

No. 35	品質管理（トルシア形高力ボルトのマーキング）	正答	**1**

1. × ボルトを取り付けた後、**一次
締め、マーキング、本締め**の順
序で**本接合の締付け**を行う（公
共建築工事標準仕様書建築工事
編7.4.7（3））。

2. ○ 一次締めしたボルトには、**ボル
ト、ナット、座金及び母材**（添え
板）にかけて、**一直線**にマークを
施す（同仕様書同編7.4.7（6））。

3. ○ **軸回りの有無**は、マークの**ず
れ**によって確認できる。

4. ○ **本締め完了**は、マークの**ずれ**
によって確認できる。

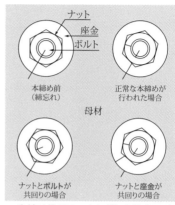

ナット
座金
ボルト

本締め前
（締忘れ）

正常な本締めが
行われた場合

母材

ナットとボルトが
共回りの場合

ナットと座金が
共回りの場合

一次締め後のマーキングによるチェック

No. 36	品質管理（コンクリート試験）	正答	**3**

1. ○ 1回の**圧縮強度試験**の供試体
の個数は、**3個以上**とする（JASS
5）。

2. ○ **圧縮強度試験**は、**コンクリー
ト打込み日ごと、打込み工区
ごと**、かつ、1日の打込み量が
150m³を超える時は、**150m³
以下にほぼ均等に分割した単位**
ごとに行う（JASS 5）。

3. × スランプの測定値は、スラン
プコーンを**引き上げる**前の高さ
と、スランプコーンを**引き上げ
た後のコンクリート**最頂部まで
の高さの差とする（JIS A 1101）。

4. ○ スランプ試験では、スランプ
コーンを引き上げた後、コンク

リートが**偏って形が不均衡**になった場合、**別の試料**によって**新たに試験を行う**ことができる。

No. 37	安全管理（建築工事の危害・迷惑と防止対策）	正答	**3**

1. ○ 事業者は、**作業のため物体が落下する**ことにより、労働者に危険を及ぼすおそれのあるときは、**防網の設備**を設け、立入区域を設定する等当該危険を防止するための措置を講じなければならない（労働安全衛生規則第537条）。

2. ○ 工事用車両による道路面の**汚れを防ぐ**ために、**洗浄装置**を設置することは適当な措置である。

3. × **防護棚**は、高所からの落下物による危害を**防止するため**に設置する。掘削による周辺地盤の崩壊を防ぐためには、**土留め壁**などを設ける。

4. ○ 解体工事による**粉塵の飛散を防ぐ**ために、**散水設備**を設置することは適当な措置である。

No. 38	法規（労働安全衛生法）	正答	**4**

1. **定められている** 建設業に属する事業の元方事業者は、土砂等が崩壊するおそれのある場所、機械等が転倒するおそれのある場所その他の厚生労働省令で定める場所において関係請負人の労働者が当該事業の仕事の作業を行うときは、当該関係請負人が講ずべき当該場所に係る危険を防止するための措置が適正に講ぜられるように、**技術上の指導その他の必要な措置を講じなければならない**（労働安全衛生法第29条の2）。

法第29条の2の厚生労働省令で定める場所は、同規則第634条の2第二号に**機械等が転倒するおそれのある場所**と規定がある。

2. **定められている** 特定元方事業者は、その労働者及び関係請負人の労働者の作業が同一の場所において行われることによって生ずる労働災害を防止するため、関係請負人が行う**労働者の安全又は衛生**のための教育に対する**指導及び援助**を行うことと規定されている（労働安全衛生法第30条第1項柱書き及び第四号）。

3. **定められている** 特定元方事業者は、その労働者及び関係請負人の労働者の作業が同一の場所において行われることによって生ずる労働災害を防止するため、**作業間の連絡及び調整**を行うことと規定されている（労働安全衛生法第30条第1項柱書き及び第二号）。

4. **定められていない** **材料の欠点の有無を点検し、不良品を取り除**

くことは、労働安全衛生規則第566条第一号で、**事業者が足場の組立て等作業主任者に行わせ**なければならない事項として規定されている。

| No. 39 | コンクリート工事（型枠の支保工） | 正答 | **3、4** |

1.○ 型枠の**上下階の支柱**は、できるだけ**平面上の同一の位置**になるように設ける（公共建築工事標準仕様書建築工事編6.8.3 (4)）。

2.○ 地盤上に**直接支柱を立てる場合**、支柱の下に**剛性のある敷板**を敷く（同仕様書同編6.8.3 (4)）。

3.× **パイプサポート**を3以上継い

で用いない（労働安全衛生規則第242条第七号イ）。

4.× 水平つなぎとパイプサポートの**緊結**は、**根がらみクランプ**などの専用金具を用いて、**番線**などは**使用しない**（型枠の設計・施工指針）。

| No. 40 | コンクリート工事（型枠の存置期間） | 正答 | **1、2** |

1.× コンクリートの材齢によるせき板の**最小存置期間**は、下表による。したがって、普通ポルトランドセメントの場合と高炉セメントB種では**異なる**。

2.× コンクリートの材齢によるせき板の**最小存置期間**は、下表に

No.40-1、2 の表

（材齢による場合）

区分	建築物の部分	セメントの種類	存置日数		
			存置期間の平均気温		
			15℃以上	15℃未満 5℃以上	5℃未満
せき板	基礎 梁側 柱 壁	早強ポルトランドセメント	2	3	5
		普通ポルトランドセメント、高炉セメントA種等	3	5	8
		高炉セメントB種等	5	7	10
		中庸熱・低熱ポルトランドセメント、高炉セメントC種等	6	8	12

No.40-3、4 の表

（圧縮強度による場合）

区分	建築物の部分	圧縮強度
せき板	基礎、梁側、柱、壁	5 N/mm²
	スラブ下、梁下	コンクリートの設計基準強度の**50%**
支柱	スラブ下	コンクリートの設計基準強度の**85%**
	梁下	コンクリートの設計基準強度の**100%**

よる。したがって、同じセメントの種類の場合、存置期間中の**平均気温の高低によって異なる。**

3. ◯ せき板の最小存置期間を定めるコンクリートの**圧縮強度**は、前ページの表による。したがって、柱と壁は**同じ**である。

4. ◯ 梁下のせき板の最小存置期間を定めるコンクリートの**圧縮強度**は、前ページの表による。したがって、コンクリートの設計基準強度が同じ場合、**セメントの種類に係わらず同じ**である。

| No. 41 | 防水工事（合成高分子系ルーフィングシート防水） | 正答 | **2、3** |

1. ◯ 加硫ゴム系シート防水において、接着工法の場合、**ローラーはけ**等を用いて、**プライマーを当日の施工範囲**にむらなく塗布する（公共建築工事標準仕様書建築工事編9.4.4（2）（イ））。

2. ✕ 加硫ゴム系シート防水において、接着工法の場合は、塗布した接着剤の**オープンタイム**を確認してから**ローラー**等で**転圧**して接着させる（建築工事監理指針）。

3. ✕ 塩化ビニル樹脂系シート防水において**エポキシ樹脂系接着剤**を用いて張り付ける場合、接着剤は、**下地面のみ**に塗布する（同監理指針）。

4. ◯ 立上り部を接着工法で施工す

る場合はその端部にテープ状シール材を張り付けた後にルーフィングシートを張り付け、**末端部は押え金物**で固定した上に、**不定形シール材**を充填する（公共建築工事標準仕様書建築工事編9.4.4（7）（ア））。

| No. 42 | 改修工事（劣化と改修工法） | 正答 | **1、3** |

1. ✕ **コンクリート打放し面のひび割れ**は、**樹脂注入工法**、**Uカットシール材充填工法**、**シール工法**のいずれかで改修する（公共建築改修工事標準仕様書建築工事編4.1.4（1）（ア））。

2. ◯ **旧塗膜の除去方法**には、ディスクサンダー等により削る方法のほか、**高圧水洗工法**等によりぶつける方法、溶解・膨潤・軟化させる方法、焼く方法がある（建築改修工事監理指針）。

3. ✕ **タイル張り仕上げの浮き**は、
・アンカーピンニング部分エポキシ樹脂注入工法
・アンカーピンニング全面エポキシ樹脂注入工法
・アンカーピンニング全面ポリマーセメントスラリー注入工法
・注入口付アンカーピンニング部分エポキシ樹脂注入工法
・注入口付アンカーピンニング全面エポキシ樹脂注入工法
・注入口付アンカーピンニング

全面ポリマーセメントスラリー
注入工法
・注入口付アンカーピンニング
エポキシ樹脂注入タイル固定
工法
・タイル部分張替え工法
・タイル張替え工法
のいずれかで改修する（同仕様
書同編4.1.4（3）（ウ））。
4. ○　モルタル塗り仕上げの浮きは、
・アンカーピンニング部分エポ
キシ樹脂注入工法
・アンカーピンニング全面エポ
キシ樹脂注入工法
・アンカーピンニング全面ポリマー
セメントスラリー注入工法
・注入口付アンカーピンニング
部分エポキシ樹脂注入工法
・注入口付アンカーピンニング
全面エポキシ樹脂注入工法
・注入口付アンカーピンニング
全面ポリマーセメントスラリー
注入工法
・充填工法
・モルタル塗替え工法
のいずれかで改修する（同仕様
書同編4.1.4（2）（ウ））。

| No. 43 | 法規（建築基準法） | 正答 | 3 |

1. ○　**主要構造部**とは、壁、柱、床、はり、屋根又は階段をいい、**構造耐力上主要な部分**とは、基礎、基礎ぐい、壁、柱、小屋組、土台、斜材（筋かい、方づえ、火打材その他これらに類するものをいう。）、床版、屋根版又は横架材（はり、けたその他これらに類するものをいう。）で、建築物の自重若しくは積載荷重、積雪荷重、風圧、土圧若しくは水圧又は地震その他の震動若しくは衝撃を支えるものをいう（建築基準法第2条第五号、同法施行令第1条第三号）。

2. ○　**建築物**とは、土地に定着する工作物のうち、屋根及び柱若しくは壁を有するもの（**これに類する構造のものを含む**。）、これに附属する門若しくは塀、観覧のための工作物又は地下若しくは高架の工作物内に設ける事務所、店舗、興行場、倉庫**その他これらに類する施設**をいい、**建築設備**を含むものとする。**電波塔に設けた展望室**はその他これらに類する施設のため**建築物である**（同法第2条第一号）。

3. ×　**特殊建築物**とは、学校（専修学校及び各種学校を含む。以下同様とする。）、体育館、病院、劇場、観覧場、集会場、展示場、百貨店、市場、ダンスホール、遊技場、公衆浴場、旅館、共同住宅、寄宿舎、下宿、工場、倉庫、自動車車庫、危険物の貯蔵場、と畜場、火葬場、汚物処理場その他これらに類する用途に供す

る建築物をいう。コンビニエンスストアは、**その他これらに類する用途に供する建築物に相当するため**、**特殊建築物である**（同法第2条第二号）。

4. ○ **耐水材料**とは、れんが、石、人造石、**コンクリート**、アスファルト、陶磁器、ガラスその他これらに類する耐水性の建築材料をいう（同法施行令第1条第四号）。

| No.
44 | 法規
（建築基準法） | 正
答 | 3 |

1. ○ 採光に有効な部分の面積を計算する際、**天窓にあっては当該数値に3.0を乗じて得た数値**の面積を有する**開口部として扱う**（建築基準法施行令第20条第2項）。

2. ○ 居室には換気のための窓その他の開口部を設け、その換気に**有効な部分の面積**は、その居室の床面積に対して、$\frac{1}{20}$**以上**としなければならない。したがって、**換気設備のない居室には**、$\frac{1}{20}$**以上**の**開口部を設けなければならない**（同法第28条第2項）。

3. × 住宅、学校、病院、診療所、寄宿舎、下宿その他これらに類する建築物で**政令で定めるものの居室**には、採光のための窓その他の開口部を設け、その採光に有効な部分の面積は、その

居室の床面積に対して、$\frac{1}{5}$から$\frac{1}{10}$までの間において居室の種類に応じ政令で定める割合以上としなければならない（同法第28条第1項）。**政令で定めるものの居室**は、保育所及び幼保連携型認定こども園の保育室、診療所の病室、児童福祉施設等の寝室、児童福祉施設等の居室のうちこれらに入所し、又は通う者に対する保育、訓練、日常生活に必要な便宜の供与その他これらに類する目的のために使用されるもの、**病院、診療所及び児童福祉施設等の居室のうち入院患者又は入所する者の談話、娯楽その他これらに類する目的のために使用されるもの**、とされており、**病院の診察室は該当しないため、開口部を設けなくてよい**（同法施行令第19条第2項）。

4. ○ ふすま、障子その他**随時開放**することができるもので仕切られた**2室**は、同法28条第1項〜第3項（居室の採光及び換気）の規定の適用については、**1室とみなす**と規定されている（同法第28条第4項）。

| No.
45 | 法規
（建設業法） | 正
答 | 2 |

1. ○ 建設業を営もうとする者は、次に掲げる区分により、この章

で定めるところにより、**2以上の都道府県の区域内**に営業所を設けて営業をしようとする場合にあっては**国土交通大臣**の、1の都道府県の区域内にのみ営業所を設けて営業をしようとする場合にあっては当該営業所の所在地を管轄する**都道府県知事**の許可を受けなければならない（建設業法第3条第1項柱書）。

2. ✕ **特定建設業の許可**の要件は、建設業を営もうとする者であって、その営業にあたって、その者が**発注者から直接請け負う**1件の建設工事につき、その工事の全部又は一部を、**下請代金の額**（その工事に係る下請契約が2以上あるときは、下請代金の額の総額）が政令で定める金額以上となる下請契約を締結して施工しようとするものと定められており、**国又は地方公共団体が発注者である旨**は記載されていない（同法第3条第1項第二号）。

3. ○及び4. ○ 同法第3条第1項第二号の政令で定める金額は、**4,500万円**とする。ただし、同項の許可を受けようとする建設業が**建築工事業**である場合においては、**7,000万円**とすると規定されているため、**特定建設業の許可を受けなければならない**

（同法施行令第2条）。

No. 46	法規 （建設業法）	正答	**1**

建設業法の請負契約書に記載しなければならない事項については、建設業法第19条に規定されている。

1. **定められていない** 工事の履行に必要となる**建設業の許可の種類**及び**許可番号**は、規定されていない。

2. **定められている** 当事者の一方から**設計変更**又は工事着手の延期若しくは工事の全部若しくは一部の中止の申出があった場合における**工期の変更、請負代金の額の変更又は損害の負担及びそれらの額の算定方法**に関する定めは、同条第1項第六号に規定されている。

3. **定められている** 天災その他不可抗力による工期の変更又は損害の負担及びその額の算定方法に関する定めは、同条第1項第七号に規定されている。

4. **定められている** 注文者が工事の全部又は一部の完成を確認するための**検査の時期**及び**方法**並びに**引渡しの時期**に関する定めは、同条第1項第十一号に規定されている。

No. 47	法規 （労働基準法）	正答	**1**

1. ✕ 使用者は、労働契約の不履行

について**違約金を定め、又は損害賠償額を予定する契約をしてはならない**（労働基準法第16条）。

2. ○　使用者は、労働契約に附随して**貯蓄の契約をさせ、又は貯蓄金を管理する契約をしてはならない**（同法第18条）。

3. ○　使用者は、前借金その他労働することを条件とする**前貸の債権と賃金を相殺してはならない**（同法第17条）。

4. ○　使用者は、労働契約の締結に際し、労働者に対して**就業の場所及び従事すべき業務**に関する事項を**明示しなければならない**（同法第15条、同法施行規則第5条第1項第一号の三）。

No. 48	法規（労働安全衛生法）	正答	4

事業者が、新たに職務に就くことになった職長に対して行う安全衛生教育に関する事項については、労働安全衛生法及び労働安全衛生規則に規定されている。

1. 定められている　**労働者の配置**に関することは、同法第60条第1項第一号に規定されている。

2. 定められている　**作業方法の決定**に関することは、同法第60条第1項第一号に規定されている。

3. 定められている　**労働者に対する指導又は監督の方法**に関するこ

とは、同法第60条第1項第二号に規定されている。

4. 定められていない　**作業環境測定の実施**に関することは、事業者が、新たに職務に就くことになった職長に対して行う安全衛生教育に関する事項に**規定されていない**。作業環境測定は同法第65条第1項に**事業者が行う**と定められている。

No. 49	法規（廃棄物の処理及び清掃に関する法律）	正答	4

1. 該当する　**除去に伴って生じたコンクリートの破片は、産業廃棄物である**（廃棄物の処理及び清掃に関する法律施行令第2条第九号）。

2. 該当する　**新築に伴って生じたゴムくずは、産業廃棄物である**（同法施行令第2条第五号）。

3. 該当する　**除去に伴って生じた陶磁器くずは、産業廃棄物である**（同法施行令第2条第七号）。

4. 該当しない　**地下掘削に伴って生じた土砂は建設発生土**といい、同法に定義される**廃棄物には該当しない**。

No. 50	法規（消防法）	正答	2

消防法施行令第7条に消防用設備等の種類が掲げられている。

1. ○　**漏電火災警報器**は、**警報設備**

である。その他、警報設備には、自動火災報知設備、ガス漏れ火災警報設備、消防機関へ通報する火災報知設備等がある（同法施行令同条第3項第二号）。

2. × **連結送水管**は、消火活動上必要な施設である。**消火設備**は、水その他消火剤を使用して消火を行う機械器具又は設備であって、消火器及び簡易消火用具、屋内消火栓設備、スプリンクラー設備、動力消防ポンプ設備等である（同法施行令同条第2項）。

3. ○ **排煙設備**は、**消火活動上必要な施設**である。その他、消火活動上必要な施設には、連結散水設備、連結送水管、非常コンセント設備、無線通信補助設備がある（同法施行令同条第6項）。

4. ○ **救助袋**は、**避難設備**である。その他、避難設備には、すべり台等の機械器具のほか、誘導灯及び誘導標識がある（同法施行令同条第4項第一号）。

23

問題◀本冊 p.27 ◀◀◀

2級建築施工管理技術検定 第一次検定 正答・解説

No.1	環境工学（湿度及び結露）	正答	**1**

1. × 単位乾燥空気中の水蒸気の質量を重量絶対湿度という。湿り空気中の**水蒸気量**とその温度における**飽和水蒸気量を比**で表したものを相対湿度という。

2. ○ **飽和水蒸気量**は、1m³あたりに含まれる水蒸気の量をグラムで表したものである。また、**乾球温度**とは、空気中の温度のことをいう。飽和水蒸気量（水蒸気の量）は、空気中の温度によって**異なる**。

3. ○ 表面結露とは、冬季暖房時に、室内の水蒸気により外壁などの**室内側表面で生じる結露**をいう。外壁の断熱性が低い場合は、**室内側に表面結露が生じやすくなる**ため、断熱性の高い材料を施す必要がある。

4. ○ **熱橋部**（ヒートブリッジともいい、躯体を構成する部材のなかで、断熱材を他の材料が貫通することにより、**熱が橋を渡るように伝わりやすくなってしまう部分**）は温度が低下しやすいので、室内に表面結露が生じやすくなる。

No.2	環境工学（照明）	正答	**4**

1. ○ **光束法**とは、部屋の床面に降り注ぐ**光束の量**を計算し、当該部屋の床面の**平均照度**を算出する方法である。

　公式は、下記で表され、設計対象面上の平均照度（E）は設計対象面の面積（A）に**反比例**する。

2. ○ **ものの見やすさ**を示すための条件は、当該ものの**明るさ**、背景との**対比**、**色**、**大きさ**、**動き（時間）**が関係してくる。

3. ○ 点光源による**照度**は、光源の光度に**比例**し、**光源からの距離の2乗に反比例**する。

4. × 色温度の単位はK（ケルビン）である。**色温度**とは、光を完全に吸収する黒体の温度放射によ

No.2-1 の式

平均照度（E）

$$= \frac{器具1台あたりの光束（F）m \times 器具台数（N）台 \times 照明率（U）\times 保守率（M）}{部屋面積［照明度を計算する作業面の面積］（A）m^2}$$

24

り生じる光の色を用いて、**色合いを絶対温度で表示したもの**をいう。lm（ルーメン）は光源の光束の単位である。

No. 3	環境工学（色）	正答	1

1. × 無彩色とは、**黒色、灰色、白色の色味をもたない明度だけをもつ色**をいう。

2. ○ **補色**の関係にある二色を対比させると、互いに強調しあい、鮮やかさが増して見える。

3. ○ **色の温度感覚**には、赤色などの暖かみを感じる**暖色**や、青色などの涼しさを感じる**寒色**と、それらに属さない**中性色**がある。

4. ○ **補色**とは、2つの有彩色を混ぜて**無彩色**（灰色）になるときの2色の関係をいう。

No. 4	建築構造（木造在来軸組構法）	正答	2

1. ○ **階数が2以上の建築物**におけるすみ柱又はこれに準ずる柱は、**通し柱**としなければならない（建築基準法施行令第43条第5項）。

2. × **引張り力を負担する筋かい**は、厚さ**1.5cm以上**で幅**9cm以上**の木材又は径**9mm以上**の鉄筋を使用したものとしなければならない。**圧縮力を負担する筋か**いは、厚さ**3cm以上**で幅**9cm以上**の木材を使用したものとしなければならない（同法施行令

第45条第1項、第2項）。

3. ○ 地階を除く階数が**2を超える**建築物の**1階の構造耐力上主要な部分である柱**の断面は、原則として、小径**13.5cm以上**とする（同法施行令第43条第2項）。

4. ○ **壁を設け又は筋かいを入れた構造耐力上必要な軸組の長さ**は、各階の床面積が同じ場合、**1階の方が2階より大きな値**となる（同法施行令第46条第4項第二号）。

No. 5	建築構造（鉄筋コンクリート構造）	正答	1

1. × 構造耐力上主要な部分である柱の**主筋**の**断面積**の和は、コンクリートの断面積の**0.8%以上**とする（建築基準法施行令第77条第六号）。

2. ○ 構造耐力上主要な部分である柱の**帯筋比**（コンクリートの断面積に対する帯筋の断面積の比）は**0.2%以上**とする（同法施行令第77条第四号）。

3. ○ **配力筋**は、スラブの**長辺方向**に配置される鉄筋をいい、**主筋と直角**に配置される。

4. ○ 四辺固定の長方形床スラブは、下側に引張力を受けるため、当該床スラブの中央部の**引張鉄筋**は、**スラブの下側**に配筋する。

| No. 6 | 建築構造
（鉄骨構造） | 正答 | **3** |

1. ○ **すべり係数**とは、摩擦接合面のすべりにくさを表す値で、値が**大きいほどすべりにくいこと**を表す。高力ボルト接合は、接合面の摩擦力により圧力を伝達するので、**ショットブラスト処理**などによる**一定の値以上のすべり係数**が必要である。**ショットブラスト処理**とは、研磨剤の噴射により部材の表面をザラザラに加工する処理方法である。

2. ○ **完全溶込み溶接の継目の有効長さ**は、接合される鋼材の**全ての幅の長さが有効長さ**となる。鋼材の両端にはエンドタブ（溶接欠陥を逃す補助材）を用いるが、エンドタブは有効長さに含まれない。

3. × 高力ボルトを先に締め付ける場合は、両方の許容耐力を加算できるが、溶接を先に行う場合は、**板が溶接熱により、曲がってしまい、接合面が高力ボルトを締め付けても密着しない場合がある**ことから、両方の耐力を加算することができない。

4. ○ 隅肉溶接継目の許容応力度は、下表（建築基準法施行令第92条、第98条表）とし、F（基準強度）の値は、母材に応じた適切な材料を使えば、許容応力度を母材と同じ値にできる（同法施行令第92条、第94条、第98条、第99条）。

| No. 7 | 建築構造
（基礎杭） | 正答 | **2** |

1. ○ **ST杭**は、杭の先端支持力をより大きく確保するために、先

No.6-4 の表

継目の形式	長期に生ずる力に対する許容応力度（単位 N/mm²）				短期に生ずる力に対する許容応力度（単位 N/mm²）			
	圧縮	引張り	曲げ	せん断	圧縮	引張り	曲げ	せん断
突合せ	$F/1.5$			$F/(1.5\sqrt{3})$	長期に生ずる力に対する圧縮、引張り、曲げ又はせん断の許容応力度のそれぞれの数値の1.5倍とする。			
突合せ以外のもの	$F/(1.5\sqrt{3})$			$F/(1.5\sqrt{3})$				

この表において、Fは、溶接される鋼材の種類及び品質に応じて国土交通大臣が定める溶接部の基準強度（単位 N/mm²）を表すものとする。

継目の形式	材料強度（単位 N/mm²）			
	圧縮	引張り	曲げ	せん断
突合せ	F			$F/\sqrt{3}$
突合せ以外のもの	$F/\sqrt{3}$			$F/\sqrt{3}$

この表において、Fは、第92条の表に規定する基準強度を表すものとする。

端部を太くした既製コンクリート杭で、**大きな支持力を得る**ことが可能である。

2. × **中掘り工法**は、先端が開放されている杭の中空部にオーガーを挿入し、地盤の掘削を行い、杭の中空部から掘削土を排出しながら、杭を**圧入する**工法であり、比較的杭径が**大きい**場合に適している。

3. ○ **SC杭**（外殻鋼管付きコンクリート杭）は、**PHC杭**（遠心力高強度プレストレストコンクリート杭）と組み合わせて、一般に継ぎ杭の**上杭**として用いられる。

4. ○ **鋼杭**の地中での**腐食防止方法**には、塗装やライニング（被膜）を行う方法や、腐食による減肉を見込んで鋼杭の**肉厚を厚くする**方法等がある。

| No. 8 | 建築構造（構造設計） | 正答 | 1 |

1. × **建築物の地上部分の地震力**については、当該建築物の各部分の高さに**応じ**、当該高さの部分が**支える部分**に作用する全体の地震力として計算するものとし、その数値は、**当該部分の固定荷重と積載荷重との和**（建築基準法施行令第86条第2項ただし書の規定により特定行政庁が指定する多雪区域においては、更に積雪荷重を加えるものとする。）に当該高さにおける**地震層せん断力係数**を乗じて計算しなければならない（同施行令第88条第1項）。

したがって、地上部分にある層に作用する地震層せん断力は、算定しようとする層の**支える荷重**に、その階の固定荷重と積載荷重との和に、その層の高さの**地震層せん断力係数**を乗じて計算する。

2. ○ 地震層せん断力（$C = C_i \times$その階以上の重量）は、**建築物の振動特性を表すもの（R_t）**がC_i（地震層せん断力係数）を求める公式の中に含まれている。建築物の振動特性を表すもの（R_t）は、建築物の弾性域における**固有周期及び地盤の種類**に応じて国土交通大臣が定める方法により算出した数値とする。よって、地震層せん断力は、建築物の設計用**一次固有周期及び地盤**の種類に応じて算定する（同施行令第88条第1項）。

3. ○ 地震層せん断力係数は、次の式で計算するものとする（同施行令第88条第1項）。

C_i（地震層せん断力係数）＝ Z（地震地域係数）× R_t（建築物の振動特性係数）× A_i（建築物の振動特性に応じて地震層せん断力

27

問題◀本冊 p.32 ◀◀◀

係数の建築物の高さ方向の分布を補正する係数行列）× C_0（標準せん断力係数）

Z、R_t、C_0は、**一定の係数**であるため、階により数値が変わることはない。A_iは、高さ方向の補正係数であり、その数値は**上階になるほど大きくなる**。よって、**地震層せん断力係数**は、上階になるほど**大きくなる**。

4. ○ **地震地域係数**（Z）は、その地方における過去の地震の記録に基づく震害の程度及び地震活動の状況その他地震の性状に応じて**1.0**から**0.7**までの範囲内において国土交通大臣が定める数値とする（同施行令第88条第1項）。

No.9	構造力学（反力）	正答	**4**

はじめに、等変分布荷重の力を求める。直角三角形と長方形に分けて面積を求める。
直角三角形
$$w \times l \times \frac{1}{2} = \frac{lw}{2}$$
長方形
$$w \times l = wl$$
等変分布荷重は、
$$\frac{wl}{2} + wl = \frac{3wl}{2} \ \textbf{[N]}$$
次に、等変分布荷重のまとまった力が作用する位置を求める。
これは、断面1次モーメントにより、算出する。

断面1次モーメント $S = A \times X_0$。（y軸から重心までの距離）
直角三角形の重心は2：1の分岐点のため、
重心位置は$\frac{l}{3}$
$$S = \frac{wl}{2} \times \frac{l}{3} = \frac{wl^2}{6}$$
長方形の重心位置は距離lの中央のため、$\frac{l}{2}$
$$S = wl \times \frac{l}{2} = \frac{wl^2}{2}$$

よって、$S = \frac{wl^2}{6} + \frac{wl^2}{2}$より、

等変分布荷重のまとまった力が作用する位置は、$\frac{4l}{9}$となる。

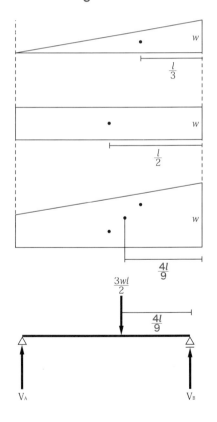

次に、**鉛直方向の力**、V_AとV_B**を求める。**
点Bにおけるモーメント $M_B=0$ より、

$$M_B=-\frac{3wl}{2}\,[\text{N}]\times\frac{4l}{9}\,[\text{m}]+V_A\,[\text{N}]\times l\,[\text{m}]=0$$

$$lV_A=\frac{12wl^2}{18}$$

$$V_A=\frac{2wl}{3}\,[\text{N}]$$

垂直方向の力のつり合いより、
$V_A\,[\text{N}]+V_B\,[\text{N}]-\dfrac{3wl}{2}\,[\text{N}]=0$ より、

$$\frac{2wl}{3}+V_B\,[\text{N}]-\frac{3wl}{2}\,[\text{N}]=0$$

$$V_B=\frac{3wl}{2}-\frac{2wl}{3}$$

$$V_B=\frac{5wl}{6}$$

$V_A:V_B=\dfrac{2wl}{3}:\dfrac{5wl}{6}$
V_AとV_Bに**6**を掛けると、
$V_A:V_B=4wl:5wl$
$V_A:V_B=4:5$
よって、正しいものは**4**である。

No. 10	構造力学 （曲げモーメント）	正答	**1**

　鉛直方向の力、V_AとV_Bを求める。
点Aにおけるモーメント $M_A=0$ より、
$M_A=M+M-V_B\,[\text{N}]\times3l\,[\text{m}]=0$
$-3l_B=0$

$V_B=0\text{N/m}$
垂直方向の力のつり合いより、
$V_A\,[\text{N}]+V_B\,[\text{N}]=0$
$V_A=0\text{N/m}$

V_AとV_Bが0N/mであることから、
点Aから点Cまでの区間及び点Bから
点Dまでの区間は、**力が作用してい
ない**ことがわかる。

よって、**2、3**は誤りであるとわかる。
点Aからスタートし、点Cで1度区切
ると、**下向きのモーメント荷重がかかっ
ている**ため、モーメント図では上側
がマイナスのため、上側に直線を引
く。

また、点Bからスタートし、点Dで1
度区切ると、点Cと同様に、上側に
直線を引く。

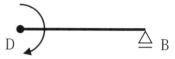

よって、点Cから点D区間はマイナス
の力が作用するため、正しいものは
1となる。

No. 11	建築材料 （コンクリート）	正答	**4**

1. ○　**スランプ**とは、スランプ試験
　　により得られる値で、フレッシュ
　　コンクリートの**流動性**を示す指
　　標である。スランプが**大きい**ほ
　　ど、フレッシュコンクリートの
　　流動性は**大きく**なる。
　　（次ページの図参照）

2. ○　**ヤング係数**とは、ひずみと応
　　力の関係を示す係数で、ヤング
　　係数が**大きい**ほど、ひずませる
　　のに**大きな**応力を要し、変形し
　　にくい硬い性質となる。コンク
　　リートの圧縮強度が**大きくなる**

と、ヤング係数も**大きくなる**。

3. 〇 **暑中コンクリート**の適用期間は、特記に記載がない場合、日平均気温の平年値が**25℃を超える期間**を基準として定め、工事監理者の承認を受ける（JASS 5）。

4. × **コンクリートの設計基準強度**をF［N/mm²］とすると、圧縮強度 はF、引張強度は$\frac{F}{10}$である（建築基準法施行令第97条第1項）。

No. 12	建築材料（セラミックタイル）	正答	4

1. 〇 **セラミックタイル**は、陶磁器質タイルのことをいう。粘土又はその他の無機質材料を成形し、高温で焼成した厚さ**40**mm未満の板状の**不燃材料**である。

2. 〇 **裏連結ユニットタイル**とは、タイルの裏面や側面を**裏連結材で連結**したものをいう。**裏連結材**には、ネット、台紙、樹脂などがあり、施工時にそのまま埋め込まれる。

3. 〇 **有機系接着剤によるタイル後張り工法**で施工するタイルには、**裏あしがなくてもよい**。**裏あし**とは、セメントモルタル等との接着をよくするために裏面につけたあし、リブ又は凹凸をいう。

4. × セメントモルタルによる**外壁タイル後張り工法**で施工するタイル等、外装タイル及び外装タイル**以外**で屋外の壁に使用する場合、**裏あしがなくてはならない**。タイルの裏あしの形状は、**あり状**とする。**あり状**とは、裏あしの形状の一種をいう。

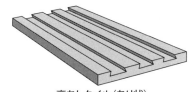

裏あしタイル（あり状）

No. 13	建築材料（防水材料）	正答	2

1. 〇 **アスファルトプライマー**は、コンクリート下地に塗布する塗料で

No.11-1 の図

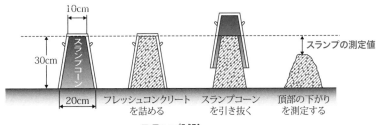

スランプ試験

30

あり、下地と防水層の**接着性**を向上させるために用いられる。

2. × 防水層の末端部に使用し、防水層のずれ落ち、口あき、剥離等の防止に用いられるものは、**ストレッチルーフィング**である。**絶縁用テープ**は、コンクリートスラブの打継ぎ部において、**ストレッチルーフィング**を**増張りする前**に用いられる。

3. ○ **アスファルトフェルト**とは、屋根や外壁の防水、防湿に用いられる材料で、有機天然繊維を主原料とした原紙にアスファルトを**浸透**させたものをいう。

4. ○ **改質アスファルト**は、通常のアスファルト（石油アスファルト）に合成ゴムや合成樹脂、天然アスファルト等を**添加**して、当該アスファルトの**温度特性等**を改良したものである。

No. 14	建築材料 （内装材料）	正答	**3**

1. ○ **木毛セメント板**とは、リボン状に細長く削り出した木材をセメントペーストで圧縮成形したもので、**断熱性、吸音性に優れている**。

2. ○ **けい酸カルシウム板**は、石灰質原料（セメントを含む）、けい酸質原料、石綿以外の繊維・混和材料を原料とし高温高圧蒸気養生を施したもので、**軽量で耐火・断熱・音響性能に富み**、

温度や湿度による**伸縮、反り等**の**変形**が小さい。

3. × **強化せっこうボード**は、心材のせっこうに**無機質繊維等を混入**したもので、**防火性を向上**させたものである。防火・準防火・耐火、遮音構造に用いる。油脂をしみ込ませると**燃えやすく**なるため、**使用しない**。

4. ○ **シージングせっこうボード**とは、両面の紙と内部のせっこうに防水加工を施してあるせっこうボードをいい、普通せっこうボードに比べ、**吸水時の強度低下が少ない**。

No. 15	舗装工事 （構内舗装工事）	正答	**1**

1. × **クラッシャラン**とは、岩石を砕いたままの、**ふるい分けをしていない砕石**のことをいう。採取したままの砂利は、切込砂利という。

2. ○ **アスファルト舗装の路床**は、**地盤が軟弱な場合を除いて**、現地盤の土を**そのまま十分に締め固める**。地盤が軟弱な場合は改良工事を行う。

3. ○ **コンクリート舗装に用いるコンクリート**は、一般の建築物に用いるものより、**過酷な状況での耐久性が求められる**ので、一般にスランプ値は小さい。

4. ○ **アスファルト舗装**は、交通荷重及び温度変化に対してたわみ

変形しやすい性質を有している。たわみ変形とは、水平の状態から形が変形することをいう。

No. 16	電気設備 （電気設備）	正答	4

1. ○　**棟上げ導体**とは、**避雷設備を構成する部材の1つ**である。避雷設備は、受雷部システム、引下げ導線システム、接地システムで構成される。棟上げ導体は、**避雷設備の受雷部**として用いられる。

2. ○　**キュービクル**とは、金属製の箱に変圧器や遮断器などを収めたもので、**高圧の受変電設備**に用いられる。

3. ○　**同軸ケーブル**は、LAN（Local Area Network）ケーブルやテレビ共同受信用ケーブルなどの**電気通信設備**に用いられる被覆電線の一種で、CATV（ケーブルテレビ）の配信や**情報通信**などに用いられる。

4. ×　**PBX**（Private Branch Exchange）は、施設内の複数の電話機を使用するために施設内に設置される**電話交換機**のことで、電話設備に用いられる。**照明設備**に用いられるのは、**コードペンダント**である。

No. 17	機械設備 （給排水設備）	正答	3

1. ○　**桝**とは、地中埋設排水管において地中に設置される**点検清掃**用の**スペースを確保**するための施設をいう。**地中埋設排水管**において、桝を設ける場合、雨水管に設ける桝である**雨水桝**には、下流に土砂を流さないため土砂を溜める部分の**泥だめ**を、汚水管に設ける桝である**汚水桝**には、汚物が滞留せずに下流に流れるよう、**インバート**と呼ばれる半円状の溝を設ける。

2. ○　給水、排水その他の配管設備の設置及び構造として、建築物の内部、屋上又は最下階の床下に設ける場合においては、次に定めるところによること。**給水タンク**等の**天井**、**底又は周壁**は、建築物の他の部分と**兼用しない**こと（建築基準法施行令第129条の2の4第2項第六号、第3項第五号、建築物に設ける飲料水の配管設備及び排水のための配管設備の構造方法を定める件第一第二号（イ）(2)）。

3. ×　水道本管から分岐した水道引き込み管に増圧給水装置を直結し、建物各所に給水する方式は、**水道直結増圧方式**という。**ポンプ直送方式**とは、水道水を一度受水槽に貯水し、**ポンプで加圧して建物各所へ給水する方式**。

4. ○　飲料水用の給水タンクの**水抜き管**は、**逆流等を防止するため**に、**間接排水**とする。一般排水

系統へ直接連結してはならない。

No. 18	土工事（根切り 及び山留め工法）	正答	**4**

1. ○ **控え（タイロッド）アンカー工法**は、山留め壁背面に控え杭を設け、タイロッドで山留め壁を繋ぐことで、山留め壁を支える工法である。タイロッドの控えアンカーとしては、杭又はコンクリート製の梁や**ブロック**などが用いられる。自立高さが**高い場合**や**山留め壁頭部の変形を抑制**したい場合に**有効**である。

2. ○ **場所打ち鉄筋コンクリート地中壁**は、掘削溝内に鉄筋かごを挿入し、コンクリートを打設し、地中に鉄筋コンクリート壁を造る工法である。地下水位が**高く**、**軟弱地盤**、**大深度掘削**に適している。

3. ○ **親杭横矢板壁**は、H形鋼の柱を等間隔に打ち込み、その間に木製の板（横矢板）を差し込んで壁を造る工法である。経済性に優れ、小中規模工事に施工される。また、**遮水性がなく**、**地下水位の高い地盤では適さない**工法のため、**地下水処理を併用する**必要がある。

4. × **トレンチカット工法**は、山留め壁を根切り場周囲に2重に設け、その間を溝掘りし、外周部の地下躯体を構築した後、この躯体で支えながら内部の根切り、地下躯体の築造を行う工法である。**根切り部分が広くて浅い場合に適用**される。狭い場合に適しているのは、山留め壁オープンカット工法である。

No. 19	コンクリート工事（型枠の締付け金物等）	正答	**2**

1. ○ 周囲に壁が付いていない**独立柱の型枠の組立て**には、セパレータやフォームタイが不要な**コラムクランプ**（柱型枠締付金具）が用いられる。

コラムクランプ

2. × **打放し仕上げや直接塗装仕上げ、防水下地となる部分**の外壁コンクリートの型枠に使用するセパレータは、**コーンを取り付けたもの**を用いる。型枠解体後、セパレータの穴はモルタルで埋めて仕上げる。

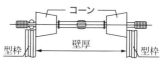

コーン付きセパレータ

3. ○ 型枠脱型後にコンクリート表面に残る**C型セパレータのねじ**

部分は、ハンマーでたたいて折り取る。

C型セパレータねじ部分

両面仕上げ用

4. ○　型枠は、コンクリートに直接接するせき板、せき板を支える支保工及びせき板と支保工を緊結するセパレータ、締付け金物等からなり、**セパレータ**は、せき板に対して**直交するように設**置する。

No. 20	コンクリート工事（レディーミクストコンクリート）	正答	3

1. ○　**人工軽量骨材**は、JIS A 5002 に規定されている。

2. ○　**高炉スラグ骨材**は、JIS A 5011-1 に規定されている。

3. ×　**溶融スラグ骨材**は、コンクリート用骨材として JIS A 5031 に規定されている。

4. ○　**再生骨材 H**は、JIS A 5021 に規定されている。

No. 21	木工事（在来軸組構法）	正答	2

1. ○　**土台の継手**は、**柱及び床下換気口の位置を避け**、腰掛けあり継ぎ又は腰掛けかま継ぎとする（一般財団法人住宅金融普及協会木造躯体工事5.1.1）。

2. ×　**束立て床組の大引きの継手位**

置は、束心から**150mm程度**持ち出し、**腰掛けあり継ぎ、釘2本打ち**とする（公共建築工事標準仕様書建築工事編12.4.2、表12.4.1）。

3. ○　**根太掛けの継手位置**は、柱心で突付け継ぎとする（同仕様書同編12.4.2、表12.4.1）。

4. ○　**根太の継手位置**は、大引等の**受材心で突き付け**、**釘打ち**とする（同仕様書同編12.4.2、表12.4.1）。

No. 22	解体工事（木造住宅の解体工事）	正答	1

1. ×　**蛍光ランプ**は、水銀を含有している。破損すると周囲に飛散し、人体に影響を及ぼすおそれがあるので、**解体時には破損させないように慎重に取り扱い**、廃棄物処理法施行令による適正な措置で廃棄する。

2. ○　解体作業においては、**建築設備を取り外した後、建具と畳を撤去**する。

3. ○　**廃せっこうボードを再資源化処理**する際は、湿潤していないことが求められるため、**水に濡れないように取り扱う必要がある**。

4. ○　**屋根葺材**は、内装材を撤去した後、**手作業で取り外し**、重機で粉砕・混在させないように分別解体する。

| No. 23 | 防水工事（塗膜防水絶縁工法） | 正答 | 4 |

1. ○　**通気緩衝シート**は、シートの下面に下地から水蒸気を通気させるための特殊加工をしたシート状の材料で、下地と防水層の間に挿入し、**塗膜防水層の破断や膨れ**の発生を**低減**させる。**不織布タイプ**のものは、**接着剤**で張り付ける。

2. ○　**通気緩衝シート**は、シート相互を**突付け**とする。**突き付けた箇所**は、**ジョイントテープ**等で処理する。

3. ○　**穴あきタイプの通気緩衝シート**は、下地に張り付けた後、**ウレタンゴム系防水材**でシートの穴を充填する。

4. ×　**通気緩衝シートの張り付け**は、平場部までで、立上り面は補強布を用いて張り上げる。

| No. 24 | 石工事（外壁の張り石工事） | 正答 | 1 |

　外壁の張り石工事において、**湿式工法**とはモルタルなどで外壁に張り付ける工法、**乾式工法**とはファスナーと呼ばれる金具で外壁に固定する工法である。湿式工法に対する乾式工法の主な特徴は次のとおりである。

1. 地震時の躯体の**挙動**に**追従**しやすい。

2. **石材の熱変形**による被害を**受けにくい**。

3. **白華現象**（表面に白色の物質が析出する現象）が起こりにくい。

4. **工期短縮**を図りやすい。

したがって、最も不適当なものは1である。

| No. 25 | 仕上工事（金属の表面仕上げ） | 正答 | 2 |

1. ○　**No.2B**とは、冷間圧延して熱処理、酸洗いした**No.2D**に適度な**光沢**を与えるために軽い**冷間圧延**をした仕上げをいう。

2. ×　アルミニウムの**無着色陽極酸化皮膜**は、母材を陽極酸化処理した後に着色や染色を行わず、素地のシルバー色のままとした無着色仕上げである。**自然発色皮膜**は、陽極酸化処理時に、皮膜自体が**自然に発色する**皮膜をいう。

3. ○　**電気めっき**とは、鋼材などを**電解液中で通電**して、表面に皮膜金属を生成させる仕上げをいう。

4. ○　**硫黄**を含む薬品を用いて、銅合金の表面を**褐色**に着色したものを、**硫化いぶし仕上げ**という。

| No. 26 | 塗装工事（素地ごしらえ） | 正答 | 1 |

1. ×　モルタル面の**素地ごしらえ**は、**シーラー**を全面に塗り付けて**吸込み止め**した後に、**パテかい**を行う（公共建築工事標準仕様書建築工事編18.2.5、表18.2.4）。

2. ○　**合成樹脂エマルションパテ**は、

合板、せっこうボード、モルタル、コンクリートなどの表面の**素地ごしらえ**に用いられる。したがって、せっこうボード面のパテかいは、合成樹脂エマルションパテ等を用いて行う（同仕様書同編18.2.5、表18.2.4）。

3. ○　不透明塗料塗りの**木部面の節止め**には、**セラックニス類**を節及びその周囲に**はけ塗り**する（同仕様書同編18.2.2（1）、表18.2.1）。

4. ○　ALCパネル面の**吸込み止め**は、**下地調整塗り**の前に、**シーラー**（下地への塗料の吸い込みを抑制する材料）を**全面**に塗布する（同仕様書同編18.2.6、表18.2.5）。

| No. 27 | 内装工事（フローリングボード張り） | 正答 | 4 |

1. ○　壁、幅木、框及び敷居とフローリングの**取合い**には、必要に応じて、板の伸縮に備えた**隙間**を設ける（公共建築工事標準仕様書建築工事編19.5.3（2）（ア））。

2. ○　張込み完了後の表面に生じた**目違い**は、養生期間を経過した後、**サンディング**（サンドペーパーで研磨）する。

3. ○　接着工法の施工は、所定の接着剤を専用のくしべらを用いて**均等**に伸ばし、**全面に塗布**する（同仕様書同編19.5.5（イ）（c））。

4. ×　**釘留め工法の根太張り工法**は、下張りを行わずに、直接、フローリングを根太の上に、**接着剤を併用して釘で留め付ける**（同仕様書同編19.5.4（1））。

| No. 28 | 押出成形セメント板工事（押出成形セメント板） | 正答 | 3 |

1. ○　パネルの取付け金物（Ｚクリップ）は、**パネル小口**より**80mm以上**離れた箇所に原則として端部から**2穴目の中空**に取り付ける。ただし、パネル幅が**400mm未満**の場合は、端から1穴目でもよい（ECP施工標準仕様書5.2（1）⑥）。

2. ○　パネルの取付け金物（Ｚクリップ）は、**パネル1枚**につき**左右2箇所ずつ計4箇所**取り付ける。

3. ×　パネルの取付け金物（Ｚクリップ）は、下地鋼材に、**30mm以上のかかり代**を確保して取り付ける（同仕様書5.2（1）⑦）。

4. ○　パネルの取付け金物（Ｚクリップ）の取付けは、**回転防止**のため下地鋼材に**溶接長さ**を**15mm以上**確保して取り付ける（同仕様書5.2（3）②）。

| No. 29 | 施工計画（事前調査） | 正答 | 4 |

1. ○　**既存の地下埋設物を記載した図面**があったとしても、正確な位置や規模の確認のためには掘

削調査を行う。

2. ○ **既製杭の打込み**が予定されている場合には、近接する**工作物や舗装の現場調査**を行う必要がある。

3. ○ 一般に、**根切り工事の事前調査**では、前面道路や周辺地盤の**高低の調査**等が実施される。

4. × **防護棚**は、配電線の状況などの調査を行うもので、落下物に対する危害防止のため、**足場に設ける。防護棚を道路上空に設ける場合には、道路管理者、所轄警察署長の許可が必要となる。敷地地盤の高低及び地中埋設配管等**の調査は、下水道の排水能力や排水管の勾配が公設ますまで確保できているかを調べるために行う。

| No. 30 | 施工計画 (仮設計画) | 正答 | 3 |

1. ○ **規模が小さい作業所**の場合は、業務に支障がなければ、**守衛所を設けずに**警備員だけを出入口に配置する仮設計画としてもよい。

2. ○ 敷地内に仮設道路を設置するに当たり、**地盤が軟弱**の場合、車両系建設機械等の交通荷重による**地盤沈下**が起こるおそれがある。そのため、**浅層地盤改良**等の対策を講じる。

3. × 鋼板製仮囲いの下端は、**雨水が流出しないように**、隙間をあ

けないようにする。

4. ○ **仮囲いの出入口**は、人や車両の入退場の位置を**限定し、管理**しやすくする。

| No. 31 | 法規 (申請・届出) | 正答 | 2 |

1. ○ 振動規制法による特定建設作業を指定地域内で行うためには、**特定建設作業実施届出書を市町村長に届け出る**必要がある（振動規制法第14条）。

2. × 労働基準法第96の2第1項に使用者は、**常時10人以上**の労働者を就業させる事業、厚生労働省令で定める危険な事業又は衛生上有害な事業の**附属寄宿舎**を設置し、移転し、又は変更しようとする場合においては、前条の規定に基づいて発する厚生労働省令で定める危害防止等に関する基準に従い定めた計画を、**工事着手14日前**までに、**行政官庁に届け出**なければならないと規定がある。

したがって、常時10人の労働者が従事する事業で附属寄宿舎を設置するためには、**寄宿舎設置届を労働基準監督署長**などの**行政官庁に提出**しなければならない。

3. ○ 積載荷重が1t以上の仮設の人荷用エレベーターを設置する際には、**エレベーター設置届**を労働基準監督署長に**提出**する必要

別冊　正答・解説

令和5年度（前期）第一次検定

37　　問題◀本冊 p.42 ◀◀◀

がある（労働安全衛生法第37条、同法施行令第12条第1項第六号）。

4. ◯　歩道に工事用仮囲いを設置するためには、**道路占用の許可を道路管理者に申請**しなければならない（道路法第32条）。

No. 32	施工計画（工程計画及び工程管理）	正答	1

1. ×　労働力や資機材等を有効に割り当てて、平均化して利用することは、労働管理上から必ず必要なことである。ネットワークにより定められた**労務や資機材を有効に利用するために余裕日数を有効利用し、平準化する**ことを山崩しという。**工期短縮に用いられる手法**としては内装工事のタクト工法がある。

2. ◯　**ネットワーク工程表**は、複雑な作業間の順序関係を**視覚的に**表現することができる。

3. ◯　工程管理の手法として、2次元では表現が難しい箇所を**3次元モデル、コンピューターグラフィックス**を使用し、視覚化することで、関係者の理解促進や2次元図面の精度向上及び**工事現場の進捗状況の把握**等に活用する。

4. ◯　**Sチャート**は進捗度を表すグラフである。工事の進捗に対応した出来高の**累積値を縦軸**に、**時間（工期）を横軸**に取り、出来高の**進捗を数量的**、かつ、**視覚的に**示すことができる。

No. 33	工程管理（バーチャート工程表）	正答	2

1. ◯　バーチャート工程表は、**縦軸に各工事種目**を列記し、**横軸に月日**を設け、作業開始から終了までを**横線の棒グラフ**で表す。

2. ×　バーチャート工程表に、作業を**細分化**したり、表に示す作業を増やしたりすると、工程の内容が**把握しにくくなる**。

3. ◯　バーチャート工程表は、作業の**流れ**、**各作業の所要日数や施工日程が把握しやすい**。

4. ◯　バーチャート工程表に、主要な工事の節目を**マイルストーン**として付加すると、工程の**進捗状況が把握**しやすくなり、**全体工程の遅れを防ぐ**ことにつながる。

No. 34	品質管理（品質管理の用語）	正答	3

1. ◯　**PDCA**とは、PDCAサイクルともいい、**Plan**（計画）**Do**（実行）**Check**（評価）**Action**（改善）を繰り返すことによって、生産管理や品質管理などの**管理業務**を継続的に改善していく手法のことで、品質管理に関係する用語である。

2. ◯　**トレーサビリティ**とは、日本産業規格（JIS）に「考慮の対象となっているものの**履歴**、**適用**

または**所在を追跡できること。**」と定義されている品質管理に関係する用語である。

3. ×　ALCとは、高温高圧蒸気養生された**軽量気泡コンクリート**のことをいい、外壁、間仕切壁、床、屋根などに使用される**建築材料**であるため、品質管理の用語としては、**関係が少ない。**

4. ○　品質管理において、**サンプリング**とは、**サンプルを抜き取る**ことをいう。

No. 35	品質管理（試験及び検査）	正答	4

1. ○　シーリング工事においては、**接着性の確認**のために、**簡易接着性試験**が行われる。

2. ○　屋外のタイル張り、屋内の吹抜け部分等の**壁タイル張り施工後の試験**は、引張接着試験を行う（公共建築工事標準仕様書建築工事編11.1.7（3））。

3. ○　JIS A 5308の規定に適合するレディーミクストコンクリートを使用する場合、施工者は、**コンクリート受入れ時**にコンクリート温度やスランプ、空気量、塩化物量等を確認する。普通コンクリートにおける**空気量の結果の許容差**は、基準値4.5％に対し、±1.5％である（同仕様書同編6.5.3（1））。

4. ×　既製コンクリート杭地業工事における埋込み杭の根固め液の確認は、**サンプリング試験**によって行う。**針入度試験**は、**アスファルトの硬さを調べる試験**である。

No. 36	品質管理（トルシア形高力ボルト）	正答	3

1. ○　**ナット回転量**は、各ボルト群のナットの平均回転角度−30°から平均回転角度＋30°までの範囲であること（公共建築工事標準仕様書建築工事編7.4.8（1）（ア）（c））。

2. ○　一次締めの際につけたマークのずれにより、共回り又は軸回りが生じていないこと（同仕様書同編7.4.8（1）（ア）（b））。

3. ×　JIS形高力ボルトのトルクコントロール法を用いる場合、トルク値を測定して、ボルト締付けの合否を確認する（同仕様書同編7.4.8（1）（イ）（b）②）。**トルシア形高力ボルト**の締付け後の確認は、**ピンテールが破断していること**を確認する（同仕様書同編7.4.8（1）（ア）（a））

4. ○　**ボルトの余長**は、ねじ1山から6山までの範囲であること（同仕様書同編7.4.8（1）（ア）（d））。

No. 37	法規（労働安全衛生規則）	正答	1

労働安全衛生規則第566条に以下の規定がある。

事業者は、足場の組立て等作業主任

者に、次の事項を行わせなければならない。ただし、解体の作業のときは、第一号の規定は、適用しない。

一 材料の欠点の有無を点検し、不良品を取り除くこと。

二 器具、工具、要求性能墜落制止用器具及び保護帽の機能を点検し、不良品を取り除くこと。

三 作業の方法及び労働者の配置を決定し、作業の進行状況を監視すること。

四 要求性能墜落制止用器具及び保護帽の使用状況を監視すること。

よって、「その日の作業を開始する前に、作業を行う箇所に設けた足場用墜落防止設備の取り外しの有無を点検すること。」は定められていないため正答は1である。

| No. 38 | 法規（労働安全衛生規則） | 正答 | 2 |

1. ○ 事業者は、令別表第八第一号から第三号までに掲げる部材以外の部材又は単管足場用鋼管規格に適合する鋼管以外の鋼管を用いて構成される鋼管足場については、第570条第1項に定めるところによる。

上記より、くさび緊結式足場は、法規上単管足場の適用を受けるため、壁つなぎ又は控えの間隔は、垂直方向5m以下、水平方向5.5m以下としなければならない（労働安全衛生規則第570

条第1項、第572条第1項）。

2. × 枠組足場（高さが5m未満のものを除く。）の、壁つなぎ又は控えの間隔は、垂直方向9m以下、水平方向8m以下としなければならない（同規則第570条第1項第五号イ）。

3. ○ 鋼管足場に用いる鋼管の接続部又は交差部は、これに適合した附属金具を用いて、確実に接続し、又は緊結すること（同規則第570条第1項第三号）。

4. ○ 枠組足場において、階段の手すり等、墜落の危険のある箇所には、高さ85cm以上の手すり又はこれと同等以上の機能を有する設備を設けること（同規則第552条第1項第四号イ）。

| No. 39 | 鉄筋工事（かぶり厚さ） | 正答 | 3、4 |

1. ○ 設計かぶり厚さとは、最小かぶり厚さに施工誤差に応じた割増を加えたものをいう。

2. ○ かぶり厚さは、ひび割れ補強筋についても確保する必要がある。

3. × かぶり厚さとは、鉄筋の表面からコンクリートの表面までの距離である。

4. × スラブ、梁、基礎及び擁壁で、直接土に接する部分のかぶり厚さには、捨コンクリートの厚さを含まない（公共建築工事標準仕様書建築工事編5.3.5（1）、

| No. 40 | 塗装工事（鉄骨の錆止め塗装） | 正答 | 1、3 |

1. × 工事現場溶接を行う箇所は、**溶接熱影響**を考慮し、塗装範囲を決める。開先面及びその両側**100mm程度**の範囲は**未塗装**とする。

2. ○ 鋼材に塗装した錆止め塗料に、**ふくれや割れ**が発生した場合、当該部分の**塗膜を剥がしてから再塗装**を行う。

3. × **素地調整を行った鉄鋼面**は、速やかに錆止め塗装を行う。

4. ○ コンクリートに**定着及び埋め込まれる箇所**には、**付着に影響があるので、錆止め塗装は行わない**（公共建築工事標準仕様書建築工事編7.8.2（1）（ア））。

| No. 41 | 左官工事（セルフレベリング材塗り） | 正答 | 1、2 |

1. × セルフレベリング材の**流し込み**は、吸水調整材を塗布した後、**吸水調整材を十分乾燥させてから**行う。

2. × セルフレベリング材塗り後、**硬化するまでは、窓や開口部をふさぎ**、硬化後は自然乾燥状態とする（公共建築工事標準仕様書建築工事編15.5.5（5）（ア））。

3. ○ セルフレベリング材塗りは、軟度を一定に練り上げたセルフレベリング材を、**レベルに合わ**せて流し込み、必要に応じて、均し道具（トンボ等）等を使用する（同仕様書同編15.5.5（2））。

4. ○ セルフレベリング材の**硬化後**、打継ぎ部の突起、気泡跡の周辺の突起等は、**サンダー**等で削り取る（同仕様書同編15.5.5（4）（ア））。

| No. 42 | 建具工事（鋼製建具） | 正答 | 1、4 |

1. × **枠**、くつずり、水切り板等の**アンカー**は、建具に適したものとし、両端から逃げた位置から、間隔**500mm以下**に取り付ける（公共建築工事標準仕様書建築工事編16.2.5（1）（ア））。

2. ○ 建具枠の取付けにおいて、枠の**取付け精度は対角寸法差3mm以内**とする。

3. ○ くつずりの仕上げは、特記による。特記がなければ、**ステンレス鋼板**を用いる場合は、HL（ヘアライン）とする（同仕様書同編16.4.4（5））。

4. × くつずり、下枠等のモルタル充填の**困難な箇所**は、あらかじめ**裏面に鉄線**等を取り付けておき、**モルタル詰めを行った後**に建具枠を取り付ける（同仕様書同編16.2.5（2）（ア）（c））。

| No. 43 | 法規（建築基準法） | 正答 | 4 |

1. ○ 特定工程後の工程に係る工事

は、規定による当該特定工程に係る**中間検査合格証**の交付を**受けた後**でなければ、これを施工してはならない（建築基準法第7条の3第6項）。

2. ○ 建築基準法第12条第5項に、**特定行政庁**、**建築主事**又は建築監視員は、次に掲げる者に対して、建築物の敷地、構造、建築設備若しくは用途、建築材料若しくは建築設備その他の建築物の部分の受取若しくは引渡しの状況、建築物に関する**工事の計画若しくは施工の状況**又は**建築物の敷地**、構造若しくは建築設備に関する調査の状況に関する**報告**を求めることができると規定があり、その掲げる者として、同条第一号に、建築物若しくは建築物の敷地の所有者、管理者若しくは占有者、**建築主**、設計者、建築材料等を製造した者、工事監理者、**工事施工者**又は建築物に関する調査をした者と規定がある。

3. ○ 上記同法第12条第5項第一号**に含まれる**。

4. × **建築主**は、同法第6条第1項の規定による**工事を完了した**ときは、国土交通省令で定めるところにより、**建築主事の検査を申請しなければならない**（建築基準法第7条第1項）。

| No. 44 | 法規（建築基準法施行令） | 正答 | 3 |

1. ○ **階段に代わる傾斜路**は勾配$\frac{1}{8}$を超えないもので、表面は、粗面とし、又はすべりにくい材料で仕上げることとする。その他の規定は、けあげ及び踏面に関する部分を除き、階段の規定を準用する（建築基準法施行令第26条）。**手すり等**は**原則必要**である。

2. ○ 階段には、**手すりを設けな**ければならない。階段の幅が**3mを超える**場合においては、**中間に手すりを設けなければならない**。ただし、けあげが**15cm以下**で、かつ、踏面が**30cm以上**のものにあっては、この限りでない（同施行令第25条第3項）。

3. × **居室の天井の高さ**は、室の床面から測り、1室で天井の高さの異なる部分がある場合は、その**平均の高さ**によるものとする（同施行令第21条第2項）。

4. ○ 便所には、採光及び換気のため**直接外気に接する窓**を設けなければならない。ただし、**水洗便所**で、これに代わる設備をした場合においては、**この限りでない**（同施行令第28条）。

| No.45 | 法規（建設業法） | 正答 | 3 |

1. ○　**許可に係る建設業者**は、営業所に置く専任技術者として証明された者が当該営業所に**置かれなくなった場合**又は同等以上の知識を有するものに**該当しなくなった場合**において、これに代わるべき者があるときは、国土交通省令の定めるところにより、2週間以内に、その者について、書面を**国土交通大臣**又は**都道府県知事**に**提出**しなければならない（建設業法第11条第4項）。

2. ○　**許可に係る建設業者**は、毎事業年度終了の時における**工事経歴書**、直前**3年**の各事業年度における工事施工金額を記載した書面、その他国土交通省令で定める書類を、毎事業年度経過後**4月以内**に、**国土交通大臣**又は**都道府県知事**に**提出**しなければならない（同法第11条第2項）。

3. ×　**許可**は、**建設工事の種類ごとに分けて与えるもの**とする旨、規定されている（同法第3条第2項）。許可を受けた建設業の業種の区分を変更する旨の規定は、**定められていない**。

4. ○　**許可に係る建設業者**は、**商号又は名称**について**変更**があったときは、国土交通省令の定めるところにより、**30日以内**に、その旨の**変更届出書**を**国土交通大臣**又は**都道府県知事**に**提出**しなければならない（同法第11条第1項）。

| No.46 | 法規（建設業法） | 正答 | 2 |

1. ○　**主任技術者及び監理技術者**は、工事現場における建設工事を適正に実施するため、当該建設工事の**施工計画の作成**、**工程管理**、**品質管理**その他の技術上の管理及び当該建設工事の施工に従事する者の技術上の**指導監督**の職務を誠実に行わなければならない（建設業法第26条の4第1項）。

2. ×　学校教育法による大学を卒業後、1年以上実務の経験を有する者で在学中に国土交通省令で定める学科を修めたものは、建築一式工事における主任技術者になることができる。特定専門工事の元請負人及び下請負人は、その合意により、当該元請負人が当該特定専門工事につき同法第26条第1項の規定により置かなければならないこととされる主任技術者の行うべき次条第1項に規定する職務を行うこととすることができる。「特定専門工事」とは、土木一式工事又は**建築一式工事以外の建設工事**のうち、その施工技術が画一

的であり、かつ、その施工の技術上の管理の効率化を図る必要があるものとして政令で定めるものであって、当該建設工事の元請負人がこれを施工するために締結した下請契約の請負代金の額が政令で定める金額未満となるものをいう。元請負人が置く主任技術者は、**当該特定専門工事と同一の種類の建設工事に関し1年以上指導監督的な実務の経験を有すること**とあり、学校教育法による大学を卒業せずとも、**建築一式工事以外の実務経験**を1年以上有せば主任技術者となることができる（同法第26条の3第1項、第2項、第7項第一号）。

3. ○ 主任技術者を設置する工事で**専任が必要**とされるものでも、密接な関係のある**2以上の建設工事を同一の建設業者が同一の場所**において施工するものについては、これらの工事を同じ**主任技術者が管理することができる**（同施行令第27条第2項）。

4. ○ **建設業者**は、その請け負った建設工事を施工するときは、**主任技術者**を置かなければならない。

したがって、元請負人の特定建設業者から請け負った建設工事で、**元請負人に監理技術者が置**かれている場合でも、施工する建設業の**許可**を受けた**下請負人**は、**主任技術者を置かなければならない**（同法第26条第1項）。

| No. 47 | 法規（労働基準法） | 正答 | **4** |

1. ○ **重量物を取り扱う業務**は、表に掲げる年齢及び性の区分に応じ、それぞれ表に掲げる重量以上の重量物を取り扱う業務とする（年少者労働基準規則第7条）。下表のとおり、**20kgの重量物を断続的に取り扱う業務**は、満17才の者を**就かせることができる**。

重量物を取扱う業務の就業制限

年齢及び性		重量（単位：キログラム）	
		断続作業	継続作業
満16歳未満	女	12	8
	男	15	10
満16歳以上 満18歳未満	女	25	15
	男	30	20

2. ○ **電気ホイストの運転の業務**は、満17才の者を就かせてはならない業務に該当しない（同基準規則第8条第七号）。

3. ○ 最大積載荷重**2t以上**の荷物用エレベーターの運転の業務は、年少者を**就かせてはならない**（同基準規則第8条第五号）。**1t**の荷物用エレベーターの運転の業務は、**就かせることができる**。

4. × **動力により駆動される土木建築用機械の運転の業務**は、満17

才の者を**就かせてはならない**（同基準規則第8条第十二号）。

| No. 48 | 法規（労働安全衛生法） | 正答 | 1 |

1. **必要** 産業医を選任したときには、事業者は、遅滞なく、報告書を所轄労働基準監督署長に**提出しなければならない**（労働安全衛生規則第13条第2項）。
2. **不要** 都道府県労働局に、**労働衛生指導医**を置き、当該労働衛生指導医は、労働衛生に関し学識経験を有する医師のうちから、厚生労働大臣が**任命**する。また、当該労働衛生指導医は、**非常勤**とする（同法第95条第1項、第3項、第4項）。
   よって、所轄労働基準監督署長へ所定の様式で報告書を**提出しなくてよい**。
3. **不要** **安全衛生推進者**を選任したとき、事業者は、当該安全衛生推進者等の氏名を作業場の見やすい箇所に掲示する等により関係労働者に**周知させなければならない**（同規則第12条の4）。
4. **不要** **安全衛生責任者**を選任した**請負人**は、事業者に対し、遅滞なく、その旨を**通報しなければならない**（同法第16条第2項）。

| No. 49 | 法規（建設工事に係る資材の再資源化等に関する法律） | 正答 | 1 |

1. **該当する** 場所打ちコンクリート杭工事の杭頭処理に伴って生じた**コンクリート塊**は、**特定建設資材廃棄物**に該当する（建設工事に係る資材の再資源化等に関する法律第2条第5項、同施行令第1条）。
2. **該当しない** 左官工事に伴って生じた**モルタル屑**は、特定建設資材廃棄物**以外**の廃棄物等であり、特定建設資材廃棄物に**該当しない**。
3. **該当しない** 鋼製建具の取替えに伴って撤去した**金属**は、特定建設資材廃棄物**以外**の廃棄物等であり、特定建設資材廃棄物に**該当しない**。
4. **該当しない** 内装改修工事に伴って撤去した**タイルカーペット**は、特定建設資材廃棄物**以外**の廃棄物等であり、特定建設資材廃棄物に**該当しない**。

| No. 50 | 法規（騒音規制法） | 正答 | 2 |

1. **該当する** モルタルを製造するために行う作業を除く、混練機の**混練容量が0.45m³**のコンクリートプラントを設けて行う作業は、**特定建設作業に該当する**（騒音規制法施行令第2条、別

表第二第五号)。

2. **該当しない**　さく岩機を使用し作業地点が連続して移動する作業で、1日における作業に係る2地点間の最大距離が**50m を超えない**作業は特定建設作業に**該当する。**

よって、1日における作業に係る2地点間の最大距離が**60m**の作業は、特定建設作業に**該当しない**（同施行令第2条、別表第二第三号）。

3. **該当する**　環境大臣が指定するものを除く、原動機の**定格出力が40kW 以上のブルドーザー**を使用する作業は、特定建設作業に**該当する**（同施行令第2条、別表第二第八号）。

4. **該当する**　環境大臣が指定するものを除く、原動機の**定格出力が70kW 以上のトラクターショベル**を使用する作業は、特定建設作業に**該当する**（同施行令第2条、別表第二第七号）。

令和4年度 後期
2級建築施工管理技術検定 第一次検定 正答・解説

| No. 1 | 環境工学（結露） | 正答 | **2** |

1. ○ 表面結露とは、冬季暖房時に、室内の水蒸気により外壁などの**室内側表面で生じる結露**をいう。また、露点温度とは、大気中に含まれる**水蒸気が液体に変わる時の温度**のことをいう。露点温度を**下げる**と、水蒸気が飽和し凝結していくため、室内側の表面温度を露点温度以下に**下げない**ようにする。

2. × 熱伝導率とは、**熱の伝わりやすさを表した値**で、熱伝導率が**高ければ、外部へ熱を通しやすくなる**。そのため、熱伝導率が**低い材料**を用いて室内側の表面結露を防止する。

3. ○ 室内側表面に近い空気を**流動させる**ことで、外壁の室内側の**表面結露を防止する**ことができる。

4. ○ 室内側が入隅となる外壁の隅角部は、**外気の影響を受けやすく**、冷えたり室内の**空気がうまく循環しない場所**のため、表面結露が生じやすくなる。

| No. 2 | 環境工学（照明） | 正答 | **2** |

1. ○ 光束とは、**人の視感度に基づ**いて測定された単位時間当たりの**光のエネルギー量**と定義されている。

2. × 光源の光の強さを表す量は、**光度**である。輝度とは、ある方向への光源の単位投影面積当たりの**光度**と定義され、人が感じる**まぶしさを表す量**である。

3. ○ **建築化照明**とは、照明を**建築物の一部**として天井や壁などの部位と**一体化**した照明をいう。

4. ○ 良好な照明環境の形成が、**漏れ光**によって阻害されている状況又はそれによる**悪影響は光害**と定義されている。

| No. 3 | 環境工学（色） | 正答 | **1** |

1. × **純色**とは、各色相の中で最も彩度の高い色をいう。**色相**とは、彩度、明度とともに、色の3要素の一つで、**色合い**を意味する。**明度**とは、**色の明るさ**を示す。**彩度**とは、**色の鮮やかさ**を示すものである。

2. ○ **色彩**は、**いろどりや色合い**を示し、色によって感じられる距離感が変わる。一般に**暖色**は、**寒色に比べて近くに**感じられやすい。

3. ○　三原色とは、**青緑色（シアン）**、**赤紫色（マゼンタ）**、**黄色（イエロー）**を示す。当該3色を同量で混色すると、**黒に近い色**になる。

4. ○　**トーン（色調）**とは、**明度**と**彩度**を**合わせて色の印象を表し**たものをいう。

No. 4	建築構造（木造 在来軸組構法）	正答	2

1. ○　**床等の水平構面**は、地震力、風圧力等の水平荷重を耐力壁や軸組に伝達できるよう十分な**剛性や耐力を確保**する。床などの水平構面の**剛性及び強度の確保**は重要であり、構造用合板などの**面材や鋼製の水平ブレースにより**水平構面を固める手法がある。

2. ×　**胴差**は、木構造の軸組において、2階以上の床の位置で**柱を相互につないでいる横架材**である。垂木を直接受けて屋根荷重を柱に伝えるために用いられるのは**桁**である。

3. ○　建築基準法施行令第45条第4項に「**筋かいには、欠込みをしてはならない**。ただし、筋かいをたすき掛けにするためにやむを得ない場合において、**必要な補強を行なったときは、この限りでない**。」と規定されている。

4. ○　建築基準法施行令第45条第3項に「**筋かいは、その端部を、柱とはりその他の横架材との仕口に接近して、ボルト、かすがい、くぎその他の金物で緊結しなければならない**。」と規定されている。

No. 5	建築構造（鉄筋コンクリート構造）	正答	3

1. ○　梁の**幅止め筋**とは、腹筋間に**架け渡した鉄筋**をいい、あばら筋の**振れ止め**と**はらみ防止**のため用いられる。

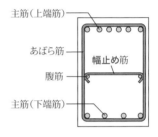

主筋（上端筋）
あばら筋
幅止め筋
腹筋
主筋（下端筋）

2. ○　建築基準法施行令第78条に「**構造耐力上主要な部分である**はりは、**複筋ばり**とし、これにあばら筋をはりの丈の**4分の3**（臥梁にあっては、30cm）**以下の間隔で配置しなければならない**。」と規定されている。

3. ×　**柱の帯筋**（せん断補強筋）は、柱の**中央部**より**上下端部の間隔を密に配置**する。

4. ○　**柱の帯筋**（せん断補強筋）は、フープとも呼ばれ、**主筋を取り囲むように一定の間隔で配筋し**たもので、主筋の**座屈**を防止す

る働きをする。

| No.
6 | 建築構造
（鉄骨構造） | 正
答 | **4** |

1. ○ **摩擦接合**は、高力ボルトを大きな力で締め付けて得られた**材間圧縮力**による**摩擦抵抗**を利用した接合方法で、**多く用いられている**。**引張接合**は、大きな材間圧縮力を打ち消し合う形で、ボルトの軸方向の応力を伝達する方法である。**支圧接合**は、ボルト軸に垂直な方向の応力を、ボルト軸とボルト孔壁との間の支圧力及びボルト軸部のせん断力によって伝達させる方法である。

2. ○ **支圧接合**とは、ボルト軸部の**せん断力**と部材の**支圧**によって応力を伝える、ボルトによる鉄骨の接合方法をいう。

3. ○ **完全溶込み溶接**とは、溶接部の強度が母材と**同等以上**になるよう、**全断面を完全に溶け込ませる**溶接をいい、**突合せ継手**などの溶接に用いられる。

4. × **隅肉溶接**は、ほぼ**直交する2つの面を接合**する三角形状の断面をした溶接方法である。その溶接長さは、全長が定められており、有効長さよりは**長くなる**。始端から終端までの**溶接長さ＝有効長さとはならない**。隅肉溶接の有効長さは、**溶接の全長から隅肉のサイズの2倍を差し引いた値**とする。

| No.
7 | 建築構造
（杭基礎） | 正
答 | **1** |

1. × アースオーガーを使用する**プレボーリング拡大根固め工法**は、現場でコンクリートを打設する場所打ちコンクリート杭工法で**はなく**、既製コンクリート杭を挿入する**既製杭工法**である。

2. ○ 場所打ちコンクリート杭工法の一つである**アースドリル工法**は、同じく場所打ちコンクリート杭工法であるオールケーシング工法やリバース工法に比べ、**狭い敷地でも作業性がよい**という特長を有している。

3. ○ **節部付き遠心力高強度プレストレストコンクリート杭（節杭）**は、地盤との摩擦力を高めるために節部を多数設けた杭で、主

No.7-1 の図

プレボーリング拡大根固め工法

に摩擦杭として用いられる。

4. ◯ **SC杭は、外殻鋼管の付いた既製コンクリート杭**で、外殻鋼管により**じん性に富み、水平方向に大きな力**が作用する場所の杭に適している。

No. 8	建築構造 (構造設計)	正答	3

1. ◯ 建築基準法施行令第86条第1項に「積雪荷重は、積雪の単位荷重に屋根の水平投影面積及びその地方における垂直積雪量を乗じて計算しなければならない。」また、第6項に「**雪下ろしを行う慣習のある地方**においては、その地方における垂直積雪量が1mを超える場合においても、積雪荷重は、**雪下ろしの実況に応じて**垂直積雪量を**1m**まで減らして計算することができる。」と規定されている。

　したがって、**雪下ろしを行う慣習のある地方**では、**積雪荷重を低減する**ことができる。

2. ◯ **風力係数**は、風洞試験によって定める場合のほか、**建築物又は工作物の断面及び平面の形状**に応じて国土交通大臣が定める数値によらなければならない（同法施行令第87条第4項）。

3. ✕ 短期に生ずる力の応力の組み合わせにおいて、**風圧力と地震力、多雪区域を除いた積雪荷重は同時に作用しないものとして、積雪時、暴風時、地震時それぞれを計算する**（同法施行令第82条第1項第二号）。

4. ◯ 建築物の地上部分の**地震力**は、当該部分の固定荷重と積載荷重との**和**に当該高さにおける地震層せん断力係数を**乗じて計算**しなければならないため、**固定荷重又は積載荷重が小さくなると地震力も小さくなる**（同法施行令第88条第1項）。

No. 9	構造力学（反力）	正答	2

　はじめに、等分布荷重を集中荷重に置き換える。

$4 \times 8 \div 2 = 16$

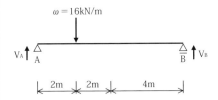

$\Sigma V = 0$ より、

$V_A - 16 + V_B = 0$

点Aにおけるモーメント $M_A = 0$ より、

$M_A = V_A \times 0$

$-16 \times 2 + V_B \times 8 = 0$

$0 - 32 + 8V_B = 0$

$8V_B = 32$

$V_B = 4kN$

したがって、**4kN**の**2**が正しい。

| No. 10 | 構造力学（曲げモーメント） | 正答 | 1 |

モーメント図を書くときは、**下側がプラス、上側がマイナス**となる。また、モーメント荷重が、**時計回り**の場合は**プラス**、**反時計回り**の場合は**マイナス**である。

点Aにかかるモーメント荷重Mは**時計回り**であるため、**プラス側**からモーメント図を書くこととなる（荷重はαと仮定）。

また、点Bはモーメント荷重がかかっていないことから**0**と判断できる。点Aは下側のαからスタートし、点Bの**0**に向かって線を引く。

したがって、**1**の図が正しい。

| No. 11 | 建築材料（コンクリート） | 正答 | 4 |

1. ○　コンクリートは**圧縮強度**に比べて、**引張強度**が著しく小さい。

2. ○　**線膨張係数**とは、単位温度上昇当たりに**膨張する長さ**の割合をいう。コンクリートと鉄筋の線膨張係数は、常温では、**ほぼ同じ**である。

3. ○　コンクリートは、大気中の炭酸ガスやその他の酸性物質の浸透によって徐々に**アルカリ性を失う**。これを**中性化**という。

4. ×　コンクリートは、**不燃材料**であるが、長時間火熱を受けると**変質**する。

| No. 12 | 建築材料（木材） | 正答 | 4 |

1. ○　**空隙が少なく実質部分の多い木材**、つまり、密度の**大きな木材**は**強度が大きい**。心材と辺材では心材の方が密度が**大きい**ため強度が**大きい**。

2. ○　一般に、スギなどの**針葉樹**は、ブナなどの**広葉樹**に比べて、**軽量で加工しやすい**。

3. ○　**節**とは、木材に残る枝の跡をいう。**節**は、断面の**減少**や**応力集中**をもたらし、**強度を低下させる**。

4. ×　樹木の中心部の心材は、樹木の外周部の辺材に比べ、**腐朽菌**（木材を腐食により劣化させる菌）や**虫害**に対して**抵抗**が高い。

| No. 13 | 建築材料（セラミックタイル） | 正答 | 3 |

1. ○　ユニットタイルとは、施工しやすいように、多数個のタイルを並べて連結したものをいい、表張りユニットタイルと裏連結ユニットタイルとがある。**表張りユニットタイル**とは、タイルの表面に表張り台紙を張り付けて連結したものをいう。表張り台紙は、施工時に剥がす。

2. ○　**裏あし**とは、セメントモルタル

等との接着をよくするために**裏面に付けた**、リブ又は凹凸をいう。

3. × **素地**は、タイルの主体をなす部分をいい、施ゆうタイルの場合、表面に施した**うわぐすりは含まれない**。

4. ○ タイルには**平物**と**役物**があり、それぞれ形状は**定形タイル**と**不定形タイル**に区分される。平物とは、建物の壁又は床の**平面を構成**するものをいう。**役物**とは、一つの面又は複数の面で構成されたもので、**開口部又は隅角部に用いる**タイルをいう。それぞれの**定形タイル**と**不定形タイル**の区分は、下表のとおりである。

No.14	建築材料（防水材料）	正答	4

1. ○ **シート防水**とは、シート状の防水を下地に接着して行う防水のことをいう。シート防水には、**合成ゴム**系や**プラスチック**系、塩化ビニル系、ステンレスの材料が用いられる。

2. ○ **網状アスファルトルーフィング**とは、天然（綿、麻）又は有機合成繊維で作られた**網目状の粗布**に、**アスファルト**を浸透、付着させたものをいう。

3. ○ **塗膜防水**とは、液状の樹脂が**塗布後に硬化**することで防水層を形成し、塗り重ねて**連続的な膜を作り出す**ものをいう。ウレタンゴム系やゴムアスファルト系の塗膜防水材がある。

4. × **砂付あなあきアスファルトルーフィング**は、**全面に穴をあけた**もので、**防水層と下地を絶縁**するために用いられる。

No.15	測量（測量）	正答	3

1. ○ **水準測量**とは、**レベル**等を用いて**各地点の高低差を求める**ことにより、その地点の**標高を求める**測量方法である。

2. ○ **角測量**は、水平角、鉛直角を測ることができる**セオドライト**などを用いて、**水平角と鉛直角を求める**測量方法である。

3. × **平板測量**とは、平板に置いた**アリダード**などを用いて、**測点の位置を求め**、その場で作図し

No.13の表

タイル	形状	内容
平物	定形タイル	正方形及び長方形のタイル。ただし、装飾のため側面を非直線状にしたタイルは含まない。
	不定形タイル	定形タイル以外の形状のタイル。
役物	定形タイル	平物の定形タイルを施工する場合に用いる役物タイル。
	不定形タイル	平物の不定形タイルを施工する場合に用いる役物タイル。

ていく測量方法である。

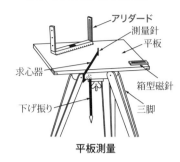

平板測量

4. ○ **距離測量**とは、巻尺や光波を用いて距離を計測する**光波測距儀**などを用いて、**2点間の距離**を求める測量方法である。

| No. 16 | 電気設備（構内電気設備の名称と図記号） | 正答 | 4 |

構内電気設備の名称とその配線用図記号の組合せとして、不適当なものは、**4**である。**4**で示されている図記号の名称は、**コンセント**である。

図記号	名称
⬤	情報用アウトレット（LANケーブル端子）
▭◯	蛍光灯
⊗⊗	換気扇（壁付）
⊠	換気扇（天井付）
⊠	配電盤
◤	分電盤
◥◣	制御盤
●₃	3路点滅器
⊖	コンセント

| No. 17 | 機械設備（給排水設備） | 正答 | 1 |

1. × 水道本管から分岐した水道引き込み管に**増圧給水装置を直結**し、建物各所に給水する方式は、**水道直結増圧方式**という。

2. ○ ウォーターハンマーとは、水道管の圧力の**急激な変動**によって起こる**騒音**や**振動**などの現象をいい、配管の破損・漏水の原因となる。

3. ○ **公共下水道の排水方式**は、汚水と雨水を同一系統で排除する**合流式**と、汚水と雨水を別々の系統で排除する**分流式**に大別される。

4. ○ 排水系統に設ける**通気管**は、**排水トラップの破封**を**防止**するため等に用いられる。なお、**排水トラップ**とは排水口から臭気や害虫が室内に侵入するのを防止するために設ける水を滞留させておく部材をいい、**破封**とは排水トラップ内の滞留水（封水という）が消失することをいう。

排水トラップ

| No. 18 | 土工事（埋戻し及び締固め） | 正答 | **4** |

1. ○　埋戻し及び盛土には、**土質による沈み代を見込んで余盛りを行う。**通常の埋戻し（地下2階で幅1m程度）において、砂を用い十分な水締めを行う場合は、**50〜100mm**、**粘性土**を用い十分な締固めを行う場合は、**100〜150mm**程度が余盛りの目安となる。

2. ○　土の締固めで最も重要な特性は、**締固めの含水比と乾燥密度**の関係があげられる。これは締固め曲線と呼ばれ凸の曲線で示される。同じ土を同じ方法で締め固めても得られる土の密度は**土の含水比により異なる。**ある一定のエネルギーにおいて最も効率よく土を密にすることのできる含水比が存在し、この含水比を**最適含水比**、そのときの乾燥密度を**最大乾燥密度**という。

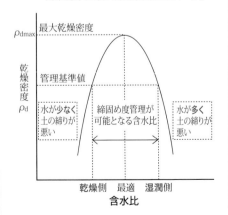

3. ○　締固めは、ローラーやランマー等で締め固めながら行う。**狭い場所、入隅部**では、大型の機械は使用できないので、**振動コンパクター**が適している。

4. ×　締固めは、**動的荷重による締固め**と静的荷重による締固めに大別され、ロードローラーは**静的な締固め機械**である。動的な締固めを行うためには、**振動ローラー**等を使用する。

| No. 19 | 鉄筋工事（鉄筋のかぶり厚さ） | 正答 | **3** |

1. ○　建築基準法施行令第79条第1項の「基礎（布基礎の立上り部分を除く。）にあっては捨コンクリートの部分を除いて**6cm以上**としなければならない。」の規定により、**杭基礎におけるベース筋の最小かぶり厚さ**は、**杭頭（杭天端）からの距離**を確保する。

2. ○　腹筋を外付けするときの**大梁の最小かぶり厚さ**は、**一番外側にある幅止め筋の外側表面から**確保しなければならない。

3. ×　同法施行令第79条第1項の「鉄筋に対するコンクリートのかぶり厚さは、耐力壁以外の壁又は床にあっては**2cm以上**、耐力壁、柱又ははりにあっては**3cm以上**、直接土に接する壁、柱、床若しくははり又は布基礎

の立上り部分にあっては**4cm以上としなければならない。**」の規定により、直接土に接する梁と布基礎の立上り部の最小かぶり厚さは、ともに**40mm以上**とする。

4. ○ 同法施行令第79条第1項の「**耐力壁、柱又ははりにあっては3cm以上としなければならない。**」の規定により、屋内では、**柱と耐力壁の最小かぶり厚さは、**ともに**30mm**とする。

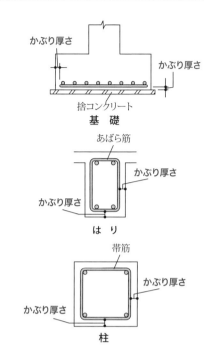

基礎

はり

柱

鉄筋及び溶接金網の最小かぶり厚さ

（公共建築工事標準仕様書建築工事編表 5.3.6）

構造部分の種類				最小かぶり厚さ（mm）
土に接しない部分	スラブ、耐力壁以外の壁	仕上げあり		20
		仕上げなし		30
	柱、梁、耐力壁	屋内	仕上げあり	30
			仕上げなし	30
		屋外	仕上げあり	30
			仕上げなし	40
	擁壁、耐圧スラブ			40
土に接する部分	柱、梁、スラブ、壁			40
	基礎、擁壁、耐圧スラブ			60
煙突等高熱を受ける部分				60

（注）1. この表は、普通コンクリートに適用し、軽量コンクリートには適用しない。また、塩害を受けるおそれのある部分等耐久性上不利な箇所には適用しない。
2.「仕上げあり」とは、モルタル塗り等の仕上げのあるものとし、鉄筋の耐久性上有効でない仕上げ（仕上塗材、塗装等）のものを除く。
3. スラブ、梁、基礎及び擁壁で、直接土に接する部分のかぶり厚さには、捨コンクリートの厚さを含まない。
4. 杭基礎の場合の基礎下端筋のかぶり厚さは、杭天端からとする。

| No. 20 | コンクリート工事（型枠工事） | 正答 | **1** |

1. ✕　**梁の側型枠の寸法は**スラブ下の梁せいよりも下に伸ばし、取り付く底型枠の寸法は梁幅で加工する。

2. ○　柱型枠は、**梁型枠や壁型枠を取り付ける前に**チェーン等で**控えを取り**、変形しないよう施工する。

3. ○　**外周梁の側型枠の上部**は、コンクリートの側圧により**はらみやすい**ので、**スラブ引き金物**を用いて固定する。

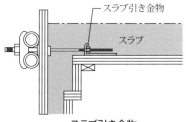

スラブ引き金物

4. ○　階段が取り付く壁型枠は、**加工が複雑になるため**、現寸で墨出しをしてから加工する場合もある。

| No. 21 | コンクリート工事（コンクリートの調合） | 正答 | **1** |

1. ✕　細骨材率とは、**全骨材（砂、砂利）に対する細骨材（砂）の容積比**をいう。細骨材率が**高い**、すなわち骨材に占める砂の割合が**多い**と、乾燥収縮によりひび

割れしやすい。

したがって、乾燥収縮によるひび割れを少なくするためには、細骨材率は**低くする**。

2. ○　コンクリート$1m^3$当たりのセメント質量〔kg〕である**単位セメント量**〔kg/m³〕は、水和熱及び乾燥収縮によるひび割れを防止する観点からは、**できるだけ少なくする**。

3. ○　**AE減水剤**は、セメントに対する定められた質量比等の**範囲内で単位水量**及びスランプが得られるよう使用量を定めるが、使用しない場合よりも、**単位水量を減らす**ことができる。

4. ○　**川砂利と砕石**は、それぞれが**所定の品質を満足していれば**、混合して使用**してもよい**。

| No. 22 | 木工事（在来軸組構法） | 正答 | **2** |

1. ○　真壁の柱に使用する**心持ち材**には、**干割れ防止**のため、見え隠れ部分に**背割り**を入れる。**干割れ**とは、直射日光や昼夜の温度差によって木材にひび割れが生じることをいう。

2. ✕　**洋式小屋組**において、棟木の寸法が真束よりも**小さい**場合は、**わなぎほぞ差し、釘打ち**とする。ほぞとは、木材を接合する際に一方の端部に作る突起をいい、ほぞを、もう一方に作ったほぞ

穴に差し込んで合わせることを**ほぞ差し**という。

わなぎほぞ

3. ○ **建入れ直し後**に、**接合金物**や**火打材**を固定し、**筋かい**を取り付ける。

4. ○ 「**木造住宅工事仕様書：住宅金融支援機構**」において、**軒桁の継手**は、梁を受ける柱間を避け柱心より持ち出し、**追掛大栓継ぎ**、**腰掛かま継ぎ**又は**腰掛あり継ぎ**とする旨が規定されている。

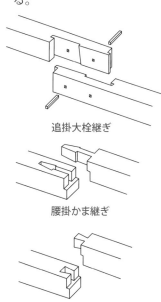

追掛大栓継ぎ

腰掛かま継ぎ

腰掛あり継ぎ

No. 23	タイル工事（壁タイル密着張り工法）	正答	3

1. ○ **タイル張り用振動機**（ヴィブラート）は、タイル面に垂直に当てて使用する。

2. ○ 張付けは、**タイル張り用振動機**を用い、タイル表面に振動を与え、タイル周辺から**モルタルがはみ出す**まで振動機を移動させながら、目違いのないよう通りよく張り付ける（公共建築工事標準仕様書建築工事編11.2.6（3）（イ）（c））。

3. × 張付けモルタルの**1回の塗付け面積の限度**は、張付けモルタルに触れると手に付く状態のままタイル張りが完了できることとし、**2m²/人以内**（**20分以内にタイルを張り終える面積**）とする（同仕様書同編11.2.6（3）（イ）（a））。

4. ○ タイル張付け後、**24時間以**上経過した後、張付けモルタルの硬化を見計らって、**目地詰め**を行う（同仕様書同編11.2.6（3）（イ）（d）①）。

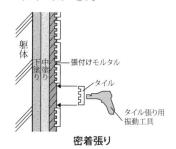

躯体
下塗り
中塗り
上塗り
張付けモルタル
タイル
タイル張り用振動工具

密着張り

| No. 24 | 建具工事（鋼板の表面仕上げ） | 正答 | **1** |

1. ×　機械的に凹凸の浮出し模様を施した仕上げは、**エンボス仕上げ**という。**ヘアライン（HL）**とは、砥粒研磨ベルトで研磨目をつけたもので、**長く連続した研磨目**を持った仕上げをいう。

2. ○　No.2Dとは、冷間圧延して**熱処理**、**酸洗い**を施した仕上げで、**にぶい灰色のつや消し仕上げ**にしたものをいう。

3. ○　**エッチング**とは、化学処理により研磨板に**図柄**や**模様**を施した仕上げをいう。

4. ○　**鏡面**は、研磨線がなくなるまで**鏡面用バフ**により研磨したもので、鏡に近い最も反射率の高い**仕上げ**をいう。

| No. 25 | 左官工事（セメントモルタル塗り） | 正答 | **4** |

1. ○　**下塗り**は、モルタルで不陸調整し、くし目を引いた後、**14日間以上放置**して、**十分にひび割れを発生させる**（公共建築工事標準仕様書建築工事編15.3.5（1）（ア）（e））。

2. ○　混和剤の使用目的は、**作業性の改善、ひび割れやはく離の防止、保水性の向上**などである。**保水剤**は混和剤の一種である。メチルセルロースを使用するのが一般的である（建築工事監理指針）。

3. ○　**モルタルの１回の練混ぜ量**は、**60分以内**に使い切れる量とする（同仕様書同編15.3.3（7））。

4. ×　**上塗りモルタルの調合**は、下塗りモルタルより**貧調合**とする（同仕様書同編表15.3.3）。

| No. 26 | 建具工事（鋼製建具） | 正答 | **3** |

1. ○　**くつずり**に使用する材料の厚さは**1.5mm**とする（公共建築工事標準仕様書建築工事編表16.4.2）。

2. ○　**四方枠の気密材**は、合成ゴム（EPDM、**クロロプレン**等）又は合成樹脂（塩化ビニル等）の類とする（同仕様書同編16.4.3（4））。

3. ×　フラッシュ戸の組立てにおいて、**中骨の間隔は300mm以下**とする（同仕様書同編表16.4.4）。

4. ○　大型で重量のある建具の**仮止め**は、くさびなどではなく、**位置調節用の金物**を用いる。

| No. 27 | 塗装工事（塗装工事） | 正答 | **2** |

1. ○　**アクリル樹脂系非水分散形塗料塗りに用いる塗料**は、下塗り、中塗り、上塗りを**同一材料**とする（公共建築工事標準仕様書建築工事編表18.6.1）。

2. ×　木部のクリヤラッカー塗りにおけるオイルステイン等による

着色は、下塗りに用いるウッド
シーラー**塗布前**に行う（同仕様
書同編18.5.2、表18.5.1）。

3. ○ **エアレススプレー**による吹付
け塗りは、塗料自体に直接圧力
を加え、ノズルチップから霧化
して吹き付けるものであり、高
濃度の塗料による厚膜塗装に適
している。

したがって、**高粘度、高濃度の
塗料による厚膜塗装**には、**エア
レススプレー**を用いる。

4. ○ 合成樹脂エマルションペイン
ト塗りにおいて、**天井面等の見
上げ部分**は、研磨紙ずりを省略
する（同仕様書同編18.9.2、表
18.9.1）。

| No. 28 | 内装工事（フリー アクセスフロア） | 正答 | 4 |

1. ○ **電算機室**では、**配線や機器の
配置換え**が比較的**多く**、パネル
を個別で動かすことができる**共
通独立脚方式**がよい。なお、重
量物が多いため、**方杖を設けて
耐震性**を高める。

2. ○ **事務室**では、机の配置、事務
機器の移動が多くあり、**配線も
多くの変更**があることが考えら
れる。そのため、最小限の移動
ができるようパネルは個々に**取
り外せ**、また**復旧**できる脚付き
パネル方式がよい。

3. ○ パネル長さの精度は、各辺の

長さが**500mmを超える**場合は
±0.1%以内とし、**500mm以下**
の場合は**±0.5mm以内**とする
（公共建築工事標準仕様書建築
工事編20.2.2（2）（オ）（a））。

4. × フリーアクセスフロアの高さ
の差は、**±0.5mm以内**とする。
ただし、**高さ調整機能のある**も
のについては規定はない（同仕
様書同編20.2.2（2）（オ）（c））。

| No. 29 | 施工計画 （事前調査） | 正答 | 4 |

1. ○ 山留め工事の**事前調査**では、
周辺地盤の高低差や、**試験掘削**
による**土質**性状の追加調査等を
実施する。

2. ○ 工事用資材の**搬入計画**に当たっ
ては、資材輸送の**制約を確認す
る**ために、輸送経路の制限の有
無について調査する。

3. ○ **土の掘削計画**に当たっては、
掘削作業中に**振動が発生**するた
め、近隣の調査を実施する。

4. × 解体工事で発生する**木くず**は、
産業廃棄物に該当する（廃棄物
の処理及び清掃に関する法律施
行令第2条第二号）。同法第2条
第2項では、産業廃棄物に該当
しないものを一般廃棄物と規定
しているので、設問の**一般廃棄
物としての処分場所の調査**をす
ることは、**誤り**である。

| No. 30 | 施工計画
（仮設計画） | 正答 | **1** |

1. × 可燃性材料の保管については、次のとおり消防法等で定められている。

①不燃材料を使用した**独立**の**平家建**とし、周囲の建物から規定された**間隔**を確保する。

②屋根は軽量な不燃材料で葺き、天井は設けない。

③建物内の置き場は、**耐火構造の**室を選ぶ。

④床には、不透明性の材料を敷く。

⑤消火に有効な消火器や消火砂等を備える。

⑥十分換気を図る。

⑦窓及び出入口には、防火設備を設ける。

⑧出入口には戸締まりを設け、「塗料置場」や「火気厳禁」の表示をする。

2. ○ **既存の塀や壁**で、所定の**高さ**があり、十分に**危害防止に対応できる**ものは、仮囲いとして**使用できる**（建築基準法施行令第136条の2の20）。

3. ○ 工事用ゲートや通用口は、必要な場合を除き**閉鎖**しておく。工事用ゲートや通用口を**開放**する場合は、**誘導員**を**配置**し、歩行者と工事車両の接触災害等を防止する（建設工事災害防止対策要綱建築工事編第23.2.三、四）。

4. ○ 工事現場の敷地周囲の**仮囲いに設置する通用口**には、内開き扉を設置する（同要綱同編第23.2.五）。

| No. 31 | 法規（届け出） | 正答 | **1** |

1. × 建築基準法第15条第1項に「建築主が建築物を建築しようとする場合又は建築物の除却の工事を施工する者が建築物を除却しようとする場合においては、これらの者は、**建築主事を**経由して、その旨を**都道府県知事**に届け出なければならない。ただし、当該建築物又は当該工事に係る部分の床面積の合計が10m²以内である場合においては、この限りでない。」と規定されている。

したがって、**延べ面積が10m²を超える建築物**を除却するためには、**建築物除却届**を建築主事を経由して都道府県知事に提出しなければならない。

2. ○ 常時**10人以上**の労働者が従事する場合、**特定元方事業者**は、**事業開始報告**を労働基準監督署長に提出しなければならない（労働安全衛生規則第664条）。

3. ○ **つり足場**、張出し足場以外の足場で高さが**10m以上**の構造となる足場は、設置期間が**60日以上**となる場合、**労働基準監**

督署長に**計画の届出**を提出しな
ければならない（同法第88条
第1項、同規則第85条、別表第
7の12）。

4. ○　吊り上げ荷重が**3t以上**のク
レーンを設置しようとする者は、
クレーン設置届を労働基準監督
署長に提出しなければならない
（同法第88条第1項、クレーン
等安全規則第5条、第11条）。

No. 32	施工計画 （工程計画及び工 程管理）	正 答	2

1. ○　**暦日**とは、工事に必要な**実働
日数**に**作業休止日**を考慮した日
数をいう。

2. ×　横軸に工期を取り、出来高累
計を縦軸とした**進捗度グラフ**は、
一般に**S字状の曲線**となる。

3. ○　**ネットワーク工程表**は、複雑
な作業間の順序関係を**視覚的**に
表現できる。

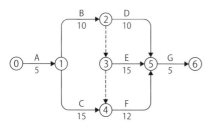

ネットワーク工程表

4. ○　**工程管理**は、実際に実施した
工程を分析し、その結果を計画
工程の修正に**合理的**に反映させる。
計画→実施→検討→修正のサイ

クルで**合理的**な工程にしていく。

No. 33	工程管理（バー チャート工程表）	正 答	2

1. ○　バーチャート工程表は、**複雑
な時間計算が不要**であるため、
作成が**容易**で、**手作業**で作成す
ることができる。

2. ×　バーチャート工程表は、工事
工程上のキーポイント、**重点管
理**しなければならない作業が、
判断しにくい。

3. ○　バーチャート工程表は、**工事
全体を把握する**ことができ、各
作業の**開始時期**、**終了時期**及び
所要期間を把握しやすい。

4. ○　バーチャート工程表は、各作
業の進捗度合い、各作業の必要
日数、全体工期に影響を与える
作業がどれであるかがよくわか
る。出来高の累計を**重ねて表現**
することで、工事全体の**進捗状
況が把握しやすく**なる。

（単位：日）

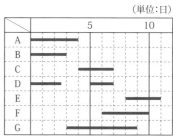

バーチャート工程表

61　　　　　　　　　　　**問題◀本冊 p.66 ◀◀◀**

No. 34	品質管理 （品質管理の用語）	正答	**4**

1. ○　**特性要因図**とは、結果の特性とその要因との関係を**体系的**にまとめた図で、形状から**魚の骨**ともいう。

2. ○　**見える化**とは、問題、課題、対象等を様々な視覚化の手段を用いて明確にして、**関係者全員**が**認識できる**状態にすることをいう。

3. ○　**管理項目**とは、**目標の達成を管理**するために、作業員、材料、機械、作業方法等を**選定した****チェック項目**のことである。

4. ×　**計画（Plan）、実施（Do）、点検（Check）、処置（Action）**のサイクルを確実、かつ、継続的に回してプロセスのレベルアップを図る考え方は、**PDCA**である。**QCDS**とは、**品質（Quality）、価格（Cost）、納期（Delivery）、サービス（Service）**の頭文字をとったもので、製品の評価指標である。

No. 35	品質管理（試験）	正答	**4**

1. ○　鉄筋のガス圧接部の**ふくらみの直径の測定**には、**デジタルノギス**等が用いられる。

2. ○　フレッシュコンクリートの**流動性を測定**するスランプは、**スランプゲージ**を用いて行う。

3. ○　**タイル接着力試験**には、油圧**式簡易引張試験器**等が用いられる。

4. ×　断熱工事における硬質ウレタンフォーム断熱材の吹付け作業は、**ワイヤゲージ**等を用いて随時**厚み**を測定する。**ダイヤルゲージ**は**塗膜厚**の測定などに用いられる。

No.34-1 の図

ブローホールの発生の特性要因図の例

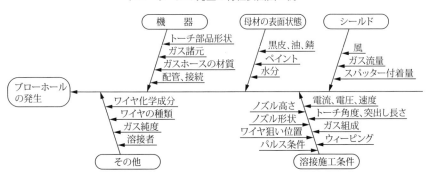

No. 36	品質管理 （鉄骨工事の検査）	正答	3

1. ○　トルシア形高力ボルトの**本締め完了後の検査**は、すべてのボルトについて**ピンテール**が破断されていることを確認し、**1次締付け後**に付した**マークのずれ**を調べる（JASS 6）。

2. ○　施工後のスタッド溶接部の合否は、**打撃曲げ試験**により確認する。**15°打撃曲げ試験**の場合、**100本又は主要部材1個に溶接した本数**のいずれか**少ない方**を1ロットとし、1ロットにつき1本行う（JASS 6）。

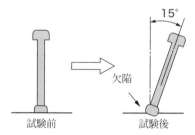

スタッドの15°打撃曲げ試験

3. ×　溶接部の欠陥であるブローホールは、**超音波探傷試験**等によって確認をする。ブローホールとは、溶接金属内で生じた気泡による**空洞**である（JASS 6）。

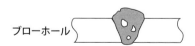

4. ○　ビードとは、**溶接後の溶接痕の盛り上がり部分**をいい、目視によって**表面の不整の有無**を確認する。

No. 37	法規（労働安全 衛生規則）	正答	4

1. ○　型枠支保工の組立て等作業主任者は、作業中、**要求性能墜落制止用器具**等及び**保護帽**の使用状況を**監視すること**と規定されている（労働安全衛生規則第247条第三号）。

2. ○　型枠支保工の組立て等作業主任者は、**作業の方法を決定**し、作業を**直接指揮**することと**規定されている**（同規則第247条第一号）。

3. ○　型枠支保工の組立て等作業主任者は、材料の**欠点の有無**並びに器具及び工具を**点検**し、**不良品を取り除くこと**と規定されている（同規則第247条第二号）。

4. ×　**事業者**は、型枠支保工を組み立てるときは、**組立図**を作成し、かつ、当該組立図により組み立てなければならないと**規定されている**（同規則第240条第1項）。

| No. 38 | 法規（労働安全衛生規則） | 正答 | **3** |

1. ○　**折りたたみ式の脚立**は、脚と水平面との角度を**75°以下**とし、開き止めの金具で止める（労働安全衛生規則第528条第三号）。

2. ○　作業床の周囲には、高さ**90cm以上**で**中桟付きの丈夫な手すり**及び高さ**10cm以上**の**幅木**を設ける（移動式足場の安全基準に関する技術上の指針3-6）。

3. ×　単管足場の**建地の間隔**は、**桁行方向1.85m以下、梁間方向1.5m以下**とする（労働安全衛生規則第571条第1項第一号）。

4. ○　**作業床**は、幅を**40cm以上**とし、かつ、**隙間がない**ようにする（同規則第574条第1項 第六号）。

| No. 39 | 鉄骨工事（鉄骨の加工） | 正答 | **1、4** |

1. ×　200〜400℃の範囲は**青熱脆性域**といわれ、鋼材が常温より**もろくなる**ので、この範囲での加熱による曲げ加工は**行ってはならない**。JASS 6では、通常**赤熱状態**（850〜900℃の温度範囲）で行うとしている。

2. ○　**ガス切断法**とは、鉄と酸素の急激な化学反応を利用した切断法であり、用いる機器としては手動ガス切断機、**自動ガス切断機**、形鋼切断機、鋼管切断機、フレームプレーナ、NCガス切断機等がある（建築工事監理指針）。

3. ○　板厚が**13mm以下**の場合に限り、**せん断加工機**を使用することができる（JASS 6）。せん断加工は、速度は速いが、切断面のまくれ・かえり等の発生、板の変形、切断面の硬化等の問題がある。

4. ×　**高力ボルト孔の径**は、高力ボルトの径より**2mmを超えて**大きくしてはならない。ただし、高力ボルトの径が**27mm以上**であり、かつ、構造耐力上支障がない場合においては、高力ボルト孔の径を高力ボルトの径より**3mm**まで大きくすることができる（建築基準法施行令第68条第2項）。

| No. 40 | 解体工事（鉄筋コンクリート造建築物の解体工事） | 正答 | **2、3** |

1. ○　建設工事に係る資材の再資源化等に関する法律施行規則第2条第3項には、「建築物に係る解体工事の工程は、次に掲げる順序に従わなければならない。」と規定されている。

①**建築設備、内装材その他の建築物の部分（屋根ふき材、外装材及び構造耐力上主要な部分）の**

取り外し

②屋根ふき材の取り外し

③外装材並びに構造耐力上主要な部分のうち基礎及び基礎ぐいを除いたものの取り壊し

④基礎及び基礎ぐいの取り壊し

そのため、解体作業に先立ち、**各種設備機器の停止**並びに**給水、ガス、電力及び通信の供給が停止**していることを確認する。確認の後に**建築設備を解体**する。

2. ✕ せっこうボードの表面に仕上材として使用されている**クロス類**はできる限り**分離・分別**を行う（国土交通省 廃石膏ボード現場分別解体マニュアル）。

3. ✕ 騒音・粉塵等の対策として、**防音パネルを隙間なく取り付け**ることや、**防音シートをジョイ**ントの重ねと十分に結束し設置することなどがある。**メッシュシート**ではない。

4. ○ 解体は、まず作業開始面の**外壁を1面解体**し、躯体外周部を**コの字型に残し**、**中央部分を先行**して解体する。外周部を**自立状態**にする場合は、その高さは2層以下とし、安全性を確認する。

No.41	防水工事（屋上アスファルト防水工事）	正答	1、4

1. ✕ ルーフィング類は、継目の位置が上下層で同一箇所に**ならな**いようにして、**水下側から張り付ける**（公共建築工事標準仕様書建築工事編9.2.4（4）（イ）（c）（d））。

2. ○ ルーフドレン回りの増張りは**幅300mm以上、ドレンつばには100mm程度張り掛ける**（同仕様書同編9.2.4（4）（エ）（b））。

3. ○ 保護コンクリートの動きによる**防水層の損傷を防ぐ**ため、断熱層の有無にかかわらず入隅部には**成形緩衝材を用いる**（同仕様書同編9.2.5（1））。

4. ✕ 保護コンクリートの**伸縮調整目地の深さ**は、保護コンクリートの**厚さの全部**とする（建築工事監理指針）。

No.42	内装工事（熱溶接工法）	正答	3、4

1. ○ 張付けは、接着剤を**所定のくし目ごてを用い下地面へ均一に塗布**し、空気だまり、不陸、目違い等のないように、べた張りとする（公共建築工事標準仕様書建築工事編19.2.3（2）（イ）（b））。

2. ○ シートの張付けは、**空気を押し出す**ように行い、その後ローラーなどで**接着面に気泡が残らないように圧着**する（建築工事監理指針）。

3. ✕ はぎ目及び継目の**溝切り**は、ビニル床シート張付け後、接着

剤が硬化した状態を見計らい、**溝切りカッター**等を用いて行う（公共建築工事標準仕様書建築工事編19.2.3（2）（ウ）（a））。

4. × 熱溶接工法における溶接継目の**余盛り**は、溶接部が**完全に冷却**した後、削り取って平滑にする（同仕様書同編19.2.3（2）（ウ）（d））。

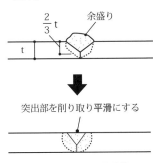

ビニル床シートの熱溶接

| No. 43 | 法規（建築基準法） | 正答 | **2** |

1. ○ **建築主**は、原則として、工事完了から**4日以内**に、建築主事に到達するように完了検査を申請しなければならない（建築基準法第7条第1項、第2項）。

2. × **工事の施工者**は、工事現場の**見やすい場所**に確認があった旨の表示をしなければならない（同法第89条第1項）。

3. ○ **工事の施工者**は、**設計図書**を工事現場に備えておかなければならない（同法第89条第2項）。

4. ○ 建築主事は、**工事の完了検査**の申請を受理した場合、その受理した日から**7日以内**に検査をしなければならない（同法第7条第4項）。

| No. 44 | 法規（建築基準法） | 正答 | **3** |

1. ○ **階段に代わる傾斜路の勾配**は、$\frac{1}{8}$を超えないことと建築基準法施行令第26条第1項第一号に規定されている。

2. ○ **下水道法に規定する処理区域内**においては、汚水管が公共下水道に**連結**された**水洗便所**としなければならない（同法第31条第1項）。

3. × 同法施行令第23条の階段の種別（二）に、中学校（義務教育学校の後期課程を含む。）、高等学校若しくは中等教育学校における生徒用のもの又は物品販売業を営む店舗で床面積の合計が**1,500m²**を超えるもの、劇場、映画館、演芸場、観覧場、公会堂若しくは**集会場**における客用のものの階段及びその踊場の幅は、**140cm以上**とすると規定されている。

したがって、集会場の客用の屋内階段の幅は、**140cm以上**とする必要がある。

4. ○ 建築物に設ける**昇降機**は、安全な構造で、かつ、**その昇降路の周壁及び開口部は**、防火上支

障がない構造でなければならない（同法第34条第1項）。

No. 45	法規（建設業法）	正答	**4**

1. ○　一の都道府県の区域内にのみ営業所を設けて営業をしようとする場合は、原則として、当該営業所の所在地を管轄する**都道府県知事の許可**を受けなければならない（建設業法第3条第1項）。

2. ○　**建設業の許可**は、5年ごとに更新を受けなければ、その期間の経過によって、その**効力が失われる**（同法第3条第3項）。

3. ○　**指定建設業**と定められている建設業は、土木工事業、建築工事業、電気工事業、管工事業、鋼構造物工事業、舗装工事業、造園工事業の**7業種**である（同法第15条第二号ただし書、同法施行令第5条の2）。

4. ×　建設業の許可は、下請契約の規模等により「一般建設業」と「特定建設業」の別に区分して行う。この区分は、**発注者**から**直接請け負う**工事1件の建設工事の**下請代金の額の違い**による。**特定建設業**は、**4,000万円（建築工事業の場合は6,000万円）以上となる下請契約を締結する場合**、一般建設業はそれ以外（同法第3条第1項第二号、同法施

行令第2条）。

☆令和5年1月1日施行の建設業法施行令改正により、許可を受けた建設業は、特定建設業は**4,000**万円以上から4,500万円以上に、建築工事業の場合は**6,000**万円以上から7,000万円以上に改正された（同法施行令第2条）。

No. 46	法規（建設業法）	正答	**1**

1. ×　**国又は地方公共団体が発注する建築一式工事以外**の建設工事で、請負代金の額が**3,500万円以上**の工事現場に置く主任技術者は、専任の者でなければならない。建築一式工事の場合は**7,000万円**以上のものとする（建設業法第26条第3項、同法施行令第27条第1項第一号）。

☆令和5年1月1日施行の建設業法施行令改正により、主任技術者が専任の者でなければならないのは、建築一式工事以外の建設工事で、請負代金額が**3,500**万円以上から**4,000**万円以上に、建築一式工事の場合は**7,000**万円以上から8,000万円以上に改正された（同法施行令第27条）。

2. ○　公共性のある施設若しくは工作物又は多数の者が利用する施設若しくは工作物に関する重要な建設工事で政令で定めるものについては、**建築一式工事で、**

67

請負代金の額が**7,000万円以上**の工事現場に置く主任技術者は、専任の者でなければならない（同法第26条第3項、同法施行令第27条第1項第三号カ）。設問文は、**建築一式工事**で請負代金が**8,000万円**のため、正しい。

☆令和5年1月1日施行の建設業法施行令改正により、主任技術者が専任の者でなければならないのは、建築一式工事の場合は**7,000万円**以上から**8,000万円**以上に改正された（同法施行令第27条）。

3. ○　**主任技術者**及び**監理技術者**は、工事現場における建設工事を適正に実施するため、当該建設工事の施工計画の作成、工程管理、品質管理その他の技術上の管理及び当該建設工事の施工に従事する者の**技術上**の**指導監督の職務**を誠実に行わなければならない（同法第26条の4第1項）。

4. ○　下請負人として建設工事を請け負った建設業者は、**下請代金の額にかかわらず主任技術者**を置かなければならない（同法第26条第1項、第2項）。

No. 47	法規（労働基準法）	正答	4

1. ○　厚生労働省令で定める妊産婦等の就業制限の業務の範囲は、**地上又は床上**における**補助作業**の業務を**除く**足場の組立ての作業と規定されているため、**妊娠中の女性**を当該作業に**就かせてはならない**（労働基準法第64条の3第1項、女性労働基準規則第2条第1項第十五号）。

2. ○　使用者は、**満18歳に満たない者**について、その年齢を証明する**戸籍証明書**を事業場に**備え付けなければならない**（労働基準法第57条第1項）。

3. ○　**未成年者**は、**独立して賃金を請求することができる**（同法第59条）。

4. ×　**親権者又は後見人**は、未成年者に代って労働契約を**締結してはならない**（同法第58条第1項）。

No. 48	法規（労働安全衛生法）	正答	3

労働安全衛生法第15条の2より、統括安全衛生責任者を選任した**事業者**は、元方安全衛生管理者も選任しなければならない。

また、労働安全衛生法施行令第7条第2項第一号、第二号より、統括安全衛生責任者の就労する労働者の最少人員は、ずい道等の建設の仕事、橋梁の建設の仕事又は圧気工法による作業を行う仕事は、**常時30人**、それ以外の仕事は、**常時50人**と定められている。

よって、統括安全衛生責任者を選任した場合、元方安全衛生管理者も

選任しなければならないため、ずい道等の建設の仕事、橋梁の建設の仕事又は圧気工法による作業を行う仕事以外の就労する労働者の最少人員は**50**人である。正しいものは**3**である。

No. 49	法規（建設工事に係る資材の再資源化等に関する法律）	正答	**2**

特定建設資材は、建設工事に係る資材の再資源化等に関する法律第2条第5項で規定されている。さらに、第5項中のコンクリート、木材その他建設資材のうち政令で定めるものは、同法施行令第1条により、**コンクリート、コンクリート及び鉄から成る建設資材、木材、アスファルト・コンクリート**と規定されている。

よって、**2**の**せっこうボード**は特定建設資材に**該当しない**。

No. 50	法規（道路法）	正答	**3**

1. **必要** 道路法第32条第1項第七号及び同法施行令第7条第四号の規定により、道路の占用の許可が**必要**である。

2. **必要** 道路法第32条第1項第七号及び同法施行令第7条第四号の規定により、道路の占用の許可が**必要**である。

3. **不要** 道路の占用の許可は**不要**である。ただし、道路交通法第77条第2項第一号の規定により、

道路の**使用**の許可が必要である。

4. **必要** 道路法第32条第1項第二号の規定により、道路の占用の許可が**必要**である。

No. 1	環境工学（換気）	正 答	**4**

1. ○　**全般換気方式**とは、室内全体の空気を外気によって希釈しながら、**外気の空気と室内の空気を入れ替える**換気方式をいう。なお、室内の一部の空気を入れ替える換気方式を**局所換気**という。

2. ○　**局所換気方式**とは、局所的に発生した有毒ガスや熱、臭気等の**汚染物質を室全体に希釈、拡散させない**ように捕集して排出する換気方式である。

3. ○　**第1種機械換気方式**は、給気、排気ともに**送風機（ファン）**などの機械換気を用いる換気方式で、**映画館**や**劇場**など**外気**から遮断された**大空間**の換気に適している。

4. ×　**第2種機械換気方式**は、給気は送風機などの機械換気、排気は排気口による換気方式で、**室外の汚染物質**が室内に侵入してはならない室の換気に適している。**室内で発生した汚染物質**が他室に漏れてはならない室の換気には、給気は給気口、排気は送風機などの機械換気を用いた

第3種機械換気方式が適している。

機械換気方式

第1種換気

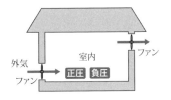

第2種換気

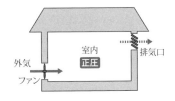

第3種換気

No. 2	環境工学 （採光及び照明）	正 答	**3**

1. ○　**輝度**とは、光源からある方向への**光度を、その方向への光源の見かけの面積で除した値**で、単位 $[cd/m^2]$ で表される。なお、

光度とは、光源から単位立体角当たりに発する光束をいい、単位 [cd]（カンデラ）で表される。

2. ○ すべての障害物を取り払った**全天空からの直射光を除く照度**を全天空照度という。全天空照度に対する室内の測定点の**照度の比を百分率 [%] で表したもの**を昼光率という。

D（昼光率）

$$= \frac{E（室内の測定点の照度 [lx]）}{Es（全天空照度 [lx]）} \times 100（%）$$

3. × **色温度**とは、光色を同じ色の**黒体**（完全放射体）**の温度**で表したもので、色温度が**低くなる**と**赤み**がかった光色、色温度が**高くなる**と**青み**がかった光色となる。

4. ○ 照度とは、被照射面の**単位面積当たりに入射する光束の量**で、**均斉度が**高いほど、室内の**照度分布は均一**になる。

No.3	環境工学（音）	正答	1

1. × 物体に入射した音は、**反射、吸収、透過**をする。**吸音率**とは、入射する音のエネルギーに対する反射音**以外**の音のエネルギー（**吸収音と透過音**の音のエネルギー）の割合をいう。
（右段の図参照）

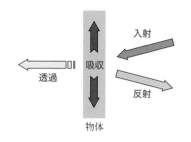

入射
吸収
透過
反射
物体

2. ○ **フラッターエコー**とは、反射音における**音響障害**のことで、平行な2つの壁で起こる現象である。正対する**反射性の高い壁面が一組**だけ存在する室内では、**フラッターエコーが発生しやすい**。

3. ○ **遮音**とは、壁などに入射する音を吸収又は反射させて、**透過させないようにする**ことをいう。また、**音響透過損失**とは、材料や構造体の**遮音の程度**を表す量であり、音が壁や窓などを透過するときの**損失するエネルギー**を表す。よって、窓や壁体の音響透過損失が**大きい**ほど、遮音性能は**高い**。

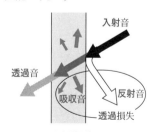

入射音
透過音
吸収音
反射音
透過損失

透過損失

4. ○ 音響透過損失＝入射音の強さ（dB）−透過音の強さ（dB）と

令和4年度（前期）第一次検定

なる。

したがって、壁の音響透過損失はその値が**大きいほど遮音性能が高く**、単層壁の透過損失は、同じ材料の場合、**厚さが厚いものほど大きい**。

No. 4	建築構造（鉄筋コンクリート構造）	正答	**1**

1.× 大梁などの破壊形式は、**脆性破壊**（粘りがなくもろい破壊）**を生じさせないために、降伏しながら**変形が進むうちに地震エネルギーを吸収できる**曲げ降伏型**とする。**せん断破壊は、脆性破壊**の要因となる。

2.○ 柱は、梁とともに**ラーメン構造の骨組**を構成している。地震時には鉛直荷重による**圧縮力**のほか、大きな**曲げモーメント**と**せん断力**が生じるのでこれに耐えられるようにする。また、柱はできるだけ**等間隔**に配置し、基本的に各階とも同じ位置になるようにする。

3.○ **床スラブの厚さは、8cm以**上で設計しなければならない。構造耐力上主要な部分である床版は、建築基準法施行令第77条の2第1項で以下のように定める構造としなければならないと規定されている。

一　**厚さは、8cm以上とし、か**つ、短辺方向における有効張り間長さの$\frac{1}{40}$以上とすること。

二　最大曲げモーメントを受ける部分における引張鉄筋の間隔は、短辺方向において**20cm以**下、長辺方向において**30cm以**下で、かつ、床版の厚さの**3倍**以下とすること。

4.○ **耐力壁の厚さは、12cm以上**で設計しなければならない。耐力壁は、同法施行令第78条の2第1項で以下のように定める構造としなければならないと規定されている。

一　厚さは、**12cm以上**とすること。

二　開口部周囲に径**12mm以**上の補強筋を配置すること。

三　径**9mm以上**の鉄筋を縦横に**30cm**（複配筋として配置する場合においては**45cm**）以下の間隔で配置すること。ただし、平家建ての建築物にあっては、その間隔を**35cm**（複配筋として配置する場合においては、**50cm**）以下とすることができる。

四　周囲の柱及びはりとの接合部は、その部分の存在応力を伝えることができるものとすること。

No. 5	建築構造（鉄骨構造）	正答	**1**

1.× **細長比**とは、部材の**細長さを示す**もので、細長いものほど**細**

長比が大きい。

したがって、圧縮材は、**細長比が大きい**ものほど、**細長く**なり、**座屈しやすい**。

2. ○　軽量鉄骨構造に用いる**軽量形鋼**は、通常の形鋼に比べて、**厚みが小さく軽量**に製造されており、強度が低いので、部材に**ねじれや局部座屈が生じやすい**。

3. ○　鉄骨構造の骨組の部材は、鉄筋コンクリート構造の部材に比べて、部材の**断面積**当たりの**強度が高く**、**小さな断面**の部材で**大きな荷重に耐える**ことが可能である。

4. ○　**トラス構造**とは、**三角形**を組み合わせた構成の構造形式で、比較的**細い部材**で、**大きな空間**をつくることができるという特長を有している。

No. 6	建築構造（鉄骨構造）	正答	**2**

1. ○　**フィラープレート**とは、**厚さの異なる板**をボルト接合する際に、板厚の差による**すき間を少なくする**ために挿入する板状の部材をいう。

2. ×　添え板（スプライスプレート）は、**柱や梁の接合**に用いられる部材である。梁のウェブの座屈防止のために設ける補強材は、**スチフナー**である。

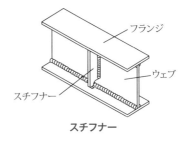

フランジ
ウェブ
スチフナー

スチフナー

3. ○　鉄骨構造の柱の形式には、H形鋼等の**形鋼**の単一材を用いた柱のほか、**溶接組立箱形断面柱**等の**組立柱**がある。

4. ○　**頭付きスタッド**とは、鉄骨と鉄筋コンクリートで構成される**合成梁**において、鉄骨に対する**コンクリートの付着性**をよくするために設けられる部材である。

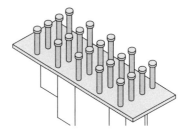

頭付きスタッド

No. 7	建築構造（基礎構造）	正答	**4**

1. ○　**べた基礎**とは、直接基礎の一種で、**基礎の立ち上がりと、底板のコンクリート一面が一体になっている基礎**のことをいう。特徴として、地盤が**軟弱**で、独立基礎の**底面が著しく広くなる**場合に用いられる。

2. ◯ 杭基礎は、一般的に**地盤が軟弱で支持層が深い位置**にあり、直接基礎では建物を十分**支持できない**場合に用いられる。

3. ◯ 基礎は、直接地盤に支持させる**直接基礎**と杭に支持させる**杭基礎**に大別される。同一建築物に**直接基礎**と**杭基礎**など、**異なる種類の基礎を併用しないよう**にする。

4. ✕ **地下凍結深度**とは、温度が**氷点下になる地表からの深さ**をいう。直接基礎の底面は、冬季の地下凍結深度より**深くする**。

No. 8	構造力学 (構造材料)	正答	**2**

1. ◯ **座屈**とは、細長い材の材軸方向に**圧縮力**が生じているとき、その力がある**限界を超える**と、その材が**安定を失って曲がる現象**をいう。

2. ✕ **ヤング係数**とは、弾性係数の一つで、垂直応力度と材軸方向のひずみ度との比（σ/ε）をいう。ヤング係数の大きな物体は剛性が高い性質を有している。

3. ◯ **ポアソン比**とは、**横のひずみ度 ε' を縦のひずみ度 ε で除した値**をいう。

$-\varepsilon'/\varepsilon = 1/m$

$\left(m = 1 / \dfrac{1}{ポアソン比} \right)$

をポアソン数といい、材料によって**一定**である。

4. ◯ **座屈荷重**とは、座屈を生じさせる荷重の大きさをいう。また、**断面二次モーメント**とは、**部材の曲げにくさ**を表す値である。座屈に対する抵抗力が最も大きい場所（**曲げづらい**）及び図心を通る軸を**強軸**という。座屈荷重が**大きく**なれば**大きく**なるほど、この強軸の断面二次モーメントは**比例して大きく**なる。

No. 9	構造力学 (せん断力)	正答	**1**

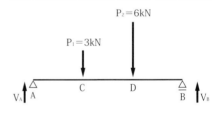

点AにおけるモーメントをM_Aとすると、

$M_A = 0$より、

$M_A = 3kN \times 2m + 6kN \times 4m$

$- V_B [kN] \times 6m = 0$

$6 + 24 - 6V_B = 0$

$6V_B = 30$

$V_B = 5kN$

垂直方向の力のつり合いより、

$V_A [kN] + V_B [kN] - 3kN - 6kN = 0$より、

$V_A [kN] + 5kN - 3kN - 6kN = 0$

$V_A = 4kN$

次にせん断図（Q図）を描く。

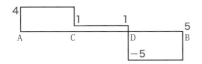

$V_A = 4$kNより、A点はプラス方向に
4とし、C点へ向かう。$P_1 = 3$kNより、
C点で$4 - 3 = 1$kNとなる。C点の
1kNからD点へ向かう。この時、CD
間に作用するせん断力は1kNとなる。
続いて、$P_2 = 6$kNより、D点で$1 - 6 = -5$kNとなる。D点の-5kNか
らB点へ向かう。$V_B = 5$kNより、B
点で$-5 + 5 = 0$kNとなり、せん断
が完成する。

したがって、1kNの**1**が正しい。

No. 10	構造力学 （曲げモーメント）	正 答	**2**

　片持ち梁上に**集中モーメントが生
じている場合**の曲げモーメント図は、
下図のようになる。

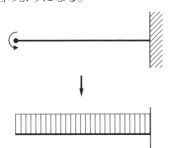

**A～C区間は荷重や曲げモーメント
が作用していない**ため、何も描かない。
C点で曲げモーメントが生じており、
点Bの片持ち梁も曲げモーメントが

生じている。問題図は**つり合ってお
り**、C点はM（反時計回りのためマイ
ナス）が作用していることから、点B
の曲げモーメントは**M**である。

したがって、C点からB点まで、**マ
イナス側にモーメント図を描く**ため、
正しいものは**2**となる。

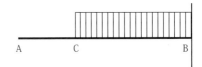

No. 11	建築材料（鋼）	正 答	**2**

1. ○　鋼に引張荷重を加えると**伸び
る**が、加えられた引張荷重が鋼
の**弾性限度内**であれば、**引張荷
重を取り除くと元の状態に戻る**。

2. ×　鋼は、**炭素の含有量が増加す
る**と**溶接性が低下**し、溶接しに
くくなる。

3. ○　鋼は、**焼入れ**、**焼きなまし**な
どの**熱処理**によって、強度など
の**機械的性質**を変化させること
が**できる**。

4. ○　鋼は、**空気中で酸化**するため、
錆を生じさせないよう**防食処理
を施す**必要がある。

No. 12	建築材料 （建具の性能試験）	正 答	**4**

1. ○　**防火性**とは、火災時の**拡大防
止の程度**と規定されている（JIS
A 1513）。

2. ○　**面内変形追随性**とは、地震に

よって生じる**面内変形に追随し得る程度**と規定されている（JIS A 1513）。

3. ○ **水密性**とは、**風雨による建具室内側への水の浸入を防ぐ程度**と規定されている（JIS A 1513）。

4. × **遮熱性**とは、**日射熱を遮る程度**と規定されている。**熱の移動を抑える程度**は、**断熱性**である旨、規定されている（JIS A 1513）。

| No. 13 | 建築材料（シーリング材） | 正答 | 3 |

1. ○ **ポリウレタン**系シーリング材は、**耐候性が劣る**ことや、**紫外線**によって**黄変**することが特徴である。

2. ○ **ポリサルファイド**系シーリング材は、表面の仕上塗材や塗料を**変色**、**軟化**させることがある。また、ムーブメントの**大きい目地**には**適さない**。

3. × **シリコーン**系シーリング材は、表面への塗料の**付着性が悪い**が、**耐候性**、**耐熱性**、**耐寒性及び耐久性**に優れている。

4. ○ **アクリル**系シーリング材は、**水性タイプのシーリング材**であり、未硬化の状態では**水に弱く**、**雨に流されやすい**ことが特徴である。

| No. 14 | 建築材料（内装材料） | 正答 | 2 |

1. ○ インシュレーションボードとは、**天然の木材繊維**を絡ませて**多孔質のボード**に成形したものをいい、**断熱性**に優れている。

2. × ロックウール化粧吸音板は、**吸音性に優れている**。**吸水すると強度が低下する**ので、**耐水性**に優れていない。

3. ○ フレキシブル板は、**無機質（石綿以外）の繊維**を多く配合し、**高圧プレス**をかけたものであり、強度が**高く**、**可とう性**がある。床・間仕切・内外装・天井に用いる。

4. ○ せっこうボードは、せっこうを**心材**として両面を**ボード用原紙**で被覆し、**板状に成形**したものであり、壁及び天井に防・耐火構造を形成する材料として使用される。

| No. 15 | 排水工事（屋外排水工事） | 正答 | 3 |

屋外排水管の勾配は各自治体の条例及び基準等で定められる。

1. ○ 地中埋設排水管の勾配は、原則として、$\frac{1}{100}$以上とすることが一般的である。

2. ○ 硬質ポリ塩化ビニル管をコンクリート桝に接合する部分には**砂付き短管**を用いる。管は落下したり、ぶつかり合ったりしないように**慎重に取り扱い**、特に管端部には**クッション材等を挟む**などし、破損及び傷がつかないようにする。

3. × ソケット管の場合は、受口を

上流に向けて**水下**から敷設する。差込み管とのすき間には、**硬練りモルタルを充填**し、水漏れがないように**目塗り**を行う（公共建築工事標準仕様書建築工事編21.2.2（7）（イ））。

4. ○ 管きょの内径が変化する場合又は2本以上の管きょが合流する場合の接合方法は、原則として**管頂接合**とする。ただし、内径が**250mm未満**及び平坦地で勾配の取れない場合は、**管底接合**とすることができる。**桝及びマンホールに接合する配管**においては流入配管を上にして流出配管と**20mm程度**の落差を設ける。

| No. 16 | 電気設備（自動火災報知設備） | 正答 | **4** |

自動火災報知設備の感知器の種類には、**熱感知器**、**煙感知器**、**炎感知器**がある。火災発生の初期段階では、まず煙が発生し、時間が経つに連れ、火が可燃物に引火し、熱が発生する。そして、最後に大きな炎となる。自動火災報知設備の感知器として、最も関係の少ないものは、4の地震感知器である。

| No. 17 | 機械設備（空気調和設備） | 正答 | **2** |

1. ○ **パッケージユニット方式**とは、**熱源装置を内蔵**したパッケージ型空気調和機による空調方式で、

単一ダクト方式などに比べ、**機械室**、**配管スペース**、**ダクトスペースの縮小が可能**である。

2. × **ファンコイルユニット方式**は、ファンコイルユニットにて**送風強度を調整**することにより、ユニットごとの**温度調節が可能**である。

3. ○ **二重ダクト方式**とは、冷風ダクトと温風ダクトの**2つのダクト**による空調方式で、**別々の部屋で同時に冷房と暖房を行う**ことが可能である。

4. ○ **単一ダクト方式**とは、空気調和機から各室まで、**一系統のダクト**で、夏期冷房時は**冷風**を、冬期暖房時には**温風**を送風する空調方式である。

| No. 18 | 仮設工事（墨出し） | 正答 | **4** |

1. ○ **台直し**等により**位置が動く**可能性があり、正確なものとならないため、陸墨は柱主筋が安定した後に行う。

2. ○ **縄張り**とは、建築物の位置を示すために、**配置図に従ってロープを張り巡らせる**ことをいう。

3. ○ 通り心の**墨打ちができない**ときは、割付の良い寸法（通り心より**1m離れたところ**等）に逃げ墨を設け、基準墨とする。

4. × 2階より上の基準墨は、通常建築物の四隅の床に**穴を開けて**

おき、**下げ振り等**により、**1階から上に基準墨を上げる。**セオドライト（トランシット）**は用いない。**

No. 19 | 地業工事（既製コンクリート杭工事） | 正答 **2**

1. ○　中掘り根固め工法とは、躯体の中空部にロッドを差し込んで、**先端にオーガーヘッドをつけ、杭体と一緒に回転させながら掘り進み**、所定の深さになったら、**根固め液を注入する工法**である。

2. ×　プレボーリング拡大根固め工法とは、あらかじめアースオーガーなどによって**杭周固定液（孔壁の崩壊を防止するもの）**を注入しながら掘削し、**先端を拡大根固めした後**、杭を建て込む。アースオーガーで掘削後の引上げ速度は、**遅くする必要がある。**

3. ○　プレボーリング拡大根固め工法に用いる杭周固定液は、**杭と周囲の地盤**との**摩擦力**を確保するために使用する。

4. ○　セメントミルク工法は、埋め込み杭工法に分類されるプレボーリング工法の一種。**掘削液を注入しながらアースオーガーで掘削**し、支持層到達後、根固め液を注入し、その後、杭周囲固定液を満たしてから、杭を建て込む。支持地盤への到達の確認は、アースオーガーの**駆動用電動機**

の電流値の変化により行う（公共建築工事標準仕様書建築工事編4.3.4（5）（ア）（b））。

No. 20 | コンクリート工事（型枠支保工） | 正答 **2**

1. ○　階段の斜めスラブ部分に用いるパイプサポートは、**脚部にキャンバー**を用いて、根がらみを取り付け、**傾斜スラブ**に対して**直角**に建て込む。

2. ×　**支柱の継手は、突合せ継手又は差込み継手とすること**（労働安全衛生規則第242条第三号）。

3. ○　端太とは型枠を補強する部材をいい、**端太には、内側に設ける内端太と、外側に設ける外端太がある。**柱、壁及び梁側型枠のせき板を保持する場合の支保工は、一般に**内端太及び外端太**により構成される。

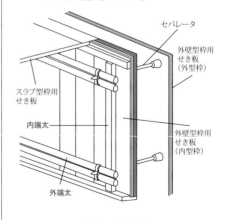

型枠の構成例

4. ○　パイプサポートに水平つなぎを設ける場合、**緊結金具（クランプ）**を用いて**緊結しなければならない**。

No.21	コンクリート工事（養生）	正答	**1**

1. ×　コンクリート打込み後の養生期間中の温度が過度に**低い**と強度発現が**著しく遅れる**。また、過度に高いと温度ひび割れの発生を誘発したり、長期材齢における**強度増進性が小さくなる**。

2. ○　次の表のとおり、**早強ポルトランドセメント**を用いたコンクリートの材齢による**湿潤養生期間**は、**普通ポルトランドセメント**より**短く**規定されている（JASS 5）。

セメント種類	計画供用期間 養生期間	
	短期・標準	長期・超長期
早強ポルトランドセメント	3日以上	5日以上
普通ポルトランドセメント	5日以上	7日以上
その他	7日以上	10日以上

3. ○　若材齢時のコンクリートは、酸や塩化物などによる浸食や、硬化後の物性に悪影響を及ぼす劣化因子の侵入に対する抵抗力が十分でなく、日光の直射や急激な乾燥にさらされると、コンクリート表面に**ひび割れ**が発生し、**耐久性を損なう**可能性がある。そのため、散水等の**湿潤養生**を行う。

4. ○　コンクリートの打込み後、少なくとも1日間は**その上で歩行又は作業をしてはならない**。やむを得ず歩行したり作業を行ったりする必要がある場合は、乾燥、振動や過大な荷重を与えないよう、適切な養生を行い、**なるべく静かに作業**する（公共建築工事標準仕様書建築工事編6.7.3 (2)）。

No.22	木工事（在来軸組構法）	正答	**1**

1. ×　土台の継手は、**腰掛けかま継ぎ**とし、**上木**となる方をアンカーボルトで締め付ける。

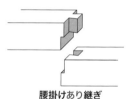

腰掛けあり継ぎ

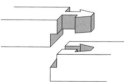

腰掛けかま継ぎ

2. ○　和小屋組の棟木や母屋には、**垂木当たり欠き**をして、垂木を取り付ける。**当たり欠き**とは、部材取付け部に設ける**切り欠き**をいう。

（次ページの図参照）

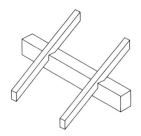

当たり欠き

3. ○　通し柱とは、2階以上の木造建物で土台から軒桁まで**1本の材で通した柱のことである。隅柱は特に引き抜き力が作用する**ので土台へ扇ほぞ差しとし、**ホールダウン金物当てボルト締め**とする。

4. ○　床束とは、床を支え、**大引きの下部に取り付けられる部材**である。床束の転倒やずれを防止するために、床束相互間に**根がらみ貫**と呼ばれる**床束を固定するための部材**を釘で打ち付け、固定する必要がある。

No. 23	石工事 （表面仕上げ）	正 答	**3**

1. ○　びしゃん仕上げは、石材表面を多数の格子状突起をもつ**ハンマーでたたいた仕上げ**である。びしゃんの目数が多いほど**綿密な仕上がり**となる。

2. ○　小たたき仕上げは、**びしゃんでたたいた後**、先端がくさび状のハンマーで平行線状に平坦な粗面を作る仕上げである。きめ細かな仕上げであり、**滑り止め効果**がある。

3. ×　ジェットバーナー仕上げは、表面に冷却水を散布し、**ジェットバーナーで表面を燃焼**させ、**結晶を弾かせる**ことで粗面とした仕上げである。

4. ○　ブラスト仕上げは、石材表面に**鋼鉄の粒子**等を圧縮空気で**たたきつけて粗面**とした仕上げである。**細かな凸凹**とした表面となることが特徴である。

No. 24	屋根及びとい工 事（とい工事）	正 答	**3**

1. ○　谷どいの継手部は、**60mm**程度重ね合わせて**シーリング材を充填**し、**リベットで2列**、互い違いに**千鳥**に留め付ける。

2. ○　縦どいの継手は、継手部分で**接着剤を用いて継ぐ**。継いだといの長さが**10mを超える場合**は、**エキスパンション継手**を設けて伸縮を吸収する。

3. ×　丸縦どいの長さ方向の継手は、縦どいを流れる水が継手で**漏出しにくい**ように、上にくる縦どいを下にくる縦どいの**中に**、といの直径程度差し込んで継ぐ。

4. ○　軒どいは、とい受け金物に金属線で取り付ける。また、とい受け金物は、丸軒どいが**所定の流れ勾配となる**ように、**900mm**程度の間隔で取り付ける。

| No. 25 | 左官工事 （直均し仕上げ） | 正答 | 1 |

1. ×　コンクリートを打ち込む前に、仕上げ精度が要求される場合にはガイドレール等を3.5〜4m間隔に設置する旨、規定されている（建築工事監理指針）。

2. ○　コンクリート面を指で押しても少ししか入らない程度になった時に、中むら取りを木ごてを用いて行う旨、規定されている（同指針）。

3. ○　床仕上げ厚が薄い場合は、金ごて仕上げで、下ずり、中ずり、上ずりを行う。中ずり工程で、ブリーディングが多い場合は、金ごての代わりに木ごてを用いる。

4. ○　最終こて押え後、12時間程度を経てから2〜3日間散水養生を行う旨が規定されている（同指針）。

| No. 26 | 建具工事 （建具工事） | 正答 | 1 |

1. ×　アルミニウムに接する小ねじ等の材質は、ステンレス製とする（公共建築工事標準仕様書建築工事編16.2.3（6））。

2. ○　ステンレス製建具を使用する場合、ステンレスに接する鋼製の重要な補強材は、錆止め塗装を施す必要がある。

3. ○　フラッシュ戸に使用する樹種等について、木製フラッシュ戸の中骨は、杉等のむく材を使用すると規定されている（同仕様

No.26-3の表

〈フラッシュ戸に使用する樹種等〉

部材	樹　種　等
かまち	杉、ひば、えぞ松、とど松、米つが、米ひ、米ひば、スプルース、アガチス、ラワン等の集成材及び単板積層材
定規縁 化粧縁 額　縁 がらり 中　骨	上記樹種のむく材
表面材	「合板の日本農林規格」の「普通合板の規格」、「天然木化粧合板の規格」及び「特殊加工化粧合板の規格」による。 ミディアムデンシティファイバーボード（MDF）は、JIS A 5905による。
ペーパーコア	JIS A 6931（パネル用ペーパーコア）に基づく樹脂浸透ペーパーコア

問題◀本冊 p.87 ◀◀◀

書同編16.7.2（2）、表16.7.2）。（前ページの下表参照）

4. ○ 樹脂製建具は、原則として、建具の加工及び組立てからガラスの組込みまで**一貫して建具製作所**で行うことで、性能・品質を確保している（建築工事監理指針）。

No. 27	内装工事（カーペット敷き）	正答	**3**

1. ○ タイルカーペットは、**剥がすことができる粘着はく離形の接着剤**を用いて、床材に張り付ける（公共建築工事標準仕様書建築工事編19.3.2（6）（ア））。

2. ○ **タイルカーペットの目地**は、フリーアクセスフロア目地と、**100mm**程度ずらして割り付ける。

3. × グリッパー工法のグリッパーは、**壁際からのすき間を均等にとって、床材に打ち付ける**。

4. ○ 下敷き用フェルトはグリッパーの厚さと**同等**か、やや厚いものを選択し、敷き込みに当たっては、すき間などのないように**突き付けて敷き込み、フェルトの端部はグリッパーに重ねる**ようにする。

No. 28	改修工事（内装改修工事）	正答	**4**

1. ○ ビニル床シートの除去は、**カッター等で切断**し、**スクレーパー等**により他の仕上材に**損傷を与えないよう行う**（公共建築

改修工事標準仕様書建築工事編6.2.2.（1）（ア））。

2. ○ 合成樹脂塗床材の除去は**ケレン棒**、**電動ケレン棒**、**電動斫り器具**、**ブラスト機械**等により行う。また、下地がモルタル塗りの場合は**モルタル下地共**、コンクリート下地の場合はコンクリート表面から**3mm**程度とする（同仕様書同編6.2.2（1）（イ））。

3. ○ 乾式工法のフローリング張り床材の撤去は、**丸のこ**等で**適切な寸法に切断**し、**ケレン棒**等によりはがし取って行う（同仕様書同編6.2.2（1）（ウ））。

4. × 磁器質床タイルの張替え部分の撤去は、**ダイヤモンドカッター**等を用いて撤去部分を**縁切り**し、**斫り器具等を用いて撤去**を行う（同仕様書同編6.2.2（1）（エ））。

No. 29	施工計画（事前調査）	正答	**4**

1. ○ 一般に、敷地内の排水工事の事前調査では、**公設桝までの排水管の勾配確保**に関する調査等が**実施される**。

2. ○ **杭工事に先立ち**、騒音、振動対策の計画として、騒音規制法及び振動規制法について十分理解しておく必要がある。その上で、**騒音規制及び振動規制を行う**。また、施工前に**近隣への影響**について調査を行う必要がある。

3. ○　建物設計時の地盤調査において、**山留め工事の計画が不十分な場合**には、追加でボーリング等の**試掘調査**が行われる。

4. ×　一般に、鉄骨工事の建方の事前調査では、移動式クレーン配置場所の**地盤についての調査**などが実施される。日影による近隣への影響の調査は、**建築計画の事前調査**において実施される。

No. 30	施工計画 （仮設計画）	正答	4

1. ○　仮囲いは、近隣への**騒音、塵埃、飛沫等を抑制**するために設ける必要がある。

2. ○　施工者用の事務所と監理者用の事務所は、それぞれの**機能・役割が異なる**ため、**それぞれ分けて**設ける。

3. ○　ハンガー式門扉は、扉を吊る梁が車両の**積荷高さを制約**する場合があるので、**扉の有効高さを検討**して設置する必要がある。

4. ×　ボンベ類の置場は、**通気がよく**、**他の建物と十分な離隔距離**をとった**直射日光を遮る構造**とし、危険物や火気厳禁の表示及び消火器の配置を行う。

No. 31	品質管理 （材料の保管）	正答	1

1. ×　袋詰めセメントは、**二酸化炭素による風化と湿気による硬化**を防ぐため、風通しを**避けて**保管する。

2. ○　型枠用合板は、**シブ（アク）や硬化不良を防止**するため、水ぬれを避け、長時間**直射日光に当てない**ように、**シート**等で養生して保管する。

3. ○　長尺のビニル床シートは、**屋内の乾燥した場所**に直射日光を避けて**縦置き**にして保管する。

4. ○　鉄筋は、直接地面に接しないように**角材間に渡し置き**、シートを掛けて保管する。

No. 32	工程管理 （総合工程表）	正答	4

1. ○　上下階で作業が**輻輳する場合**は、作業効率を低下させないために、資材運搬、機器移動などの**動線が錯綜しない**ように計画する。

2. ○　鉄骨工事の工程計画では、**建方時期**に合わせて**材料調達や工場製作期間**を検討する必要がある。

3. ○　工区を**分割**して後続作業を並行して開始すると、**工期の短縮につながる**ので検討する。

4. ×　工程上の重要な区切りに**マイルストーン（管理日）**を設けて、総合工程表を立案する。

No. 33	工程管理（バーチャート工程表）	正答	2

1. ○　バーチャート工程表は、工事全体を掌握することと、作成が

容易である。

2. ×　バーチャート工程表は、作業進行の度合い、工期に影響する作業や**クリティカルパス（最も時間のかかる作業経路）**が把握しにくい。

3. ○　バーチャート工程表は、**各作業の全体工期への影響度**が把握しにくい。

4. ○　**バーチャート**工程表は、多くの種類の関連工事間の**工程調整**に**適していない**。多くの種類の関連工事間の**工程調整**に有利な工程表は、**ネットワーク工程表**である。

No.34	品質管理 （品質管理）	正答	2

1. ○　工程間検査とは、**次の工程に進んでもよいか判定**するために、**作業工程の途中で行う検査**である。

2. ×　品質管理においては、**作業そのものを適切に実施するプロセス管理**に**重点をおく**ことが有効である。

3. ○　品質管理とは、工事中に**問題点や改善方法**などを見出しながら、**合理的**、かつ、**経済的**に施工することをいう。

4. ○　試験は、**検査**において、**試験を実施**しなければ品質及び**性能を証明できない場合**に行われる。

No.35	品質管理 （試験及び検査）	正答	4

1. ○　木材には、**高周波水分計**による**含水率の試験等**が適用される。

2. ○　地業工事における**支持地盤の地耐力の確認**は、平板載荷試験によって行う。

3. ○　鉄筋工事における鉄筋の**ガス圧接部の確認**は、超音波探傷試験によって行う。

4. ×　**隅肉溶接サイズの測定**は、余盛高さ、角度測定、すき間測定、長さ測定がある。この測定には**溶接用ゲージ**を用いる。

No.36	品質管理 （検査及び確認）	正答	2

　レディーミクストコンクリートの工事現場での受入時検査及び確認として、従来から行われているものは、**運搬時間**、**スランプ**、**空気量**、**塩化物量**、**温度**である。**骨材の粒度の検査は現場受入時には行わない**。

No.37	安全管理（工事 現場の安全管理）	正答	3

1. ○　安全施工サイクル活動とは、施工の安全を図るために、**毎日**、**毎週**、**毎月単位**で実施すべきことを定型化し、**定型化した行動**を繰り返すことで継続的に取り組む安全活動である。

2. ○　新規入場者教育とは、**新たに作業所に入場することになった者**に対する作業所の方針、安全

施工サイクルの具体的な内容、作業手順などの教育である。

3. × ZE（ゼロエミッション）とは、直訳すると「**ゼロ排出**」であり、作業所等からの**廃棄物**を**ゼロ**にする**活動**をいう。なお、安全管理に関する用語であるゼロ災とは、作業所等の労働災害をゼロにする活動をいう。**作業に伴う危険性又は有害性**に対し、作業グループが正しい行動を互いに確認し合う活動は、**危険予知活動（KY活動）**等において実施される。

4. ○ リスクアセスメントとは、作業における**危険性又は有害性を特定**し、それによる労働災害の重篤度とその災害が発生する可能性の度合いを組み合わせて**リスクを見積もり**、そのリスクの大きさに基づいて対策の**優先度を決めた**上で、リスクの**除去又は低減**の措置を検討することをいう。

No. 38	法規（労働安全衛生規則）	正答	3

1. ○ **組立て、解体又は変更の時期、範囲及び順序**を当該作業に従事する労働者に**周知**させること（労働安全衛生規則第564条第1項第一号）。

2. ○ 組立て、解体又は変更の作業を行う区域内には、**関係労働者**以外の労働者の**立入りを禁止**すること（同規則第564条第1項第二号）。

3. × **事業者の講ずべき措置ではなく、作業主任者の職務**として定められている（同規則第566条第三号）。

4. ○ 材料、器具、工具等を**上げ、又は下ろす**ときは、つり綱、つり袋等を労働者に**使用**させること（同規則第564条第1項第五号）。

No. 39	鉄筋工事（鉄筋の継手）	正答	2、3

1. ○ **鉄筋継手**は、**重ね継手、ガス圧接継手、溶接継手、機械式継手**などがある（日本鉄筋継手協会）。

2. × 鉄筋の**重ね継手の長さ**は、コンクリートの**設計基準強度**の違いにより**異なる**場合がある（公共建築工事標準仕様書建築工事編5.3.4（3）（イ））。

3. × フック付き定着とする場合の重ね継手の長さは、定着起点から**フックの折曲げ開始点**までの距離とし、**フックの折曲げ開始点から末端までの距離を含まない**（同仕様書同編5.3.4.(5)(ア)、表5.3.4（注）5.）。

4. ○ 建築基準法施行令第73条第2項「主筋又は耐力壁の鉄筋の継手の重ね長さは、継手を構造

部材における引張力の最も小さい部分に設ける場合にあっては、主筋等の径の25倍以上とし、継手を引張り力の最も小さい部分以外の部分に設ける場合にあっては、主筋等の径の40倍以上としなければならない。」の規定を適用しない鉄筋の継手は、構造部材における引張力の**最も小さい部分に設ける圧接継手、溶接継手及び機械式継手**で、それぞれの規定による構造方法を用いるものとする。

No. 40	鉄骨工事（鉄骨の建方）	正答	1、4

1. × 　事業者は、**キンクしたワイヤロープ**をクレーン、移動式クレーン又はデリックの玉掛用具として**使用してはならない**（クレーン等安全規則第215条）。**キンクしたものは、直しても強度が低下している可能性が高いため使用しない。**

2. ○ 　仮ボルトは、建方作業における部材の組立てに使用し、**本締め又は溶接までの間**、予想される外力に対して架構の変形及び倒壊を防ぐためのものである。

3. ○ 　建方時、仮ボルトに油が付着している場合は、ウエス等で**油を除去して使用**する。油が付着しているとゆるむ可能性がある。

4. × 　本締め時に仮ボルトを使用する

と、精度調整などでねじ山が傷むなどの不具合が生じ、**本締め時に正規の軸力が導入されない可能性があるため、使用しない。**

No. 41	防水工事（ウレタンゴム系塗膜防水）	正答	1、3

1. × 　ウレタンゴム系塗膜防水仕上げの下地コンクリートは、**入隅を直角とし、出隅を面取り**とする必要がある（公共建築工事標準仕様書建築工事編9.5.4（1）（ア））。

2. ○ 　**防水層の施工順序**は、立上り部→平場部である。

3. × 　補強布は突付けとせずに、**重ねる**必要がある。重ね幅は、**50mm**以上とする（同仕様書同編9.5.4（4）（ウ））。

4. ○ 　仕上塗料は、**刷毛とローラー刷毛**を用いて**むらなく塗布**する。また、仕上塗料は、攪拌機を用いて十分練り混ぜる。

No. 42	塗装工事（素地ごしらえ）	正答	2、4

1. ○ 　木部面に付着した**油汚れ**は、溶剤を用いて拭き取る。

2. × 　木部の節止めには、**木部下塗り用調合ペイント**を使用する。日本建築学会材料規格JASS 18 M-304の品質に適合するものとし、木質系素地ごしらえの節止めに適用する（公共建築工事標準仕様書建築工事編18.2.2（1）、

表18.2.1）。

3. ○ 鉄鋼面の錆及び黒皮は、**サンドブラスト**などにより除去する。なお、**サンドブラスト**とは、**表面に砂などの研磨材**を吹き付けて表面処理を行う工法をいう。

4. × 鉄鋼面の油類の除去は、**錆の除去**の前に行う。鉄鋼面の素地ごしらえの施工手順は、**汚れ、付着物の除去→油類除去→錆の除去**である（同仕様書同編18.2.3、表18.2.2）。

| No.43 | 法規（建築基準法） | 正答 | 4 |

1. ○ 建築とは、「建築物を**新築し、増築し、改築し、又は移転する**ことをいう。」と建築基準法第2条第十三号に規定されている。

2. ○ 同法第2条第四号により、**居室**とは、居住、執務、作業、集会、娯楽その他これらに類する目的のために**継続的**に**使用する室**をいい、住宅の浴室は、**居室ではない**。

3. ○ 同法第2条第二号により、**特殊建築物**とは、学校（専修学校及び各種学校を含む。以下同様とする。）、体育館、病院、劇場、観覧場、集会場、展示場、百貨店、市場、ダンスホール、遊技場、公衆浴場、旅館、共同住宅、寄宿舎、下宿、工場、倉庫、自動車車庫、**危険物の貯蔵場**、と畜場、火葬場、汚物処理場**その他これらに類する用途に供する建築物**をいう。

4. × 同法第2条第一号により、**建築物**は、**土地に定着する工作物のうち、屋根及び柱若しくは壁を有するもの**（これに類する構造のものを含む。）、これに附属する門若しくは塀、観覧のための工作物又は地下若しくは高架の工作物内に設ける事務所、店舗、興行場、倉庫その他これらに類する施設（鉄道及び軌道の線路敷地内の運転保安に関する施設並びに跨線橋、プラットホームの上家、貯蔵槽その他これらに類する施設を除く。）をいい、**建築設備**を**含むもの**とする。

| No.44 | 法規（建築基準法） | 正答 | 1 |

1. × 住宅、学校、病院、診療所、寄宿舎、下宿その他これらに類する**建築物で政令で定めるものの居室**（居住のための居室、学校の教室、病院の病室その他これらに類するものとして政令で定めるものに限る。）には、**採光のための窓その他の開口部を設け**、その採光に有効な部分の面積は、その居室の床面積に対して、$\frac{1}{5}$から$\frac{1}{10}$までの間において居室の種類に応じ政令で定める割合以上としなければならな

い。ただし、**地階若しくは地下工作物内に設ける居室**その他これらに類する居室又は温湿度調整を必要とする作業を行う作業室その他用途上**やむを得ない居室**については、**この限りでない**と規定されている（建築基準法第28条第1項、同施行令第19条第3項）。

したがって、地階に設ける居室には、採光を確保するための窓その他の開口部を設け**なくてもよい**。

2. ○　同法施行令第19条第3項より、法第28条第1項に規定する**学校等における居室の窓その他の開口部で採光に有効な部分の面積のその床面積に対する割合**は、それぞれ**次の表に掲げる割合以上**でなければならない。ただし、同表の（一）から（六）までに掲げる居室で、国土交通大臣が定める基準に従い、照明設備の設置、有効な採光方法の確保その他これらに準ずる措置が講じられているものにあっては、それぞれ同表に掲げる割合から$\frac{1}{10}$までの範囲内において国土交通大臣が別に定める割合以上とすることができる。

3. ○　**給気口**は、換気設備を設けるべき調理室等の**天井**の**高さ**の$\frac{1}{2}$**以下**の**高さ**の**位置**（煙突を設ける場合又は換気上有効な排気のための換気扇その他これに類するものを設ける場合には、適当な位置）に設けること（同法施行令第20条の3第2項第一号イ（1））。

4. ○　居室には、換気のための窓その他の開口部を設け、その換気に有効な部分の面積は、その居室の床面積に対して、$\frac{1}{20}$ 以上としなければならない。ただし、

No.44-2 の表

居室の種類		割合
（一）	幼稚園、小学校、中学校，義務教育学校、高等学校、中等教育学校又は幼保連携型認定こども園の教室	$\frac{1}{5}$
（二）	前項第一号に掲げる居室	
（三）	住宅の居住のための居室	$\frac{1}{7}$
（四）	病院又は診療所の病室	
（五）	寄宿舎の寝室又は下宿の宿泊室	
（六）	前項第三号及び第四号に掲げる居室	
（七）	（一）の項に掲げる学校以外の学校の教室	$\frac{1}{10}$
（八）	前項第五号に掲げる居室	

政令で定める**技術的基準**に従って**換気設備**を設けた場合においては、**この限りでない**（同法第28条第2項）。

| No. 45 | 法規（建設業法） | 正答 | **3** |

1. ○ **建設業の許可**は、建設工事の種類（29業種）ごとに、分けて与えられている（建設業法第3条第2項別表第一）。

2. ○ 特定建設業の許可の要件は、同法第3条第1項第二号に、「建設業を営もうとする者であって、その営業にあたって、その者が**発注者から直接請け負う**一件の建設工事につき、その工事の全部又は一部を、下請代金の額（その工事に係る下請契約が二以上あるときは、下請代金の額の総額）が政令で定める金額以上となる下請契約を締結して施工しようとするもの」と規定されている。**発注者から直接請け負わない下請負人**として建設業を営もうとする者は、**一般建設業の許可**を受ければよい。

3. × 国土交通大臣の許可を受けなければならない。同法第3条第1項柱書本文に「建設業を営もうとする者は、次に掲げる区分により、この章で定めるところにより、**二以上の都道府県の区域内に営業所**（本店又は支店若

しくは政令で定めるこれに準ずるものをいう。以下同じ。）を設けて営業をしようとする場合にあっては**国土交通大臣**の、一の都道府県の区域内にのみ営業所を設けて営業をしようとする場合にあっては当該営業所の所在地を管轄する都道府県知事の許可を受けなければならない。」と規定されている。

したがって、**二以上の都道府県の区域内に営業所**を設けて建設業を営もうとする者は、**国土交通大臣の許可**を受けなければならない。なお、同項第二号に規定されている「建設業を営もうとする者であって、その営業にあたって、その者が**発注者**から**直接請け負う一件の建設工事**につき、その工事の全部又は一部を、下請代金の額（その工事に係る下請契約が二以上あるときは、下請代金の額の総額）が**政令で定める金額以上**となる下請契約を締結して施工しようとするもの」は、**特定建設業の許可**を受けなければならない。

4. ○ 建設業の許可は、建設工事の種類ごとにそれぞれの建設業に分け与えられる旨が、同法第3条第1項、第2項に規定されている。（建設業を営もうとする者は、**一般建設業と特定建設業**

の区分により、許可を受けなければならない。建設業の許可は、建設工事の種類ごとに、建設業に分けて与えるものとする。）したがって、**特定建設業の許可**で**建築工事業**、一般建設業の許可で**管工事業の許可を受けること**ができる。

No. 46	法規（建設業法）	正答	1

1. ×　建設工事における発注者との請負契約書に記載しなければならない事項は、建設業法第19条第1項に規定があり、同項第五号に「**請負代金の全部又は一部の前金払又は出来形部分に対する支払の定めをするときは、その支払の時期及び方法**」と定められている。工事の完成又は出来形部分に対する**下請代金**の支払の**時期及び方法**並びに引渡しの時期は**定められていない**。

2. ○　同法同条同項第三号に「**工事着手の時期及び工事完成の時期**」と**定められている**。

3. ○　同法同条同項第十号に「**注文者が工事に使用する資材を提供し、又は建設機械その他の機械を貸与するときは、その内容及び方法に関する定め**」と定められている。

4. ○　同法同条同項第八号に「**価格等の変動若しくは変更に基づく**

請負代金の額又は工事内容の変更」と**定められている**。

No. 47	法規（労働基準法）	正答	4

労働基準法施行規則第5条第1項**第一号〜第四号**までに掲げる事項が、**書面で交付しなければならない労働条件に該当する**。

1. ×　同法施行規則同条同項第七号より「**安全及び衛生に関する事項**」は書面で交付しなければならない**労働条件に該当しない**。

2. ×　同法施行規則同条同項第八号より「**職業訓練に関する事項**」は書面で交付しなければならない**労働条件に該当しない**。

3. ×　同法施行規則同条同項第十一号より「**休職に関する事項**」は書面で交付しなければならない**労働条件に該当しない**。

4. ○　同法施行規則同条同項第四号より「**退職に関する事項（解雇の事由を含む。）**」は書面で交付しなければならない**労働条件に該当する**。

No. 48	法規（労働安全衛生法）	正答	1

1. 不要　**作業主任者**は、安全又は衛生のための教育を行わなければならない者から**除かれている**。労働安全衛生法第60条柱書に、「事業者は、その事業場の業種が政令で定めるものに該当する

ときは、**新たに職務につくこと**
となった職長その他の**作業中の**
労働者を直接指導又は監督する
者（作業主任者を除く。）に対し、
次の事項について、厚生労働省
令で定めるところにより、安全
又は衛生のための教育を行なわ
なければならない。」と規定さ
れている。

2. 必要　**新たに雇い入れた短時間労**
働者は、同法第59条第1項の規
定により、**安全又は衛生のため**
の教育を行わなければならない。

3. 必要　同法第59条第2項の規定に
より、**労働者の作業内容を変更**
したときについては、**安全又は**
衛生のための教育を行わなけれ
ばならない。

4. 必要　同法第60条柱書（選択肢1
の解説参照）により、**安全又は**
衛生のための教育を行わなけれ
ばならない。

| No. 49 | 法規（廃棄物の処理及び清掃に関する法律） | 正答 | 1 |

1. ×　産業廃棄物の運搬を委託する
ときは、**運搬の方法**は、規定さ
れていない。

2. ○　運搬を委託するときは、**運搬**
の最終目的地の所在地は、廃棄
物の処理及び清掃に関する法律
施行令第6条の2第四号ロに**規**
定されている。

3. ○　委託する産業廃棄物の**種類及**
び数量は、同法施行令第6条の
2第四号イに**規定されている。**

4. ○　産業廃棄物の処分を委託する
ときは、**処分の方法**は、同法施
行令第6条の2第四号ハに**規定**
されている。

| No. 50 | 法規（消防法） | 正答 | 2 |

1. ○　**消防設備士**は、消防法に定め
られている。

2. ×　**特定高圧ガス取扱主任者**は、
高圧ガス保安法に定められてい
る。

3. ○　**防火管理者**は、消防法に定め
られている。

4. ○　**危険物取扱者**は、消防法に定
められている。

No. 1	環境工学 (通風及び換気)	正答	3

1. ○ 風圧力による自然換気では、風による換気を期待できる開口部が風圧を受け、それによって換気がされる。このため、**開口部面積が大きいほど、また、開口部に対する風が強いほど、換気量は大きくなる**。

2. ○ 室内外の温度差による換気を温度差換気と呼ぶ。室内空気が屋外空気より高温（室内空気密度が屋外空気密度よりも**小さい**）の場合は、空気は**下方**から室内へ流入し、反対に、室内空気が屋外空気より低温（室内空気密度が屋外空気密度よりも**大きい**）の場合は、空気は**上方**から室内へ流入する。**換気を促進させるためには、給気口と排気口の高低差を大きくする**。

3. × 室内における必要換気量は、**在室者の人数**によりその値が変動する。

4. ○ 室内を風が通り抜けることを通風という。通風は、主に**夏季の防暑対策**に利用される。

No. 2	環境工学 (日照及び日射)	正答	1

1. × 日の出から日没までの時間は、**可照時間**という。**日照時間**とは、実際に日照のあった時間、すなわち**可照時間のうちの晴天の時間**をいう。

2. ○ 日照とは、**太陽が直接地表面を照射した状態**をいい、太陽放射の光としての効果を重視している。また、**日射**とは、**太陽から受ける熱の強さ**を表し、熱的効果を重視している。

3. ○ 建物などにより1日中日照がない場所を終日日影といい、**1年を通して終日日影となる部分を永久日影という**。日照に最も有利な夏至でも終日日影となる場所は**永久日影**である。

4. ○ 日射とは、太陽から受ける熱の強さを表すもので、日射量は、単位時間に単位面積当たりに受ける熱量である。**日射量は、直達日射量**（大気を透過して直接地表へ到達した日射量）と**天空日射量**（大気中で散乱した後、地表へ到達した日射量）に大別される。

| No.3 | 環境工学（採光及び照明） | 正答 | 1 |

1. ×　**時刻や天候**によって屋外の全天空照度が変化しても、それに**比例**して室内の測定点の照度も変化するので、**昼光率は変化しない**。

2. ○　昼光率は、通常百分率（％）で表され、次の式で求めることができる。

$$昼光率(D)=\frac{ある点の面照度\ (E)}{野外水平面照度\ (E_0)}\times100(\%)$$

ある点の照度は、**室内表面の仕上げ材の反射等により変わる**ため、昼光率はその影響を**受ける**。

3. ○　全天空照度とは、全天空が望める場所で、**直射日光の照度を除いた水平面照度**のことをいう。

4. ○　光の強さや方向性、拡散性などを、立体の対象物の**立体感や質感の見え方**によって評価する方法をモデリングという。人の顔などは当たる光の**方向性、拡散性**によって印象が**大きく異な**るため、モデリングによって適切な照明で表現することが重視されてきている。

| No.4 | 建築構造（鉄筋コンクリート造） | 正答 | 3 |

1. ○　薄く湾曲した版を用いた構造をシェル構造といい、**大きな空間**をつくることができる。ドー

ムの屋根などに用いられる。

2. ○　柱や梁を用いず、**壁とスラブのみでつくられた構造**を壁式鉄筋コンクリート構造といい、梁形や柱形が室内に出ないため、室内空間を有効に利用できる。

3. ×　フラットスラブ構造は、**柱とスラブを直結して梁をなくした構造**で、室内空間を有効に利用できる。

4. ○　**柱と梁の接合部を剛接合とした構造**をラーメン構造といい、設計において自由度の高い空間をつくることができる。

| No.5 | 建築構造（鉄骨構造） | 正答 | 4 |

1. ○　**トラス構造**とは、三角形を組み合わせた構成の構造形式で、比較的**細い部材で、大きな空間**をつくることができるという特長を有している。

2. ○　小梁は、**大梁の座屈防止**のため、また、スラブの**荷重**を分散して受けるために用いられる。

3. ○　柱脚の形式には、コンクリートに埋め込まれない「**露出形式**」、根巻きコンクリートを建て込む「**根巻き形式**」、基礎コンクリートに埋め込む「**埋込み形式**」がある。

4. ×　鋼材は不燃材料であるが、高温になると強度が低下し、骨組は**十分な耐火性能を有していな**

い。

したがって、断熱性のある材料で耐火被覆する必要がある。

No. 6	建築構造 （鉄骨構造）	正答	4

1. ○ **ダイアフラム**とは、鉄骨構造の梁から柱へ**応力**を伝達するため、**仕口部**（部材の**接合**部分）に設ける**補強材**である。

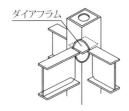

ダイアフラム

2. ○ エンドタブとは、**溶接時に溶接線の始端部、終端部に取り付けられる補助部材**をいう。

3. ○ 筋かいとは、柱と梁により構成される方形の構面に**対角線状**に入れる補強材のことをいう。鋼材は引張力に対抗する部材であり、**丸鋼を用いる筋かい**は、主に**引張力**に働く部材である。

4. × 設問は、**スプライスプレート**の説明である。**スチフナー**は、梁のウェブの座屈防止のために設けられる補強材である。

No. 7	建築構造（基礎杭）	正答	3

1. ○ 中掘工法は、先端が開放されている杭の中空部に**オーガー**を挿入し、地盤の掘削を行い、杭

を圧入する工法である。**比較的杭径が大きい場合に適している。**

2. ○ **ST 杭**は、杭の先端支持力をより**大きく**確保するために、先端部を**太くした既製コンクリート杭**で、大きな**支持力**を得ることが可能である。

3. × 杭は、軟弱地盤を貫いて硬い層まで到達し、主としてその**先端抵抗力で支持**させる支持杭と、大部分を**杭周面の摩擦力によって支持**させる摩擦杭がある。

4. ○ 場所打ちコンクリート杭は、あらかじめ地盤中に削孔した坑内に、**鉄筋かご**を挿入したのち、コンクリートを打設することにより、**現場において造成する杭**である。

No. 8	建築構造 （構造設計）	正答	3

1. ○ 建築基準法施行令第85条第1項に「建築物の各部の積載荷重は、当該建築物の実況に応じて計算しなければならない。ただし、次の表に掲げる室の床の積載荷重については、それぞれ同表の**（い）、（ろ）又は（は）の欄に定める数値**に床面積を乗じて計算することができる。」と規定されている。（い）は**床の構造計算**をする場合、（ろ）は**大梁、柱又は基礎の構造計算**をする場合、（は）は**地震力を計**

算する場合である。

したがって、床の構造計算をする場合と大梁の構造計算をする場合では、異なる単位床面積当たりの積載荷重を用いる**ことができる**。

2. ○　積雪荷重は、屋根面における**積雪量が不均等**となるおそれのある場合には、その**影響を考慮**して計算する必要がある。

3. ×　同法施行令第87条第1項に「風圧力は、**速度圧に風力係数を乗じて計算**しなければならない。」と規定されている。

したがって、風圧力は、**速度圧**に、風力係数を乗じて計算する。

4. ○　同法施行令第88条第1項に「建築物の地上部分の地震力については、当該建築物の各部分の高さに応じ、当該高さの部分が支える部分に作用する全体の地震力として計算するものとし、その数値は、当該部分の**固定荷重と積載荷重との和**（第86条第2項ただし書の規定により特定行政庁が指定する多雪区域においては、更に積雪荷重を加えるものとする。）**に**当該高さにおける**地震層せん断力係数を乗じて計算**しなければならない。」と規定されている。

したがって、地上階における地震力は、算定しようとする階の

支える荷重に、その階の**地震層せん断力係数**を乗じて計算する。

No. 9	構造力学（反力）	正答	**2**

図1のように、等変分布荷重や梁の長さを仮定する。

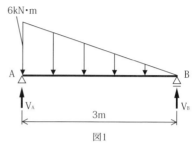

図1

仮定した等変分布荷重を集中荷重に置き換えると図2になる（三角形の重心は2:1の位置になることに注意）。

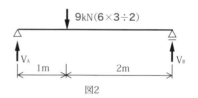

図2

$\Sigma V = 0$ より、

$V_A - 9 + V_B = 0$

$V_A + V_B = 9$……①

支点Aは回転支点なので、**モーメントM_Aは発生しない**。

したがって、

$M_A = 9 \times 1 - V_B \times 3 = 0$

$-3V_B = -9$

$V_B = 3kN$（上向き）

①に代入し、

$V_A + 3 = 9$

$V_A = 6kN$（上向き）

$V_A : V_B = 6 : 3 = 2 : 1$

したがって、正しいものは**2**である。

No. 10	構造力学 (曲げモーメント)	正答	**2**

　集中荷重での曲げモーメント図は「力×距離」より、比例（直線）となる。

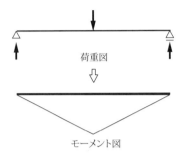

荷重図

⇩

モーメント図

等分布荷重での曲げモーメント図は、反力の「力×距離」－荷重の「力×距離」より、**2次曲線（曲線）**となる。

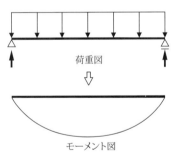

荷重図

⇩

モーメント図

したがって、**A～C区間は直線、C～B区間は曲線**となり、肢2か肢4になることが判断できる。
また、**支点Aは回転支点**であるから、**モーメントは発生しない**ため、肢4は不適切だと判断できるので、正しいものは**2**である。

No. 11	建築材料 (構造用鋼材)	正答	**4**

1. ○　鋼材の材料記号において、数字は、**保証される引張強さの下限値**であることがJISで定められている。

2. ○　引張強さとは、物体に張力が加えられるとき、破断に至るまでの**最大**の応力をいう。**鋼の引張強さ**は温度により変化し、250～300℃程度で**最大**となり、それ以上の**高温になると急激に低下**する。

3. ○　線膨張係数は1×10^{-5}［1/℃］程度である。

4. ×　鋼材のヤング係数は$2.05 \times 10^5 N/mm^2$で、常温では鋼材の強度にかかわらずほぼ一定である。

No. 12	建築材料 (木材)	正答	**1**

　設問の樹種の一般的な圧縮強度［kgf/cm^2］は、スギが**350**、ヒノキが**400**、ケヤキが**500**である。よって選択肢**1**が適当である。

No. 13	建築材料 (建具)	正答	**3**

1. ○　JIS：建具の性能試験方法通則における、**耐風圧性試験**の測定項目は、**変位・たわみ**である。

2. ○　JIS：建具の性能試験方法通則における、**遮音性試験**の測定項目は、**音響透過損失**である。

3. ×　JIS：建具の性能試験方法通則における、**結露防止性試験**の測定項目は**温度低下率**である。**熱貫流率**は**断熱性試験**の測定項目である。

4. ○　JIS：建具の性能試験方法通則における、**遮熱性試験**の測定項目は、**日射熱取得率**である。

No. 14	建築材料（防水材料）	正答	4

1. ○　**ステンレスシート**及び**チタンシート**は、連続溶接して**ステンレスシート防水層**を形成するために用いられる防水材料である。

2. ○　塗膜防水とは、**塗膜防水材を塗り重ねて**防水層となる連続的な膜を作り出すことである。ウレタンゴム系やゴムアスファルト系の塗膜防水材がある。

3. ○　アスファルトプライマーは、下地と防水層の**接着性を向上**させるために用いられる。

4. ×　塗り付ける下地に浸透して防水効果を高めるために用いるものは、**プライマー**である。防水モルタルに混入した**防水剤**は、モルタルの**防水性能**を高めるために用いられる。

No. 15	排水工事（屋外排水工事）	正答	2

1. ○　内法が600mmを超え、かつ、深さ1.2mを超える排水桝には、**足掛け金物**を取り付ける（公共

建築工事標準仕様書建築工事編21.2.2.（6）（オ））。

2. ×　桝又はマンホールの底には、**専ら雨水その他の地表水を排除すべき桝にあっては深さが15cm以上の泥だめ**が、その他の桝又はマンホールにあってはその接続する管きょの内径又は内法幅に応じ相当の幅の**インバート**が設けられていること（都市計画法施行規則第26条第七号）。**50mmでは足りない**。

3. ○　地中埋設排水管において、桝又はマンホールを設ける箇所は、①管きょの始まる箇所、②下水の流路の**方向**、勾配又は**横断面**が著しく変化する箇所、③**管きょの内径又は内法幅の120倍を超えない範囲内の長さごと**の管きょの部分のその清掃上適当な場所である（同法施行規則第26条第五号）。

4. ○　排水管を給水管に平行して埋設する場合には、原則として、両配管の水平実間隔を**500mm以上**とし、かつ、**給水管は排水管の上方**に埋設するものとする（同仕様書機械設備工事編2.7.1.（1））。

No. 16	電気設備（LED）	正答	2

1. ○　LEDは他のランプ類に比べ、耐熱性が低く、**高温の状態に弱い**。

2. ×　LEDの大きな特徴は、**寿命が長いことである**。

3. 〇　LEDの光線は、虫が寄り付くとされる**紫外線をほとんど含まない**。そのため、屋外照明に使用しても他の照明類のように虫が寄り付くことが少ない。

4. 〇　LEDは**低温でも点灯する特徴**があり、光の照射方向に**熱をほとんど発しない**。

No. 17	建築設備（用語）	正答	4

1. 〇　バキュームブレーカーとは、水受け容器中に吐き出された水、又は使用した水が**逆サイホン作用により上水系統へ逆流するのを防ぐ装置**である。給水管内に生じた**負圧**に対して自動的に空気を補充する。

2. 〇　通気管とは、**重力式の排水系統又はタンク類**において通気のために設ける管である。

3. 〇　マイコンメーターとは、**ガスメーターに、マイコン制御器を組み込んだ**、**遮断装置付きガスメーター**のことである。地震時やガスの圧力低下、ガスの流量が**多大**になった場合など、異常時に自動的にガスを**遮断**する。

4. ×　バスダクトとは、**平角電気導体を金属ダクト内に収容し、一定長の配線材料としたもの**である。空気絶縁形と密着絶縁形の

2種類がある。空気調和設備とは関係性がない。

No. 18	仮設工事（遣方及び墨出し）	正答	2

1. 〇　建築物等の高低及び位置の基準であるベンチマークは、**通常2箇所以上設け相互にチェックできるようにする**（建築工事監理指針）。

2. ×　2階より上階における高さの基準墨は、**常に1階の基準高さから測定する**。墨の引通しにより、順次下階の墨を**上げないようにする**。

3. 〇　水貫とは、水杭に示した一定の高さに上端を合わせて、水杭に**水平に取り付ける板**をいう。

4. 〇　鋼製巻尺は、同じ精度を有する巻尺を**2本以上用意**し、うち**1本は基準巻尺として保管**する。

No. 19	地業工事（地業工事）	正答	1

1. ×　土間コンクリートに設ける防湿層のポリエチレンフィルムは、**土間コンクリートの直下**、又は土間コンクリートの下に断熱材がある場合は**断熱材の直下**に、敷き込んで施工する（公共建築工事標準仕様書建築工事編4.6.5 (3)）。

2. 〇　砂利地業の締固めによるくぼみが生じた場合は、**砂又は砂利を補充**して再度転圧して、締め固める。

3. 〇　砂利地業に使用する砂利は、

再生**クラッシャラン**、切込砂利又は切込砕石とし、**粒度は、JIS A 5001（道路用砕石）によるC-40程度のもの**とする（同仕様書同編4.6.2（1））。

4. ○　捨てコンクリート地業は、掘削底面の安定化や**基礎スラブ、基礎梁のコンクリートの流失あるいは脱水を防ぐ**効果がある。表面は一般コンクリートと同様に打つ。

No. 20	コンクリート工事（型枠工事）	正答	**1**

1. ×　内柱の型枠の加工長さは、**階高からスラブ厚さとスラブ用合板せき板の厚さを減じた寸法**より下階のスラブコンクリート面の不陸を考慮し**20〜30mm**短めにする。

2. ○　柱型枠の足元は、**変形防止、セメントペースト**の漏出防止のため、**桟木、プラスチックアングル**などを**使用**する。

3. ○　窓開口部下部の型枠は、コンクリートが盛り上がるので、**端部にふたをして吹出し**を防止する。

4. ○　フラットデッキを受ける梁の側型枠は、縦桟木で受けるので、**十分な補強が必要**である。

No. 21	コンクリート工事（型枠の最小存置期間）	正答	**1**

1. ×　**柱とスラブ下のせき板の最小**

存置期間は、コンクリートの圧縮強度により定める場合、**異なる**。柱は、計画供用期間が標準の場合、**圧縮強度5N/mm²以上を満たしたとき、スラブ下は、設計基準強度の50%**に達したときである。

2. ○　**壁と梁側のせき板の最小存置期間**は、コンクリートの圧縮強度により定める場合、差異はなく**同じ**である。

3. ○　**柱と壁のせき板の最小存置期間**は、コンクリートの材齢により定める場合、差異はなく**同じ**である。

4. ○　**基礎と壁のせき板の最小存置期間**は、コンクリートの材齢により定める場合、差異はなく**同じ**である。

No. 22	鉄骨工事（高力ボルト接合）	正答	**4**

1. ○　ナット側の座金は、座金の**内側面取り部がナットに接する側**になるように取り付ける。

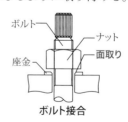

ボルト　ナット　面取り　座金

ボルト接合

2. ○　接合部の力を伝達する部分には、すべり係数の**小さい**ものを挟んではならないので、フィラー

プレートも**主材と全く同様に処理**しなければならない（建築工事監理指針）。

3.○　錆の発生状態は、**鋼材の表面が一様に赤く見える程度**とする。**少ないのも、浮き錆に近いのも不適当**である。

4.×　ボルトの締付けは、ボルト群ごとに継手の**中心部より周辺に向かう順序**で行う。

No.23	防水工事（加硫ゴム系シート防水接着工法）	正答	3

1.○　接着工法の場合、ローラーはけ等を用いて**当日の施工範囲をむらなく塗布**する。

2.○　プライマーは、下地への浸透性を高め、接着力を向上させるために用いる。**接着剤はプライマー塗布、乾燥後に使用**する。

3.×　**接着工法の場合は、塗布した接着剤のオープンタイムを確認してからローラー等で転圧して**接着させる。

4.○　仕上塗料には、豊富な色彩があり、**美観とシート保護のため**に塗布される。

No.24	屋根及びとい工事（金属製折板葺）	正答	4

1.○　嵌合形折板は、**仮葺やボルト締めの必要がない**。片側を引っ掛け嵌合する**片嵌合形**と、キャップを上部よりはめ込み嵌合する

両嵌合形がある（建築工事監理指針）。

2.○　固定金具の位置及び固定金具間は、手動はぜ締め機を用いて**1m間隔程度で部分締め**する（同指針）。

3.○　折板葺のけらばの変形防止材には、**折板の3山ピッチ以上の長さのものを用いる**。なお、けらばとは、屋根の妻側の端部をいう。

4.×　タイトフレームと下地材との接合は、**隅肉溶接**とし、溶接後はスラグを除去し、A種の錆止め塗料を塗り付ける（公共建築工事標準仕様書建築工事編13.3.3（3）（イ））。

No.25	左官工事（セメントモルタル塗り）	正答	4

1.○　下塗り、中塗り、上塗りの各層の塗り厚は、一般的には**6mm程度**とする。

2.○　下塗りは、吸水調整材塗りの後、**1時間以上放置**する。

3.○　セメントモルタル塗りの下塗り用の砂の粒度は、**A種が望ましい**とされている（建築工事監理指針）。

4.×　吸水調整材とは、モルタル塗りの下地となるコンクリート面などに**直接塗布**し、下地とモルタル界面に**非常に薄い膜を形成**して、モルタル中の水分の下地へ

の吸水（ドライアウト）による
付着力の低下を防ぐものである。

No. 26	建具工事（建具金物）	正答	**2**

1. ○　モノロックとは、内外の握り玉の同一線上に施解錠の操作が集約化され、**トリガー付きのラッチボルトのみで**、**デッドボルト**を有しない錠である。

2. ×　床に埋め込まれる扉の自閉金物で、自閉速度を調整できるものは、**フロアヒンジ**である。ピボットヒンジは、扉の上端と下端に取り付けられるもので、**自閉機能も閉鎖速度制御機能も有していない**。

3. ○　空錠とは、ハンドルで**ラッチボルト**（戸が風等であおられないための仮締まりで、ハンドル操作で引き込ませるもの）**を操作する錠**である。

4. ○　本締り錠は、デッドボルトのみを有するシリンダ本締り錠・棒かぎ本締り錠で、**鍵又はサムターンで施解錠できる錠**である。

No. 27	内装工事（せっこうボード張り）	正答	**2**

1. ○　目透し工法で壁を仕上げる場合には、**へり折り面はスクェアエッジのボードを使用**する。

2. ×　ドリリングタッピンねじの頭は、**ボード面よりやや低くなるように締め込む**。

3. ○　鋼製下地に張り付けるドリリングタッピンねじの留付け間隔は、**周辺部200mm程度**、**中間部は300mm程度とする**（公共建築工事標準仕様書建築工事編19.7.3（4）（ア）、表19.7.2）。

4. ○　ボードの**重ね張り**は、上張りと下張りのジョイント位置が**同位置にならないようにする**。

No. 28	改修工事（外部仕上げ改修工事）	正答	**3**

1. ○　防水層撤去後の下地コンクリート面の軽微なひび割れは、新規防水が絶縁工法の場合ならば、**シール材補修**で足りる。

2. ○　旧塗膜の除去方法には、**ディスクサンダー**等により削る方法のほか、**高圧水洗工法**等によりぶつける方法、**溶解・膨潤・軟化させる方法**、**焼く方法**がある（建築改修工事監理指針）。

3. ×　既存露出アスファルト防水層の上に、アスファルト防水熱工法により改修する際の**下地調整材は、ストレッチルーフィングである**。ポリマーセメントモルタルは外壁仕上げに使用し、表面の軽微な欠損部に適用する。

4. ○　再充填工法で改修する場合、既存シーリング材を除去し、**同種又は異種のシーリング材**を再充填する。既存よりも高い耐久

性が求められる場合は、耐久性の高い異種の材料を用いる。

No. 29	施工計画 （事前調査）	正答	3

1. ○ **既製杭の打込み**が予定されている場合には、近接する**工作物や舗装の現況の調査**を行う必要がある。

2. ○ 掘削中に**地下水を揚水**する場合には、周辺の**井戸の使用状況の調査**を行う必要がある。

3. × 工事予定の建物による電波障害に関する調査とともに、タワークレーン設置による影響についても**確認を行う必要がある。**

4. ○ 地下埋設物等の地中障害物は施工に影響を及ぼすため、地下障害物を確認するため、過去の土地利用の履歴について調査を行うことは、事前調査において**適当である。**

なお、地下埋設物は工期等に影響を及ぼす事象として、建設業法第20条の2に「建設工事の注文者は、当該建設工事について、地盤の沈下その他の工期又は**請負代金の額に影響を及ぼすものとして国土交通省令で定める事象**が発生するおそれがあると認めるときは、請負契約を締結するまでに、建設業者に対して、その旨及び当該事象の状況の把握のため必要な情報を提供

しなければならない。」と規定があり、国土交通省令で定める事象は、同法施行規則第13条の14に、①地盤の**沈下**、**地下埋設物**による土壌の汚染その他の地中の状態に起因する事象、②**騒音**、**振動**その他の周辺の環境に配慮が必要な事象、と規定されている。

No. 30	施工計画 （仮設計画）	正答	4

1. ○ **規模が小さい作業所**の場合は、業務に支障がなければ、守衛所を設けずに警備員だけを出入口に配置する仮設計画**としてもよい。**

2. ○ 作業員詰所は、職種数や作業員の増減に対応するため、大部屋方式とすることは**適当な措置**である。

3. ○ 下小屋（工事現場に設けられる仮設作業小屋）は、**材料置場の近く**に設置し、**電力及び水道**等の設備を設ける。

4. × 鋼板製仮囲いの下端は、雨水**が流出しないように、すき間を**あけないようにする。

No. 31	品質管理 （材料の保管）	正答	1

1. × アスファルトルーフィングは、屋内の乾燥した場所に**立てて保**管する。

2. ○ ALCパネルを、**台木を水平に**

102

置いた上に**平積み**で**保管**することは適当である。

3. ○ 壁紙を、ポリエチレンフィルムを掛けて養生し、**屋内に立てて保管**することは適当である。

4. ○ アルミニウム製建具を保管する場合は、接触腐食を起こすおそれのある**異種金属**との接触を防ぎ、**縦置き**とする。また、結露による汚れを防止するため、室温を**外気温**より高くする。

No. 32	施工計画（工程計画）	正答	**3**

1. ○ 敷地周辺の上下水道、ガス等の**公共埋設物は、着工前の総合工程表の立案段階で考慮すべき事項**の一つである。

2. ○ 既存の地下埋設物について、工事の障害となるおそれがある場合には、桝やマンホール等から位置を調べ、**必要があれば試掘**して必要な対策を講ずる。

3. × 工種別の施工組織体系は、**立案段階で考慮すべき事項ではない**。工種別の施工組織体系は、**総合工程表や工種別施工計画を計画した後に検討される**。

4. ○ 騒音及び振動について、周囲に与える**環境**や**法的規制**を把握し、必要があれば適当な処置を検討する。

No. 33	工程管理（バーチャート工程表）	正答	**4**

1. ○ バーチャート工程表は、**縦軸に各工事項目**を列記し、**横軸に月日**を設け、作業開始から終了までを棒グラフで表す。

2. ○ バーチャート工程表に、主要な工事の節目をマイルストーンとして付加すると、**工程の進捗状況が把握しやすくなる**。

3. ○ バーチャート工程表では、各作業の相互関係を明確に把握することはできない。また、各作業の**全体工期への影響度が把握**しにくい。

4. × バーチャート工程表に、作業を細分化して表に示す作業を増やしたりすると、工程の**内容**が**把握しにくくなる**。

No. 34	品質管理（QC工程表）	正答	**3**

1. ○ QC工程表とは、品質確保のために各工程において行う管理・検査等をまとめたものである。一般的に**工種別又は部位別に作成**する。

2. ○ 管理項目とは、目標の達成を管理するために、**評価**尺度として選定した項目をいう（JIS Q 9023：2018）。管理項目は、結果を導く要因を総合的に評価する尺度を代替的な管理項目として用いられるので、**目指す品**

103　　問題◀本冊 p.113 ◀◀◀

令和3年度（後期）第一次検定

質に直接関係している要因から取りあげていく必要がある。

3. ×　QC工程表では、**管理項目を並べる順序は決められていない。**

4. ○　品質管理を組織的に行うために、管理項目ごとに工事監理者、施工管理者、専門業者など、**管理担当者の分担を明確に**することが重要である。

No. 35	品質管理（マーキング）	正答	**2**

1. ○　軸回りの有無は、マークのずれによって**確認できる。**

2. ×　トルク値は、マークのずれによって**確認できない。**

3. ○　ナットの回転量は、マークのずれによって、**確認できる。**

4. ○　共回りの有無は、マークのずれによって、**確認できる。**

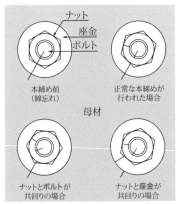

一次締め後のマーキングによるチェック

No. 36	品質管理（コンクリート試験）	正答	**3**

1. ○　フレッシュコンクリートの温

度測定について、測定結果の温度は、**1℃単位**で表示する（JIS A 1156）。

2. ○　圧縮強度の試験は、コンクリート打込み日ごと、打込み工区ごと、かつ、**150m³以下の単位**ごとに行う。

3. ×　スランプ試験は、**0.5cm単位**で測定する。

4. ○　スランプコーンは、スランプ試験及びスランプフロー試験に用いられ、その**高さは300mm**とする。

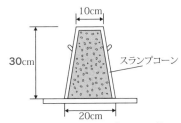

スランプフロー（スランプコーンを抜いたときのコンクリートの直径）試験

No. 37	安全管理（建築工事の危害・迷惑）	正答	**2**

1. ○　ダストシュートは、工事現場で高所からくず、ごみ等を投下する場合に、**飛散しないように設置**する筒状のものである。

2. ×　工事用車両による道路の汚れは、**タイヤ洗浄場を設置**し対応する。**沈砂槽**は、**工事現場の排水**に際して、土砂やモルタル等が下水道等に流入しないように設置するものである。

3. ○ 事業者は、作業のため物体が落下することにより、労働者に危険を及ぼすおそれのあるときは、**防網の設備**を設け、**立入区域を設定する**等当該危険を防止するための措置を講じなければならない（労働安全衛生規則第537条）。

4. ○ 解体工事による粉塵の飛散を防ぐために、散水設備を設置することは**適当な措置である**。

| No.38 | 法規
（労働安全衛生法） | 正答 | 2 |

1. ○ 労働安全衛生法第30条により、**作業場所を巡視**することは、**統括安全衛生責任者**を選任すべき**特定元方**事業者が、労働災害を防止するために行わなければならない事項の一つである。

2. × 同規則第566条（足場の組立て等作業主任者の職務）に、「**事業者は、足場の組立て等作業主任者**に、次の事項を行わせなければならない。ただし、解体の作業のときは、第一号の規定は、適用しない。

一 材料の欠点の有無を点検し、不良品を取り除くこと。」と規定されており、**特定元方**事業者の講ずべき措置としてではなく、**足場の組立て等作業主任者の職務**として定められている。

3. ○ 同規則第638条により、関係請負人が行う安全教育に対して、**安全教育に使用する資料を提供**することは、**特定元方**事業者が、労働災害を防止するために行わなければならない事項の一つである。

4. ○ 同規則第639条により、クレーン等の**運転の合図を統一的に定める**ことは、**統括安全衛生責任者**を選任すべき**特定元方**事業者が、労働災害を防止するために行わなければならない事項の一つである。

| No.39 | 鉄筋工事
（鉄筋の加工及び組立て） | 正答 | 3、4 |

1. ○ 鉄筋の折曲げ加工は、**常温で加工（冷間加工）**して組み立てる。

2. ○ 交差する鉄筋相互の結束は**帯筋、あばら筋では四隅の交点で全数、その他の交点で半数以上、スラブ、壁では交点の半数以上**を標準とする。

3. × **鉄筋のあき・間隔の最小寸法は、鉄筋の径と粗骨材の最大寸法によって決まる**。鉄筋のあきは、鉄筋とコンクリートの付着による応力の伝達が十分に行われ、かつコンクリートが分離することなく密実に打ち込まれるよう過小であってはならない。

4. × 鉄筋末端部フックの余長は、折曲げ角度180°の場合は**4d以**

上、135°の場合は**6d以上**、90°の場合は**8d以上**であり、**折曲げ角度が大きいほど短くなる**（公共建築工事標準仕様書建築工事編5.3.2（3）、表5.3.1）。

No. 40	木工事 （在来軸組構法）	正答	**2、3**

1. ○ 「木造住宅工事仕様書：住宅金融支援機構」において、土台を固定するアンカーボルトは、**土台の両端部**や**継手の位置**、**耐力壁の両端の柱に近接した位置**に設置する旨、規定されている。

2. × 根太の継手位置は、**大引等の受け材の心として**、突付け継ぎ、釘打ちとする。

3. × 火打梁は、**梁と梁との水平構面**の隅角部に斜めに入れる。

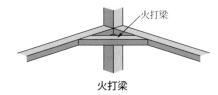
火打梁

火打梁

4. ○ 一般的に、内装下地や造作部材の取付けは、屋根葺き工事が**終わり、建物内への雨水浸入のおそれがなくなった後に行う**。

No. 41	タイル工事 （後張り工法）	正答	**1、4**

1. × 密着張りにおいて、タイルの張付けは、**上部から下部に水糸に合わせタイルを張り**、その後に間を埋めるように張る。

2. ○ 改良積上げ張りにおいて、小口タイルの張付けは、はく離を防止するため、**1日の施工高を1.5m程度**とする。

3. ○ モザイクタイル張りのたたき押えは、全面にわたって十分に行う必要があるが、その目安は、タイル目地に盛り上がった張付け**モルタルの水分で、紙張りの目地部分が濡れてくることによって判断する**（建築工事監理指針）。

4. × 改良圧着張りにおいては、張付けモルタルの1回に塗り付ける面積は、**タイル工1人当たり2m²程度**とする（公共建築工事標準仕様書建築工事編11.2.6.（3）（ウ）（a））。

No. 42	塗装工事 （塗装工事）	正答	**1、3**

1. × モヘアとは、天然繊維である獣毛の一つであるアンゴラ山羊の毛をいう。**モヘア**のローラーブラシは、**強溶剤系の塗料**には**不適**である。強溶剤系の塗料には、**ウール（羊毛）など**が用いられる。

2. ○ オイルステインは、**油溶性染料**をシンナー等で溶解して、少量の油ワニス又は合成樹脂ワニスを添加した着色剤である。よって、色濃度の調整には**シンナーを使用して問題**はない。

3. × 合成樹脂調合ペイントは、塗

膜の**耐アルカリ性が劣るため、コンクリート、モルタル等のアルカリ性素地の塗装には使用できない**（建築工事監理指針）。

4. ○ ローラーブラシ塗りの、隅、ちり回り等は、小ばけや専用ローラーを用いて**先行して塗る**（公共建築工事標準仕様書建築工事編18.1.4（5）（ウ））。

| No. 43 | 法規（建築基準法） | 正答 | **2** |

1. ○ 建築基準法第2条第十七号に、**設計者**は**その者の責任において、設計図書を作成した者**をいうと規定されている。

2. × 同法第2条第二号に、特殊建築物は学校（専修学校及び各種学校を含む。以下同様とする。）、体育館、病院、劇場、観覧場、集会場、展示場、百貨店、市場、ダンスホール、遊技場、公衆浴場、旅館、共同住宅、寄宿舎、下宿、工場、倉庫、自動車車庫、危険物の貯蔵場、と畜場、火葬場、汚物処理場**その他これらに類する用途に供する建築物**をいうと規定されている。なお、コンビニエンスストアは、**その他これらに類する用途**の供する建築物に相当し、**特殊建築物に該当する**。

3. ○ **設計図書**とは、建築物、その敷地又は同法第88条第1項から第3項までに規定する工作物に関する**工事用の図面**（現寸図その他これに類するものを除く。）**及び仕様書**をいう（同法第2条第十二号）。

4. ○ 同法第2条第一号により、**建築物**とは、土地に定着する工作物のうち、屋根及び柱若しくは壁を有するもの（これに類する構造のものを含む。）、これに附属する門若しくは塀、観覧のための工作物又は地下若しくは高架の工作物内に設ける事務所、店舗、興行場、倉庫その他これらに類する施設（鉄道及び軌道の線路敷地内の運転保安に関する施設並びに跨線橋、**プラットホームの上家**、貯蔵槽その他これらに類する施設を**除く**。）をいい、建築設備を含むものとする。

したがって、駅のプラットホームの上家は、**建築物ではない**。

| No. 44 | 法規（建築基準法） | 正答 | **1** |

採光のための窓その他の開口部を設けなければならない居室は、建築基準法第28条第1項及び同法施行令第19条に規定されており、**保育所の保育室**が定められている。また、**病院**については、診察室**ではなく病室**が定められている。

その他、採光に必要な開口部が必

令和3年度（後期）第一次検定

要な居室には、居住のための居室、学校の教室、**寄宿舎の寝室**、下宿の宿泊室、児童福祉施設等の入所者用寝室、児童福祉施設等の居室のうちこれらに入所し、又は通う者に対する保育、訓練、日常生活に必要な便宜の供与その他これらに類する目的のために使用されるもの、**病院、診療所及び児童福祉施設等の居室のうち入院患者又は入所する者の談話**、娯楽その他これらに類する目的のために使用されるものがある（**有料老人ホーム**は児童福祉施設等に含まれる）。

したがって、採光のための窓その他の開口部を設けなくてよいものは、**1**の**病院の診察室**である。

No.★45	法規（建設業法）	正答	**3**

1. ○　解体工事業において、発注者から直接請け負う1件の建設工事の下請代金の総額が**4,000万円以上**の下請契約をする場合には、特定建設業の許可を受けなければならない（建設業法第3条第1項第二号、同法施行令第2条）。

※令和5年1月1日施行の建設業法施行令の改正により、特定建設業の許可を要する下請代金額の下限は4,000万円以上だったが、4,500万円以上に改正されたため、**現在では×となる**（同法施行令第2条）。

2. ○　建築工事業において、発注者から直接請け負う1件の建設工事の下請代金の総額が**6,000万円以上**の下請契約をする場合には、特定建設業の許可を受けなければならない（同法施行令第2条）。

※令和5年1月1日施行の建設業法施行令の改正により、建築一式工事の場合、下請代金額の下限は**6,000**万円以上だったが、7,000万円以上に改正されたため、**現在では×となる**（同法施行令第2条）。

3. ×　同法第3条第1項柱書により、建設業を営もうとする者は、建設業の許可を受けなければならない。ただし、政令で定める**軽微な建設工事のみを請け負うことを営業とする者は、この限りでない**。

4. ○　一般建設業の許可を受けようとする者は、**2以上の都道府県**の区域内に営業所を設けて営業をしようとする場合は**国土交通大臣**に、**1の都道府県の区域内**にのみ営業所を設けて営業をしようとする場合は、営業所の所在地を管轄する**都道府県知事**に、営業所の名称及び所在地等を記載した**許可申請書**を提出しなければならない（同法第3条第1項）。

| No.46 | 法規（建設業法） | 正答 | 2 |

建設工事の請負契約書に記載しなければならない事項については、建設業法第19条に規定されている。

1. ○　工事内容及び請負代金の額は、同法第19条第1項第一号及び第二号に**規定されている**。

2. ×　工事の履行に必要となる建設業の許可の種類及び許可番号は、**規定されていない**。

3. ○　各当事者の履行の遅滞その他債務の不履行の場合における遅延利息、違約金その他の損害金は、同法第19条第1項第十四号に**規定されている**。

4. ○　請負代金の全部又は一部の前金払の定めをするときは、その支払の時期及び方法は、同法第19条第1項第五号に**規定されている**。

| No.47 | 法規（労働基準法） | 正答 | 1 |

1. ×　使用者は、前借金その他労働することを条件とする前貸の債権と賃金を**相殺してはならない**と規定されている（労働基準法第17条）。

2. ○　使用者によって明示された労働条件が事実と相違する場合においては、労働者は、**即時に労働契約を解除する**ことができると規定されている（同法第15

条第2項）。

3. ○　使用者は、労働者が業務上負傷し、又は疾病にかかり療養のために**休業する期間及びその後30日間**並びに産前産後の女性が**休業する期間及びその後30日間**は、解雇してはならない（同法第19条第1項）。

4. ○　労働条件は、労働者と使用者が、**対等の立場において決定**すべきものである（同法第2条第1項）。

| No.48 | 法規（労働安全衛生法） | 正答 | 4 |

事業者が、新たに職務に就くことになった職長に対して行う安全衛生教育に関する事項については、労働安全衛生法及び同規則に規定されている。

1. ○　労働者の配置に関することは、同法第60条第1項第一号に**規定されている**。

2. ○　異常時等における措置に関することは、同規則第40条第1項第二号に**規定されている**。

3. ○　危険性又は有害性等の調査に関することは、同規則第40条第1項第一号に**規定されている**。

4. ×　作業環境測定の実施に関することは、事業者が、新たに職務に就くことになった職長に対して行う安全衛生教育に関する事項に**規定されていない**。作業環

令和3年度（後期）第一次検定

境測定は同法第65条第1項に事業者が行うと定められている。

| No. 49 | 法規（廃棄物の処理及び清掃に関する法律） | 正答 | 1 |

1. ×　**工作物の新築**に伴って生じた**紙くず**は、一般廃棄物ではなく、**産業廃棄物**である（廃棄物の処理及び清掃に関する法律施行令第2条第一号）。

2. ○　建設工事の**現場事務所**から排出された**新聞や雑誌**は、**一般廃棄物**である（同法第2条第2項）。

3. ○　**工作物の除去**に伴って生じた**コンクリートの破片**は、**産業廃棄物**である（同法施行令第2条第九号）。

4. ○　工作物の新築に伴って生じた**ゴムくず**は、**産業廃棄物**である（同法施行令第2条第五号）。

| No. 50 | 法規（消防法） | 正答 | 3 |

消防法施行令第7条に消防用設備等の種類が掲げられている。

1. ○　自動火災報知設備は、**警報設備**である。その他、警報設備には、ガス漏れ火災警報設備、漏電火災警報器、消防機関へ通報する火災報知設備等がある（同法施行令同条第3項）。

2. ○　救助袋は、**避難設備**である。その他、避難設備には、すべり台等の機械器具のほか、誘導灯

及び誘導標識がある（同法施行令同条第4項）。

3. ×　**連結散水設備**は、**消火活動上必要な施設**である。消火設備は、**水その他消火剤を使用して消火を行う機械器具又は設備**であって、消火器及び簡易消火用具、屋内消火栓設備、スプリンクラー設備、動力消防ポンプ設備等である（同法施行令同条第2項）。

4. ○　防火水槽は、**消防用水**である。消防用水には、防火水槽又はこれに代わる貯水池その他の用水がある（同法施行令同条第5項）。

令和3年度 前期

2級建築施工管理技術検定 第一次検定 正答・解説

No.1	環境工学（湿度及び結露）	正答	1

1. ×　絶対湿度ではなく、**相対湿度**が100％になる温度を露点温度という。**相対湿度**とは、空気の飽和水蒸気量に対する水蒸気量の百分率、**絶対湿度**とは、空気と水蒸気の質量比をいう。

2. ○　**熱橋**とは、**ヒートブリッジ**ともいい、壁体の中に鉄骨などの**熱伝導率の大きい場所**がある場合に、熱が集中して流れる部分のことをいう。

3. ○　**表面結露**とは、冬季暖房時に、室内の水蒸気により外壁などの**室内側表面**で生じる結露をいう。一方、冬季暖房時に、室内の水蒸気により壁などの**内部**で生じる結露を**内部結露**という。

4. ○　**絶対湿度**とは、乾燥空気1kg当たりに含まれている水蒸気の**質量**、すなわち、空気と水蒸気の**質量**比をいう。

No.2	環境工学（照明）	正答	3

1. ○　**直接**照明とは、光源の光を被照射面に**直接**照射する照明方式、**間接**照明とは、光源の光を反射させて被照射面に**間接**的に照射する照明方式をいう。一般に直接照明に生じる陰影は、間接照明と比べて濃くなる。

2. ○　点光源による照度は、光源の光度に**比例**し、光源からの**距離の2乗に反比例**する。

3. ×　色温度の単位は**K（ケルビン）**である。色温度とは、光を完全に吸収する黒体の温度放射により生じる**光の色を用いて**、色合いを絶対温度で表示したものをいう。lm（ルーメン）は光源の**光束**の単位である。

4. ○　**タスク・アンビエント**照明とは、**局部**照明（**タスク**照明）と**全般**照明（**アンビエント**照明）を併せて行う方式で、作業灯で作業場所を照らし、天井照明で室内全般を照らす照明方式などがある。

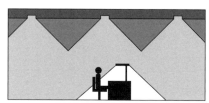

タスク・アンビエント照明

| No. 3 | 環境工学（色） | 正答 | **2** |

1. ○ 一般に**明度が高い色**、すなわち明るく感じる色ほど、**膨張**して**大きく**見える。

2. × 一般に同じ色でもその面積が**大きい**ほど、明るさや鮮やかさが増して見える。

3. ○ **補色**とは、2つの有彩色を混ぜて**無彩色（灰色）**になるときの2色の関係をいう。

4. ○ **補色**の関係にある二色を**対比**させると、互いに**強調しあい**、鮮やかさが増して見える。

| No. 4 | 木工事（木造在来軸組構法） | 正答 | **3** |

1. ○ **構造耐力上主要**な部分である**柱の有効細長比**は、**150以下**とする。

2. ○ 引張力を負担する筋かいは、**厚さ1.5cm以上で幅9cm以上**の木材又は**径9mm以上**の鉄筋を使用したものとしなければならない（建築基準法施行令第45条第1項）。

3. × 筋かいを入れた構造耐力上必要な軸組の長さは、各階の床面積が同じ場合、**1階の方が2階より大きな値**となる（同法施行令第46条第4項第二号）。

4. ○ 地階を除く**階数が2を超える建築物の1階の構造耐力上主要**な部分である柱の断面は、原則として、小径**13.5cm以上**とする（同法施行令第43条第2項）。

| No. 5 | 建築構造（鉄筋コンクリート構造） | 正答 | **4** |

1. ○ 建築基準法施行令第73条に「鉄筋の末端は、かぎ状に折り曲げて、コンクリートから抜け出ないように定着しなければならない。」と規定されている。したがって、柱の出隅部の主筋には、**末端部にかぎ状に折り曲げたフックを付ける**必要がある。

2. ○ クリープとは、長期間の荷重によりひずみが徐々に大きくなる現象をいう。梁にクリープが発生するとコンクリートの圧縮力が低下するため、鉄筋を**増やして鉄筋に圧縮力を負担**させると、クリープによるたわみを**小さく**することができる。

3. ○ 梁のコンクリートを打設したとき、梁主筋の上端筋周りのコンクリートは重力の影響で沈下し、付着性能が低下するので、梁主筋の**上端筋は、許容される付着応力度を小さく**する必要がある。

したがって、梁主筋とコンクリートの許容付着応力度は、**上端筋より下端筋の方が大きい**。

4. × 鉄筋のコンクリートに対する許容付着応力度は、鉄筋の位置及び設計基準強度22.5N/mm²

以下の場合、22.5N/mm²を超える場合に応じて異なる式が掲げられている（同法施行令第91条第1項、平成12年建設省告示第1450号）。**設計基準強度22.5N/mm²を超える場合の方が**、22.5N/mm²以下の場合よりも**許容付着応力度は高くなる**。

No. 6	建築構造 （鉄骨構造）	正 答	**2**

1. ○　すべり係数とは、摩擦接合面のすべりにくさを表す値で、値が**大きい**ほどすべりにくいことを表す。高力ボルト接合は、接合面の摩擦力により圧力を伝達するので、**ショットブラスト処理**などによる**一定の値以上のすべり係数が必要**である。ショットブラスト処理とは、研磨剤の噴射により部材の表面を**ザラザラに加工**する処理方法である。

2. ×　母材の端部を切り欠いて開先をとり、そこに溶着金属を盛り込んで溶接継目を形づくる溶接は、**突合せ溶接**である。**隅肉溶接**とは、部材の入隅部に溶着金属を盛り込んで溶接継目を形づくる溶接をいう。

突合せ溶接

（右段の図参照）

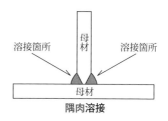
隅肉溶接

3. ○　鉄骨構造の接合における応力を伝達させる主な溶接継目の形式には、**完全溶込み溶接**、**部分溶込み溶接**、**隅肉溶接**がある。

4. ○　溶接と高力ボルトを併用する継手で、**高力ボルトを先**に締め付ける場合は両方の許容耐力を**加算**することができる。

No. 7	建築構造 （地盤・基礎構造）	正 答	**3**

1. ○　基礎は、**直接地盤**に支持させる**直接基礎**と、杭に支持させる**杭基礎**に大別される。**直接基礎**は、基礎スラブの形式によって、**フーチング基礎**と**べた基礎**に大別される。

2. ○　圧密とは、地盤の上に荷重がかかることによって、水がしぼり出されて体積が**収縮**する現象をいう。水を多く含んだ**粘性土地盤**では、**圧密が生じやすい**。

3. ×　**洪積層**は、沖積層に比べて**地盤が安定**しており、軟弱地盤の傾向のある沖積層に比べて、建築物の**支持地盤として適している**。

4. ○　**複合フーチング基礎**とは、2

本以上の柱をまとめて一つのフーチングで支える形式の基礎をいう。複合フーチング基礎は、隣接する**柱間隔が狭い場合**などに用いられる。

独立フーチング　複合フーチング　連続フーチング

No. 8 構造力学（応力度）　正答 **4**

1. ○　せん断応力度（τ）を求める式として2つある。

平均せん断応力度は $\tau = \dfrac{Q}{A}$ であるが、

一般には $\tau_y = \dfrac{QS_x}{I_x b}$ である。

Q：せん断力

S_x：y 部分におけるX方向の**断面一次モーメント**

I_x：y 部分におけるX方向の**断面二次モーメント**

b：断面の幅

2. ○　曲げ応力度（σ）は、

$\sigma = \dfrac{M}{Z}$ である。

M：**曲げモーメント**

Z：**断面係数**

断面係数は、**断面二次モーメント**より算定される。

3. ○　**縁応力度**とは、部材の断面の端部（上端、下端）に生じる曲げ応力度をいう。曲げ応力度同様に、**断面係数**により算定される。

4. ×　引張応力度（σ_t）は、

$\sigma_t = \dfrac{P}{A}$ である。

P：**引張力**、A：**断面積**

断面二次半径は、**断面二次モーメント**を断面積で割った値の平方根をとったもの。

No. 9 構造力学（応力）　正答 **1**

$M = 6\,\text{kN}\cdot\text{m}$

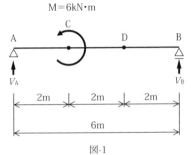

図-1

図-1のように、各支点の垂直反力を V_A、V_B と仮定し、支点Aは、**回転支点なので、モーメントは発生しない**ことを利用する。

$M_A = -6 - V_B \times 6 = 0$

$-6V_B = 6$

$V_B = -1\,\text{kN}（\uparrow）$

答えがマイナスなので向きが逆となり、

$V_B = 1\,\text{kN}（\downarrow）$

点Dの各応力を求めたいので、点Dより右半分図-2で考える。

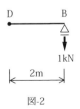

図-2

114

せん断力は、

$Q_D - 1 = 0$

$Q_D = 1kN$

曲げモーメントは、

$M_D = 1 \times 2 = 2kN\cdot m$

したがって、正しいものは**1**である。

No. 10	構造力学 （曲げモーメント）	正答	**2**

　A点には、上向きの荷重が加わるため、A点近傍には材の**下側**が引っ張り側になるので、A点近傍の曲げモーメント図は**下側**に生じる。

　B点には、時計方向の曲げモーメント $P \times l = Pl[N\cdot m]$ と反時計方向の曲げモーメント $3P \times l/2 = 1.5Pl[N\cdot m]$ が生じる。時計方向よりも反時計方向の曲げモーメントの方が**大きい**ので、B点には**反時計**方向の曲げモーメントが生じる。

　したがって、B点には材の**上側**が引っ張り側になるので、B点近傍の曲げモーメント図は**上側**に生じる。正しいものは**2**である。

No. 11	建築材料 （コンクリート）	正答	**2**

1. ○　スランプとはスランプ試験により得られる値で、フレッシュコンクリートの流動性を示す指標である。スランプが**大きい**ほど、フレッシュコンクリートの流動性は**大きく**なる。

2. ×　水セメント比とは、フレッシュコンクリート中のセメントに対する水の**重量比**である。水セメント比が**大きい**ほど、フレッシュコンクリート中のセメントに対する水の重量が**大きく**なり、硬化後のコンクリートの圧縮強度は**小さく**なる。

3. ○　単位セメント量とは、フレッシュコンクリート $1m^3$ 中に含まれるセメントの**重量[kg]**をいう。細骨材率とは、骨材（砂利・砂）に占める細骨材（砂）の割合（**体積比**）をいう。単位セメント量や細骨材率が**大きく**なると、フレッシュコンクリートの粘性（粘

No.11-1 の図

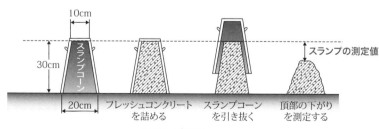

スランプ試験

り気）は**大きくなる**。

4. ○　ヤング係数とは、ひずみと応力の関係を示す係数で、ヤング係数が**大きいほど**、ひずませるのに**大きな**応力を要し、変形しにくい**硬い性質**となる。コンクリートの圧縮強度が**大きくなる**と、ヤング係数も**大きくなる**。

No. 12	建築材料（セラミックタイル）	正答	3

1. ○　床に使用可能なタイルの耐摩耗性には、接着面に対する**耐素地摩耗性**と外表面に対する**耐表面摩耗性**がある。

2. ○　**有機系接着剤**によるタイル後張り工法で施工するタイルには、**裏あしがなくてもよい**。一方、セメントモルタルによる外壁タイル後張り工法で施工するタイル等、外装タイル及び外装タイル以外で屋外の壁に使用するタイルの裏あしの形状は、**あり状**とする。**裏あし**とは、セメントモルタル等との接着をよくするために裏面につけたあし、リブ又は凹凸をいい、**あり状**とは、裏あしの形状の一種をいう。

裏あしタイル（あり状）

3. ×　裏連結ユニットタイルとは、裏面の連結材によりユニット化されているタイルをいい、裏連結ユニットタイルの**裏連結材**は、タイル張り時に**剥がさないでそのまま埋め込んで施工する**。

4. ○　タイルの種類には、うわぐすりのある**施ゆう**と、うわぐすりのない**無ゆう**がある。

No. 13	建築材料（シーリング材）	正答	2

1. ○　ポリウレタン系シーリング材の1成分形は、**気温・湿度が高いときには発泡するおそれがある**。また、硬化後タック（粘着性）が残るものがあり、ほこりに注意する。

2. ×　シリコーン系シーリング材は、表面への塗料の**付着性は悪いが**、**耐候性、耐熱性、耐寒性及び耐久性に優れている**。

3. ○　変成シリコーン系シーリング材は、**ガラス越しの耐光接着性が劣る**ため、ガラス面**には向かない**。

4. ○　アクリルウレタン系シーリング材は、**耐候性に欠けるために**露出できないので、**ガラス回りには適していない**。

No. 14	建築材料（内装材料）	正答	4

1. ○　木毛セメント板とは、リボン状に細長く削り出した木材をセメントペーストで圧縮成形したも

ので、**断熱性、吸音性に優れている**。

2. ○ けい酸カルシウム板は、石灰質原料（セメントを含む）、けい酸質原料、石綿以外の繊維・混和材料を原料とし高温高圧蒸気養生を施したもので、**軽量で耐火・断熱・音響性能に富み、温度や湿度による伸縮、反り等の変形が小さい。**

3. ○ パーティクルボードは、木材などの**小片を主な材料**として、接着剤を用いて**成形熱圧した板材**である。

4. × 強化せっこうボードは、芯材のせっこうに**無機質繊維等を混入**したもので、**防火性を向上**させたものである。防火・準防火・耐火、遮音構造に用いる。

No. 15	舗装工事（アスファルト舗装工事）	正 答	3

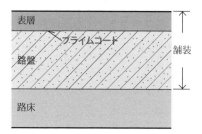

アスファルト舗装

1. ○ 路盤とは、舗装路面と路床との間の砕石や砂を敷き詰めた部分をいい、舗装路面に作用する**荷重を分散させて路床に伝える**役割を有している。

2. ○ **表層**は、交通荷重による摩耗とせん断力に耐え、平坦ですべりにくい**走行性を確保する役割**を担っている。

3. × プライムコートは、**路盤**の仕上がり面を保護し、**表層と路盤**との接着性を向上させる役割を持っている。

4. ○ タックコートとは、**基層と表層間の接着性を高める**ために散布する**アスファルト乳剤**のことである。

したがって、タックコートは、基層と表層を密着し、一体化する役割を担っている。

No. 16	電気設備 （電気設備）	正 答	1

1. × 同軸ケーブルは、LAN（Local Area Network）ケーブルやテレビ共同受信用ケーブルなどの**電気通信設備**に用いられるケーブルで、**電力設備**に用いられる電力用ケーブルで**はない**。

2. ○ コードペンダントとは、電源コードで天井から吊り下げる**照明器具**のことで、照明設備に用いられる。

3. ○ PBX（Private Branch Exchange）は、施設内の複数の電話機を使用するために施設内に設置される**電話交換機**のことで、電話設備に用いられる。

4. ○ LANは、施設内に構築された**情報通信ネットワーク**のことである。LANにはLANケーブルによる**有線**LANと**無線機器**による**無線**LANがある。

No. 17	機械設備（給排水設備）	正答	3

1. ○ 圧力水槽方式の給水設備とは、受水槽、加圧ポンプ、圧力水槽により給水する方式で、**給水圧力の変動**が大きく、**停電時に加圧ポンプの運転ができなくなる**と、給水が期待できない。

2. ○ 桝とは、地中埋設排水管において地中に設置される点検、清掃用のスペースを確保するための施設をいう。地中埋設排水管において、桝を設ける場合、雨水管に設ける桝である**雨水桝**には、下流に土砂を流さないため土砂を溜める部分の**泥だめ**を、汚水管に設ける桝である**汚水桝**には、汚物が滞留せずに下流に流れるよう、**インバート**と呼ばれる半円状の溝を設ける。

3. × 水道直結直圧方式は、配水管に直結して配水管の**水圧**をそのまま利用して給水する方式で、他の給水方式に比較して**水圧が低い**が、**2階**建住宅の給水には**採用可能**である。

4. ○ トラップとは、排水管を通じて排水口から**悪臭などが室内へ**侵入するのを防ぐために、排水管に設けられる**水を溜める**部分をいう。

No. 18	土工事（埋戻し）	正答	3

1. ○ 透水性のよい山砂を用いた埋戻しは、水を加えて締め固める**水締め**を行う。

2. ○ 建設発生土を埋戻しに使用する場合は、水を加えて泥状化したものに**固化材**を加えて混練する等、適切に処理した**流動化処理土を使用**する。

3. × 均等係数とは、粒径の大小の割合で、**数値が小さいほど粒径のバラつきが少ない状態**となる。砂利を有効に締め固めるためには、砂利がすき間なく充填されるよう、粒径にバラつきの**ある**砂利を使用する。

したがって、埋戻し土に用いる砂質土は、粒度試験を行い**均等係数が大きい**ものを使用する。

4. ○ 埋戻し土は、砂に適度の礫やシルトが混入された**山砂**等を用いる。

No. 19	鉄筋工事（鉄筋のかぶり厚さ）	正答	4

1. ○ かぶり厚さとは、コンクリート表面から鉄筋までの距離をいう。**設計かぶり厚さ**とは、最小かぶり厚さに施工精度に応じた**割増し**を加えたものをいう。

2. ○　かぶり厚さの確保には、**火災時の熱による鉄筋の強度低下を防止する**などの目的がある。

3. ○　外壁の目地部分のかぶり厚さは、**目地底からの距離**を確保する。

4. ×　屋内耐力壁の仕上げがある場合とない場合の**最小かぶり厚さの規定値**は、**30mm**であるので**同じである**（公共建築工事標準仕様書建築工事編5.3.5（1）、表5.3.6）。

したがって、屋内の耐力壁は、仕上げの有無にかかわらず、同じ値の最小かぶり厚さを確保する必要がある。

No.20	塗装工事 （錆止め塗装）	正答	**3**

1. ○　組立てによって**肌合せ**となる部分は、錆止め塗装を**行わない**（公共建築工事標準仕様書建築工事編7.8.2（1）（オ））。

2. ○　コンクリートに接触又は埋め込まれる箇所には、**付着に影響がある**ので、錆止め塗装は**行わない**（同仕様書同編7.8.2（1）（ア））。

3. ×　素地調整を行った鉄鋼面は、**速やかに錆止め塗装を行う**。

4. ○　塗装を行うと検査に支障が出るものもあるので、錆止め塗装を行う部材は、原則として、塗装検査以外の**検査を終了した後に塗装**を行う。

No.21	木工事 （在来軸組構法）	正答	**2**

1. ○　**せいが異なる胴差の継手**は、受材心より**150mm**程度持ち出し、腰掛けかま継ぎとし、接合金物は、**短ざく金物当てボルト締め**、又は、**ひら金物両面当て釘打ち**のいずれかとする。

2. ×　束立て床組の大引の継手は、**床束心より150mm持ち出し**、腰掛けあり継ぎ**釘打ち**とする（JASS 11）。

3. ○　筋かいには、**欠込みをしてはならない**（建築基準法施行令第45条第4項本文）。
したがって、筋かいと**間柱**の交差する部分は、間柱の方を、筋かいの**厚さだけ欠き取って**筋かいを通す。

4. ○　スクリュー部の孔あけは、スクリュー径の**50〜70%程度**とし、その長さはスクリュー部長さと同じとする（公共建築木造工事標準仕様書5.4.3（2）（ウ））。

No.22	解体工事 （解体工事）	正答	**3**

1. ○　2階部分の解体撤去作業を効率的に行うため、**支障となる1階の建具を先に撤去**する。

2. ○　外壁の断熱材として使用されているグラスウールは、**細断すると発塵する**ので、**細断せずに取り外して分別解体**する。

令和3年度（前期）第一次検定

したがって、外壁の断熱材として使用されているグラスウールは、可能な限り**原形のまま取り**外す。

3. × 蛍光ランプは、水銀を含有している。破損すると周囲に飛散し、人体に影響を及ぼすおそれがあるので、**解体時には破損させないように慎重に取り扱い、**廃棄物処理法施行令による**適正な措置**で廃棄する。

4. ○ 屋根葺き材は、内装材を撤去した後、**手作業で取り外し、**重機で粉砕・混在させないように**分別解体する。**

No. 23	防水工事（アスファルト防水工事）	正答	**3**

1. ○ 防水下地は、**出隅及び入隅は、**通りよく**45°の面取り**とする（公共建築工事標準仕様書建築工事編9.2.4（1）（ウ））。

2. ○ 平場部のアスファルトルーフィング類の継目は、幅方向、長手方向とも**100mm以上**重ね合わせる（同仕様書同編9.2.4（4）（イ）（c））。

3. × ルーフィングの張付けは、原則として**流し張り**で行う。両端から**はみ出すように**アスファルトを均等に流しながら、ルーフィングを平坦かつ均一に押し広げて密着させる。

4. ○ 絶縁工法の立上り際の500mm程度は、立上り部の一層目のアスファルトルーフィング類をアスファルトを用いて**密着張り**とする。また、**密着張り**したアスファルトルーフィング類と平場の砂付あなあきルーフィングは**突付け**とする（同仕様書同編9.2.4（4）（イ）（e））。砂付あなあきルーフィングを用いる絶縁工法の立上り部は、**砂付あなあきルーフィングを省略し、**一層目のアスファルトルーフィング類をアスファルトを用いて**密着張り**とする。

No. 24	石工事（外壁の張り石工事）	正答	**3**

外壁の張り石工事において、**湿式工法**とはモルタルなどで外壁に張り付ける工法、**乾式工法**とはファスナーと呼ばれる金具で外壁に固定する工法である。湿式工法に対する**乾式工法の主な特徴**は次のとおりである。

①台車等の衝突で張り石が**破損しやすい。**

②**白華**現象（表面に白色の物質が析出する現象）が**起こりにくい。**

③地震時の**躯体の挙動に追従しやすい。**

④**工期短縮を図りやすい。**

したがって、最も不適当なものは3である。

No. 25	金属工事（表面処理）	正答	**2**

1. ○ 陽極酸化皮膜の上に、クリア

塗装をすることは、**アルミニウ
ム合金**の表面処理の一つである。

2. ✕ 硫黄を用いた硫化処理を行い、褐色に発色させることは、**アルミニウム**合金ではなく、銅の表面処理の一つである。

3. ◯ 化成皮膜の上に、樹脂塗料を焼付け塗装することは、**アルミニウム**合金の表面処理の一つである。

4. ◯ 有機酸を用いた陽極酸化処理を行い、皮膜の生成と同時に発色させることは、**アルミニウム**合金の表面処理の一つである。

No. 26	建具工事（鋼製建具）	正答	3

1. ◯ 建具枠の取付けにおいて、枠の取付け精度は**対角寸法差3mm以内**とする。

2. ◯ 鋼製建具のくつずりは、外部に面するものは、**両端を縦枠より延ばし**、屋内は、縦枠内に収め、**裏面で溶接**する（公共建築工事標準仕様書建築工事編16.4.5(1)（ア）、表16.4.3）。

3. ✕ 外部に面する両面フラッシュ戸の見込み部は、**下部を除いた三方**の見込み部を表面板で包む（同仕様書同編16.4.5 (1)（ア）、表16.4.4）。

4. ◯ くつずりは、あらかじめ裏面に鉄線を付けておき、**モルタル詰めを行った後**、取り付ける（同

仕様書同編 16.4.4 (5)）。

No. 27	塗装工事（素地ごしらえ）	正答	1

1. ✕ モルタル面の素地ごしらえは、シーラーを全面に塗り付けて**吸込み止め**した後に、**パテかい**を行う（公共建築工事標準仕様書建築工事編18.2.5, 表18.2.4）。

2. ◯ 合成樹脂エマルションパテは、合板、せっこうボード、モルタル、コンクリートなどの表面の**素地ごしらえ**に用いられる。
したがって、せっこうボード面のパテかいは、**合成樹脂エマルションパテ**等を用いて行う。

3. ◯ 不透明塗料塗りの木部面の節止めには、**セラックニス類**を節及びその周囲にはけ塗りする（公共建築工事標準仕様書建築工事編18.2.2 (1)、表18.2.1）。

4. ◯ 鉄鋼面に付着した機械油の除去は、**石油系溶剤**等を用いて行う。

No. 28	カーテンウォール工事（カーテン工事）	正答	4

1. ◯ カーテン上端の折返し長さは、**使用するフック（ひるかん）の長さ**により定める。

2. ◯ 遮光目的であるから召合せ部より光が入ってはならない。**300mm**であれば光が漏れ入る可能性はほとんどない。

3. ◯ レースカーテンのカーテンボックスは、窓幅に対して片側各々

令和3年度（前期）第一次検定

たたみ代として**150mm程度**長くする。

4. ×　レースカーテンの上端の縁加工は、ひだのつまみによって決まるので心地を入れて袋縫いとする。

No. 29	施工計画 （事前調査）	正答	**4**

1. ○　**総合仮設計画**に当たっては、**敷地周辺の電柱及び架空電線の**調査などを行う。

2. ○　**解体工事計画**に当たっては、発生する木くずを再生するための**再資源化施設**の調査等を行う。

3. ○　**根切り工事**に当たっては、**埋蔵文化財の有無**についての調査等を行う。

4. ×　**防護棚は**、落下物に対する危害防止のために足場に設けるもので、設置に当たり、**配電線の状況などの調査を行う。敷地地盤の高低及び地中埋設配管等とは関係が少ない。**防護棚を道路上空に設ける場合には、**道路管理者、所轄警察署長の許可が必**要となる。

No. 30	施工計画 （仮設計画）	正答	**2**

1. ○　合板パネル等の木製材料は、**仮囲いの材料として使用**することができる。仮囲いは、風に対して倒壊・飛散等しない堅固な構造とする（建築工事監理指針）。

2. ×　仮囲いの高さは地盤面から

1.8m以上としなければならない（建築基準法施行令第136条の2の20）。

3. ○　ハンガー式門扉は、重量と風圧による倒壊を防ぐために**上部に網を張る構造**とすることが望ましい。

4. ○　工事ゲートは、トラックアジテータが通行するので有効高さを**3.8m以上確保する。**

No. 31	施工計画 （申請・届出等）	正答	**3**

1. ○　道路上に高所作業車を駐車して作業するためには、**道路使用許可申請書を警察署長**に申請する必要がある（道路交通法第77条第1項第一号、第78条）。

2. ○　振動規制法による特定建設作業を指定地域内で行うためには、**特定建設作業実施届出書を市町村長**に届け出る必要がある（振動規制法第14条）。

3. ×　延べ面積が**10m²超**の建築物を建築する際には、**建築工事届を都道府県知事**に届け出る必要がある（建築基準法第15条第1項）。

4. ○　支柱の高さが**3.5m以上**の型枠支保工を設置するためには、**設置の届けを労働基準監督署長**に届け出なければならない（労働安全衛生規則第86条第1項、別表第七の十）。

No. 32	施工計画（工程計画・工程管理）	正答	**4**

1. ○ **ネットワーク工程表**は、複雑な作業間の順序関係を視覚的に表現することができる。

2. ○ 基本工程表とは、**工事全体を一つにまとめた工程表**で、工事の**主要な作業の進捗を表示**するために作成し運用される。

3. ○ 工程計画を立てるに当たっては、天候等を推定して**作業不能日を見込んで**計画する。

4. × 各作業の所要期間は、次式のように、**作業の施工数量を投入数量と1日当たりの施工能力**を乗じた値で**除して**求める。

$$\text{各作業の所要期間} = \frac{\text{作業の施工数量}}{\text{投入数量×1日当たりの施工能力}}$$

No. 33	工程管理（バーチャート工程表）	正答	**4**

1. × バーチャート工程表では、**工事出来高の累積値を表現していない**ため、**工事進捗度合は把握しにくい**。

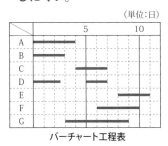

（単位：日）

バーチャート工程表

2. × 各作業に対する先行作業、並列作業、後続作業の相互関係が把握しやすい工程表は、**バーチャート工程表ではなく、ネットワーク工程表**である。

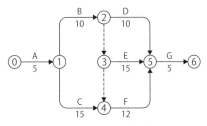

ネットワーク工程表

3. × バーチャート工程表は、各作業の**順序関係を明確に把握する**ことができないため、作業間調整に伴う修正は**容易ではない**。作業間調整の修正が容易なのは、**ネットワーク工程表**である。

4. ○ バーチャート工程表は、各作業ごとの日程及び工事全体の**工程計画が、比較的容易に作成できる**工程表である。

No. 34	品質管理（用語）	正答	**1**

1. × SMW（Soil Mixing Wall）とは、**ソイルセメント連続壁（地中連続壁）**のことである。**山留め工法の一種**で品質管理とは関係がない。

2. ○ PDCAとは、PDCAサイクルともいい、**Plan(計画)・Do（実行）・Check（評価）・Action(改善)**を繰り返すことによって、**生産管理や品質管理など**の管理

令和3年度（前期）第一次検定

業務を継続的に改善していく手法のことで、品質管理に関係する用語である。

3. ○ ばらつきとは、日本産業規格（JIS）に「**測定値の大きさがそろっていないこと。また、ふぞろいの程度。**」と定義されている品質管理に関係する用語である。

4. ○ トレーサビリティとは、日本産業規格（JIS）に「考慮の対象となっているものの履歴、適用または所在を**追跡できる**こと。」と定義されている品質管理に関係する用語である。

No. 35	品質管理 （試験・検査）	正答	**1**

1. × 鉄骨工事において、**溶接部の内部欠陥の検査**のために用いられる試験方法が**超音波探傷試験**である。一般に、高力ボルト接合部の締付けの検査には、**ピンテールの破断の目視検査**が用いられる。

2. ○ **シーリング**工事においては、

接着性の確認のために、**簡易接着性試験**が行われる。

3. ○ JIS A 5308の規定に適合するレディーミクストコンクリートを使用する場合、施工者は、コンクリート受入れ時にコンクリート温度やスランプ、空気量、塩化物量等を確認する。**普通コンクリートにおける空気量の結果の許容差は、基準値4.5%に対し、±1.5%**である。

4. ○ 鉄筋工事においては、**ガス圧接継手**の検査のために、抜き取った接合部の**引張試験**が行われる。

No. 36	品質管理（コンクリートの試験）	正答	**1**

1. × スランプの測定値は、スランプコーンを**引き上げる前の高さ**と、スランプコーンを**引き上げた後**のコンクリート**最頂部までの高さの差**である。

2. ○ 材齢が28日の構造体コンクリート強度推定試験において、供試体の養生方法は、標準養生

No.36-1 の図

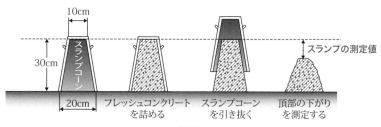

10cm
30cm
スランプの測定値
スランプコーン
20cm フレッシュコンクリート
を詰める
スランプコーン
を引き抜く
頂部の下がり
を測定する

スランプ試験

（JIS A 1132 による20±**2**℃の水中養生）又は、**現場水中養生**とする。

3. ○ 1回の圧縮強度試験の供試体の個数は、**3個以上**とする。

4. ○ スランプ試験は、コンクリートの打込み中に**品質の変化**が認められた場合**にも行う**。

No. 37	法規（労働安全衛生法）	正答	**4**

1. **定められている** 労働安全衛生法施行令第6条第十五号に規定されている。

2. **定められている** 同法施行令第6条第十号に規定されている。

3. **定められている** 同法施行令第6条第十五号の四に規定されている。

4. **定められていない**

No. 38	法規（労働安全衛生規則）	正答	**1**

1. × 枠組足場に使用する作業床の幅は、**40cm以上**とする（労働安全衛生規則第564条第1項第四号イ）。

2. ○ 枠組足場の墜落防止設備として、交さ筋かい及び高さ**15cm以上**の幅木を設置する（同規則第563条第1項第三号イ（1））。

3. ○ 移動式足場の安全基準に関する技術上の指針4-4-3に「移動式足場の上では、**移動はしご、脚立等を使用しないこと。**」と

規定されている。

4. ○ 移動式足場の安全基準に関する技術上の指針4-3-2に「脚輪の**ブレーキ**は、移動中を除き、**常に作動させておくこと**。ブレーキを作動させるときは、その効き具合を確認すること。」と規定されている。

No. 39	コンクリート工事（型枠の締付け金物等）	正答	**2、4**

1. ○ 型枠は、コンクリートに直接接するせき板、せき板を支える支保工及びせき板と支保工を緊結するセパレータ、締付け金物等からなり、セパレータは、**せき板に対して直交するように設置**する。

2. × 打放し仕上げや直接塗装仕上げとなる外壁コンクリートの型枠に使用するセパレータは、**コーンを取り付けたもの**を用いる。型枠解体後、セパレータの穴は**モルタル**で埋めて仕上げる。

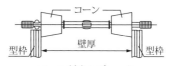

コーン付きセパレータ

3. ○ 塗り仕上げとなる壁コンクリートの型枠に使用するフォームタイと座金は、**くさび式を用いる**のが一般的である。

4. × 周囲に壁が付いていない独立

令和3年度（前期）第一次検定

柱の型枠の組立てには、**セパレータやフォームタイが不要なコラムクランプ**（柱型枠締付金具）が用いられる。

したがって、柱の型枠に用いる**コラムクランプ**は、セパレータと**組み合わせずに使用される。**

コラムクランプ

No. 40	コンクリート工事（レディーミクストコンクリート）	正答	**1、3**

1. × スランプの**許容差**は、下表のとおり、スランプの値によって**異なる**（公共建築工事標準仕様書建築工事編 6.5.2（1）、表 6.5.1）。

スランプの許容差

スランプ（cm）	スランプの許容差（cm）
8 以上 18 以下	± 2.5
21	± 1.5 (注)

(注) 呼び強度 27 以上で、高性能 AE 減水剤を使用する場合は、± 2 とする。

2. ○ コンクリートに含まれる塩化物は、鉄筋の腐食原因となるので、原則として塩化物イオン量で**0.30kg/m³ 以下**とする（同仕様書同編 6.5.4.（1））。

3. × 普通コンクリートの空気量は 4.5 ± 1.5 ％、高強度コンクリートの空気量は 4.5 ± 1.5 ％である（JIS A 5308：2019 レディーミクストコンクリート）。

したがって、空気量の許容差は、普通コンクリートも高強度コンクリートも**同じである。**

4. ○ コンクリート 1m³ 当たりの水の質量 [kg] である**単位水量**は、**最大値を 185kg/m³ とし**、所定の品質が確保できる範囲内で、**できるだけ少なくする。**

No. 41	左官工事（仕上塗材仕上げ）	正答	**3、4**

1. ○ 各工程ごとに用いる下塗材、主材及び上塗材は、**同一製造所のものを使用する**（公共建築工事標準仕様書建築工事編 15.6.2（1）（ウ））。

2. ○ 仕上塗材を施工する場合の所要量とは、**被仕上塗材仕上面の単位面積に対する仕上塗材**（希釈する前）**の使用質量**と定義されている（同仕様書同編 15.6.7）。

3. × 屋外や室内の湿潤になる場所の下地調整には、耐水性のない**合成樹脂エマルションパテ**ではなく、耐水性のある**塩化ビニル樹脂系パテ**などを用いる。

4. × シーリング面への仕上塗材仕上げは、塗重ね適合性を確認してから、**シーリング材が硬化し**

た後に実施する（同仕様書同編 15.6.3（7））。

| No. 42 | 内装工事（床のフローリングボード張り） | 正答 | 1、4 |

1. × フローリングボードの継手は、乱に配置されている。**もともと目違いである。**

2. ○ 張込み後、仕上げ塗装を行わない場合は、**ポリエチレンシート等を敷き**、傷、汚れ、しみ、狂いを防ぎ、雨等がかからないようにする。

3. ○ 下張り用合板は、**長手方向が根太と直交するように割り付け**、ゆるみ、がたつき、きしみ音がないように張り込む。

4. × 隣り合うフローリングボードの木口の継手位置は、**揃えずに乱して割り付ける。**

| No. 43 | 法規（建築基準法） | 正答 | 3 |

1. ○ 特定工程後の工程に係る工事は、規定による当該特定工程に係る**中間検査合格証の交付を受けた後**でなければ、これを施工してはならない（建築基準法第7条の3第6項）。

2. ○ 建築主事は、木造の建築物で3以上の階数を有し、又は延べ面積が500m²、高さが13m若しくは軒の高さが9mを超える建築物の確認申請書を受理した場合、受理した日から**35日以内**に、申請に係る建築物の計画が建築基準関係規定に適合するかどうかを**審査**し、審査の結果に基づいて建築基準関係規定に適合することを確認したときは、当該申請者に**確認済証を交付し**なければならない（同法第6条第1項第二号、第4項）。

3. × 建築主は、第6条第1項の規定による工事を完了したときは、国土交通省令で定めるところにより、**建築主事の検査を申請し**なければならない（同法第7条第1項）。

　したがって、**建築主**は、建築物の工事を完了したときは、**建築主事**又は指定確認検査機関の**完了検査を申請**しなければならない。

4. ○ 木造以外の建築物で2以上の階数を有し、又は延べ面積が200m²を超える建築物の建築主は原則として、**検査済証の交付を受けた後でなければ**、当該新築に係る建築物又は当該避難施設等に関する工事に係る建築物若しくは建築物の部分を使用**し、又は使用させてはならない**（同法第6条第1項第三号、第7条の6第1項本文）。

1. ○ 建築基準法施行令第21条第2項により、居室の天井の高さは、室の**床面**から測り、1室で天井の高さの異なる部分がある場合は、その**平均の高さ**によるものとする。

2. ○ 同法施行令第23条第1項の表の（二）に該当する映画館における客用の階段で高さが**3m**を超えるものには、**3m以内**ごとに**踊場**を設けなければならない（同法施行令第24条第1項）。

3. × 木造3階建ての住宅の**最上階**である3階に設ける調理室の壁及び天井の内装は、準不燃材料とする**必要はない**（同法第35条の2、同法施行令第128条の4第4項）。

4. ○ 階段に代わる傾斜路は、勾配1/8を超えないもので、表面は、**粗面**とし、又はすべりにくい材料で仕上げることとする。その他の規定は、けあげ及び踏面に関する部分を除き、階段の規定を準用する（同法施行令第26条）。**手すり等は**原則必要である。

1. ○ **営業所の所在地**について、同一の都道府県内で変更があったときは、その旨の変更届出書を国土交通大臣又は都道府県知事に**提出**しなければならない（建設業法第11条第1項）。

2. × **許可**は、**建設工事の種類ごと**に分けて与えるものとする旨、規定されている（同法第3条第2項）。許可を受けた建設業の業種の区分を変更する旨の規定は、**定められていない**。

3. ○ **使用人数**に変更を生じたときは、その旨の書面を国土交通大臣又は都道府県知事に**提出しなければならない**（同法第11条第3項）。

4. ○ 営業所に置く**専任技術者**について、代わるべき者があるときは、その者について、書面を国土交通大臣又は都道府県知事に**提出しなければならない**（同法第11条第4項）。

1. ○ **主任技術者**及び**監理**技術者は、工事現場における建設工事を適正に実施するため、当該建設工事の施工計画の作成、工程管理、品質管理その他の技術上の管理及び当該建設工事の施工に従事する者の技術上の**指導監督の職務を誠実に行わなければならない**（建設業法第26条の4第1項）。

2. × 主任技術者を設置する工事で専任が必要とされるものでも、**密接な関係のある2以上の建設工**

事を同一の建設業者が同一の場所において**施工**するものについては、これらの工事を**同じ主任技術者が管理**することができる（同法施行令第27条第2項）。

3. ○ 建築一式工事に関し**10年以上**実務の経験を有する者は、建築一式工事における主任技術者の要件の一つである。

4. ○ 工事現場における建設工事の施工に従事する者は、**主任**技術者又は**監理**技術者がその職務として行う**指導**に従わなければならない（同法第26条の4第2項）。

No.47	法規（労働基準法）	正答	**2**

1. ○ 屋外の建設現場での業務は、「労働基準法」上、満17才の者を**就かせることができる**。

2. × **動力により駆動される土木建築用機械の運転の業務**は、満17才の者を**就かせてはならない**（年少者労働基準規則第8条第十二号）。

3. ○ 最大積載荷重**2t以上**の荷物用エレベーターの運転の業務は、年少者を**就かせてはならない**（同基準規則第8条第五号）。**1t**の荷物用エレベーターの運転の業務は、就かせることが**できる**。

4. ○ 重量物を取り扱う業務は、表に掲げる年齢及び性の区分に応じ、重量以上の重量物を取り扱う業務とする（同基準規則第7条）。下表のとおり、**20kgの重量物を断続的に取り扱う業務**は、満17才の者を就かせることができる。

重量物を取扱う業務の就業制限

年齢及び性		重量（単位：キログラム）	
		断続作業	継続作業
満16歳未満	女	12	8
	男	15	10
満16歳以上 満18歳未満	女	25	15
	男	30	20

No.48	法規（労働安全衛生規則）	正答	**4**

1. 必要 **産業医**を選任したときには、事業者は、遅滞なく、報告書を所轄労働基準監督署長に**提出しなければならない**（労働安全衛生規則第13条第2項）。

2. 必要 **安全管理者**を選任したときには、事業者は、遅滞なく、報告書を所轄労働基準監督署長に**提出しなければならない**（同規則第4条第2項）。

3. 必要 **事業者**は、**総括安全衛生管理者**を選任したときは、遅滞なく、様式第3号による報告書を当該事業場の所在地を管轄する労働基準監督署長に**提出しなければならない**（同規則第2条第2項）。

4. 不要 **安全衛生推進者**を選任した

とき、事業者は、当該安全衛生推進者等の氏名を作業場の見やすい箇所に掲示する等により関係労働者に**周知させなければならない**（同規則第12条の4）が報告書の提出は**不要**である。

No. 49	法規（建設工事に係る資材の再資源化等に関する法律）	正答	1

1. ○　場所打ちコンクリート杭工事の杭頭処理に伴って生じた**コンクリート塊**は、特定建設資材廃棄物に**該当する**（建設工事に係る資材の再資源化等に関する法律第2条第5項、同法施行令第1条）。

2. ×　住宅の屋根の葺替え工事に伴って生じた**粘土瓦**は、特定建設資材廃棄物以外の廃棄物等であり、特定建設資材廃棄物に**該当しない**。

3. ×　基礎工事の掘削に伴って生じた**土砂**は、特定建設資材廃棄物以外の廃棄物等であり、特定建設資材廃棄物に**該当しない**。

4. ×　鋼製建具の取替えに伴って生じた**金属くず**は、特定建設資材廃棄物以外の廃棄物等であり、特定建設資材廃棄物に**該当しない**。

No. 50	法規（騒音規制法）	正答	4

1. 必要　建設工事の目的に係る**施設又は工作物の種類**は、騒音規制法上、市町村長への届出書に記入又は添附する**必要がある**（騒音規制法第14条第1項第二号）。

2. 必要　特定建設作業の**開始及び終了の時刻**は、騒音規制法上、市町村長への届出書に記入又は添附する**必要がある**（同法第14条第1項第五号、同法施行規則第10条第2項第四号）。

3. 必要　特定建設作業の工程を明示した**工事工程表**は、騒音規制法上、市町村長への届出書に記入又は添附する**必要がある**（同法第14条第3項、同法施行規則第10条第3項）。

4. 不要　特定建設作業に係る**仮設計画図**は、騒音規制法上、市町村長への届出書に記入又は添附する**必要はない**。

令和5年度
2級建築施工管理技術検定 第二次検定 解答・解説

問題1 【解答例】

[工事概要]

イ．工事名：(仮称) ○○マンション新築工事

ロ．工事場所：東京都葛飾区○○丁目○○番地○○号

ハ．工事の内容：

建物用途：共同住宅

構造：鉄筋コンクリート造

階数：地上4階 塔屋1階建

延べ面積：880m²

主な外部仕上げ：外壁－2丁掛けタイル張り、その他－吹付けタイル張り

主要室の内部仕上げ：床－クッションフロアー張り 壁・天井－プラスターボード下地ビニルクロス張り

ニ．工期：令和3年11月～令和4年9月

ホ．立場：現場代理人

ヘ．業務内容：施工管理全般

1. **工事を遅延させないために**取り組んだ事例

1) 事例1

　a.材料（本工事材料・仮設材料）

　①工種名又は作業名等：鉄筋工事

　②遅延させるかも知れないと考えた当時の状況とそれが遅延につながる理由：躯体工事が冬季に差し掛かる工程で、強い冷風が常に吹いており、ガス圧接式継手は強風時に施工が行えないため、工程遅延が発生するかも知れないと考えた。

　③②による遅延を防ぐために実際に行った対策：強風時でも施工可能な、機械式継手を導入することで、通常時のような施工を可能とし、鉄筋工事の工期短縮を図った。

2) 事例2

　b.工事用機械・器具・設備

　①工種名又は作業名等：型枠工事

　②遅延させるかも知れないと考えた当時の状況とそれが遅延につながる理由：敷地が狭く、トラックの駐車スペースが1台しか無い状況であり、基礎型枠脱型後の搬出作業で工程遅延が発生すると考えたため。

　③②による遅延を防ぐために実際に行った対策：警察署へ道路使用許可を事前に提出し、隣接道路を使用することによって、複数台で型枠材を搬出することで、型枠脱型作業の工期短縮を図った。

3）事例3

c.作業員（交通誘導警備員は除く）

①工種名又は作業名等：仮設工事（足場）

②遅延させるかも知れないと考えた当時の状況とそれが遅延につながる理由：コロナ禍で作業員の体調不良により人員の確保が困難な状況であり、足場材料を組み上げるのに時間を要するため、足場工事の工程遅延が発生するかもしれないと考えた。

③②による遅延を防ぐために実際に行った対策：ストックヤードであらかじめ組み立てた足場材をトラックで運搬し、重機で吊り上げて取り付けることで足場工事の工期短縮を図った。

2.
工事概要であげた工事に係わらず、計画どおりに工事を進める上で、関係者に作業工程を周知や共有するための**有効な方法や手段**と、周知や共有が不十分な場合に起こる工程への**影響**について。

1）事例1
作業所で工程会議を開き、関連業者と打ち合わせを行い、コミュニケーションをとる。

工程の共有が不十分な場合、作業員の出戻りが起き、別日に人員が確保できず、工程に影響を及ぼす。

2）事例2
作業所の掲示板に、常に新しい工程表を掲示して、朝礼時に工程表の確認を伝える。

工程の周知が不十分な場合、作業日に工事業者が現場入りせず、空白の日ができてしまい、工程に影響を及ぼす。

問題2

a．**足場の手すり先行工法**
用語の説明
建設工事において、足場の組立て等の作業を行うにあたり、労働者が足場の作業床に乗る**前**に、当該作業床の**端**となる箇所に適切な**手すり**を先行して**設置**し、かつ**最上階**の**作業床**を**取り外す**ときは、当該作業床の端の**手すり**を残置して行う工法。

施工上留意すべきこと
足場の組立てにあたっては、**脚部沈下**を**防止**するため、地盤を十分に突き固め、**敷板**等を並べる。**枠組足場**においては、**建枠**の高さを揃える。

b．**親綱**
用語の説明
鉄骨の梁上など**高所作業**を行う際に、**要求性能墜落制止用器具**を取り付けるために設置するロープ、又は、仮設的に張り渡した**命綱**をかけるための**ワイヤロー**

132

プをいう。

施工上留意すべきこと

緩みなく張り、墜落の衝撃に耐えられるように**固定**する。梁を吊り上げるとき**梁の上**に**仮止め**をしておく。

c ．**型枠の剥離剤**

用語の説明

コンクリート型枠**表面**に**塗布**し、打設されたコンクリートの固着を**防止**し、型枠の取外しを**容易**にする化学製品。

施工上留意すべきこと

剥離剤の塗布の**むら・量不足**に留意し、**気温や湿度**等の**養生条件**によって**配慮**する。

d ．**グリッパー工法**

用語の説明

床の周囲に釘又は接着剤で固定した**グリッパー**（スムースエッジ）と呼ばれる**取付け金具**にカーペットの端部を引っかけ、**緩みの無**いように一定の**張力**を加えて張り詰める工法。

施工上留意すべきこと

張り仕舞いは**ニーキッカー**で**伸展**しながら**グリッパー**に引っかけて**固定**する。

e ．**コンクリートのレイタンス**

用語の説明

コンクリート打設後、**ブリーディング水**の上昇により、セメントや砂などの微粒成分が表面に浮かび上がり**硬化**してできる**薄膜状**の脆弱な層。

施工上留意すべきこと

コンクリート打ち継ぎ部に**レイタンス**がある場合、**打設前**に**ワイヤーブラシ**などで取り除き、表面が粗面となるように留意する。

f ．**シーリング工事のバックアップ材**

用語の説明

シーリング材の**3面接着**を回避するために、**被接着面**と**シーリング材**の深さを調整する材料。

施工上留意すべきこと

深さが**一定**となるように留意し、浮き等が生じないように**目地底**へ確実に**張り付ける**。

g ．**ジェットバーナー仕上げ**

用語の説明

主に仕上げに用いる**花崗岩**に冷却水を**散布**しながら、バーナーで**加熱**し、石材を構成する鉱物の**熱膨張率**の**違い**を利用して、ざらついた**均一**の**表面**とする仕上げ方法。

施工上留意すべきこと

壁に**石材**を使用する場合は、洋服があたって擦れるような場所には**不向き**。床には滑りにくい石材が**適する**が、ジェットバーナー仕上げは**適さない**。

h ．**隅肉溶接**

用語の説明

鋼材の隅部を**アーク溶接**でつなぎ、**T字**や**重ね**たりするために用いられる溶接法の一種。

施工上留意すべきこと

隅肉溶接の**有効長さ**は、原則として、隅肉のサイズの**10倍以上**で、かつ、**40mm以上**となるように留意する。

i．**せっこうボード張りにおけるコーナービード**

用語の説明

コーナービードとは、柱や壁の出隅を保護するために取り付ける金属製などの部材である。

施工上留意すべきこと

コーナービードは、**釘**、**ドリリングタッピンねじ**、**接着剤**などを用いて留め付ける。

j．**鉄筋の先組み工法**

用語の説明

鉄筋をあらかじめ、**下ごしらえ→加工→組立て**とする工法。**第一次**は定尺等の寸法と単位長とし、**フープ**や帯筋を補強したもの。**第二次**は第一次で製作した**単位体**をつなげて構造体を作製したもの。

施工上留意すべきこと

組立てに際しては、正しい**材料**、正確な**寸法**、適切な**縮み代**を考慮する必要がある。

k．**壁面のガラスブロック積み**

用語の説明

ガラスブロックとは中が**空洞**になった**箱型**のガラスをいい、壁面のガラスブロック積みとは、ガラスブロックを積み上げて構成された壁面をいう。店舗等にも、幅広く利用されており、**透明感**のある洗練された空間を演出することが可能である。

施工上留意すべきこと

上段の積上げは、**出入り及び目地**の通りに十分注意し、**横力骨**及び**縦力骨**が**目地**の**中央**にくるように**目地モルタル**を充填して積み上げる。

ℓ．**べた基礎**

用語の説明

荷重を**直接**地盤に伝達する直接基礎の一つで、建築物の底面**すべて**に**基礎スラブ**を構築した形式の基礎をいう。

施工上留意すべきこと

特に、土に接する部分の所定の**かぶり厚さ**を**確保**する。また、かぶり厚さには**捨てコンクリート**の厚さを含めない。

m．**木工事の仕口**

用語の説明

2つの木材を**接合**するために**刻んだほぞや継手**の総称。

施工上留意すべきこと

種類には**渡りあご掛け**、**蟻掛け**、**当り欠け**、**大入れ**などがあるが、いずれも構造上十分に性能を発

揮するよう**正確**な**加工**と、**丁寧**な**施工**が求められている。

n. 木造住宅の気密シート

用語の説明

断熱材の内側に貼る材料で、防湿気密層の**剛性**が**高い**とともに**平面保持**がよい仕上げ材である。防湿気密層を押えた時に重ね部分の**気密精度**が**向上する**。

施工上留意すべきこと

気密シートを張り付けるとき、シートが**緩まない**よう押さえをすることが重要。また、シートどうしの**重ね幅**は約**10cm以上**必要である。

問題3

【正 答】

1. 土工事及び地業工事の**Ⓐ：埋戻し**

鉄骨工事の**Ⓑ：耐火被覆**

2. 工事金額の合計に対する比率：**36％**

3. ①不適当な作業名：**断熱材吹付**
   ②着手時期：**4月上旬**
   ③累計金額：**4,370万円**

【解 説】

2. 1月**1,140**万円と2月**1,560**万円を足した**2,700**万円を合計の工事金額（**7,500**万円）で割り、比率を計算する。

2,700万円÷**7,500**万円×100 [%] ＝**36％**

3. 工事概要に、「外壁押出成形セメント板の裏面に、断熱材吹付」と記載されているが、押出成形セメント板よりも**前**に**断熱材吹付が施工**されているため、**断熱材吹付**が誤りとなる。

出 来 高 表

単位 万円

工 種	工事金額	予定出来高／実績出来高	1月	2月	3月	4月	5月
仮 設 工 事	700	予 定	150	300	50	50	150
		実 績	150	300	50	50	
土 工 事 地 業 工 事	760	予 定	500	260			
		実 績	500	260			
鉄筋コンクリート工事	700	予 定	490	70	140		
		実 績	380	30	290		
鉄 骨 工 事	1,000	予 定	40	840	120		
		実 績	10	870	120		
外 壁 工 事	600	予 定			600		
		実 績			600		
防 水 工 事	200	予 定			80	120	
		実 績			60	140	
建 具 工 事	550	予 定			450	60	40
		実 績			450	60	
金 属 工 事	200	予 定				200	
		実 績				200	
内 装 工 事	1,100	予 定			✗ →	350	750
		実 績				350	
塗 装 工 事	190	予 定				130	60
		実 績				130	
外 構 工 事	500	予 定				350	150
		実 績				350	
設 備 工 事	1,000	予 定	100	100	100	650	50
		実 績	100	100	100	650	
合 計	7,500	月別予定出来高	1,280	1,570	1,590	1,860	1,200
		月別実績出来高					
		実績出来高累計					

断熱材吹付の時期は、外部建具取付け及びシール作業が終わった後に開始され、**壁・天井軽量鉄骨下地**までに終わらせる必要があるため、4月の上旬が適当な時期となる。

工程表の断熱材吹付が3月から4月に変わることから、出来高表の**内装工事**の3月である50万円も4月に変わるため、3月の実績出来高は、50万円を足さずに計算する。

そのため、3月の**実績出来高**は1,670万円となる。

したがって、1月と2月の合計2,700万円とたしあわせれば、4,370万円となる。

		問題4

【正　答】

		当てはまる正しい語句
1.	①	④ 完　成
	②	③ 20
2.	③	④ 危　害
	④	① 上
3.	⑤	③ 救　護
	⑥	① 技　術

【解　説】

1. 建設業法（検査及び引渡し）第24条の4　元請負人は、下請負人からその請け負った建設工事が**完成**した旨の通知を受けたときは、当該通知を受けた日から①20日以内で、かつ、できる限り②短い期間内に、その**完成**を確認するための検査を完了しなければならない。

2　元請負人は、前項の検査によって建設工事の**完成**を確認した後、下請負人が申し出たときは、直ちに、当該建設工事の目的物の引渡しを受けなければならない。ただし、下請契約において定められた工事**完成**の時期から①20日を経過した日以前の一定の②日に引渡しを受ける旨の特約がされている場合には、この限りでない。

2. 建築基準法施行令（工事用材料の集積）第136条の7　建築工事等における工事用材料の集積は、その倒壊、崩落等による**危害**③の少ない場所に安全にしなければ

ばならない。

2　建築工事等において山留めの周辺又は架構の<u>上</u>に工事用
④
材料を集積する場合においては、当該山留め又は架構に予定した荷重以上の荷重を与えないようにしなければならない。

3.　労働安全衛生法（事業者の講ずべき措置等）第25条の2　建設業その他政令で定める業種に属する事業の仕事で、政令で定めるものを行う事業者は、爆発、火災等が生じたことに伴い労働者の<u>救護</u>に関する措置がとられ
⑤
る場合における労働災害の発生を防止するため、次の措置を講じなければならない。

一　労働者の<u>救護</u>に関し必要
⑤
な機械等の備付け及び管理を行うこと。

二　労働者の<u>救護</u>に関し必要
⑤
な事項についての訓練を行うこと。

三　前二号に掲げるもののほか、爆発、火災等に備えて、労働者の<u>救護</u>に関し必要な事項を
⑤
行うこと。

2　前項に規定する事業者は、厚生労働省令で定める資格を有する者のうちから、厚生労働省令で定めるところにより、同項各号の措置のうち<u>技術</u>的事項を
⑥
管理する者を選任し、その者に当該<u>技術</u>的事項を管理させなけ
⑥
ればならない。

問題5－A

【正　答】

		当てはまる最も適当な語句又は数値
1.	①	④ 回　転
2.	②	① 100
3.	③	③ 25
4.	④	③ 管　柱
5.	⑤	① 各　山
6.	⑥	② ローラー塗り
7.	⑦	④ しわ
8.	⑧	② 300

【解　説】

1.　地盤調査において、スクリューウエイト貫入試験（スウェーデ

ン式サウンディング試験）は、荷重による貫入と**回転**による貫入①を併用した原位置試験で、土の静的貫入抵抗を求め、**土の硬軟**又は**締まり具合**を判定するとともに**軟弱層の厚さや分布**を把握するのに用いられる。

比較的貫入能力に優れ、人力でもある程度の調査が可能であり、住宅等の簡易な建物に多用されている。

2. セメントミルク工法は、アースオーガーによって、あらかじめ掘削した縦孔に**根固め液**及び**杭周固定液**を注入し、既製コンクリート杭を建て込む工法をいう。掘削用のアースオーガーヘッド径は、杭径よりも**100mm**程度大きいもの②を使用する（公共建築工事標準仕様書建築工事編4.3.4（6）（イ））。

3. 型枠工事において、内部の柱型枠の高さ方向の加工長さは、一般に階高からスラブ厚さとスラブ用合板せき板の厚さを減じた寸法より、下階のスラブコンクリートの不陸を考慮して**25mm**程度短めに加③工する（型枠の設計・施工指針）。

4. 木造在来軸組構法において、屋根や上階の床等の荷重を土台に伝える鉛直材である柱は、2階建てでは、1階から2階まで通して**1本**の材を用いる**通し柱**と、各階ごとに用いる**管柱**とがある。④

5. 屋根の金属製折板葺きにおいて、重ね形の折板は、**各山**ごとにタイ⑤トフレームに**固定ボルト**締めとし、流れ方向の重ね部の**緊結のボルト**間隔は**600mm**程度とする（同仕様書同編13.3.3（3）（ウ））。

6. 外壁の吹付工事において、複層仕上塗材の仕上げの形状は、凸部処理凹凸状、**ゆず肌状の仕上げ**があり、下塗材塗り、主材基層塗り、主材模様塗り、上塗材

塗りの工程がある。**ゆず肌状の仕上げ**とする場合、主材及び上塗り材は塗付けを**ローラー塗り**⑥とする（同仕様書同編15.6.2（1）（イ）、表15.6.1（その3））。

7. 塗装工事において、塗膜が平らに乾燥せず、ちりめん状あるいは波形模様の凹凸を生じる現象を**しわ**⑦といい、厚塗りによる上

乾きの場合などに起こりやすい。**上乾き**とは、塗膜厚の**上層のみが乾燥硬化**することをいう。上層のみが乾燥することで、下層が硬化していないため、**しわ**⑦ができてしまう。

8. 屋内の間仕切壁の軽量鉄骨壁下地において、スタッドの間隔は、**下地張りのある場合、450mm**

表15.6.1　仕上塗材の種類（呼び名）、仕上げの形状及び工法（その3）

種類	呼び名	仕上げの形状	工法(注)4	所要量(kg/m²)(注)5		塗り回数
複層 仕上塗材	複層塗材 CE 複層塗材 RE 複層塗材 Si 複層塗材 E	凸部処理 凹凸状	吹付け	下塗材 主材基層 主材模様 上塗材(注)7	0.1 以上 0.7 以上 0.8 以上 0.25 以上	1 1 1 2
		ゆず肌状	**ローラー塗り**	下塗材 主材 上塗材(注)7	0.1 以上 1.0 以上 0.25 以上	1 1～2(注)6 2
	可とう形 複層塗材 CE	凸部処理 凹凸状	吹付け	下塗材 主材基層 主材模様 上塗材	0.1 以上 1.0 以上 0.5 以上 0.25 以上	1 1～2(注)6 1 2
		ゆず肌状	**ローラー塗り**	下塗材 主材 上塗材	0.1 以上 1.0 以上 0.25 以上	1 1～2(注)6 2
	防水形複層塗材 CE 防水形複層塗材 RE 防水形複層塗材 E	凸部処理 凹凸状	吹付け	下塗材 増塗材	0.1 以上 0.9 以上	1 1
		ゆず肌状	**ローラー塗り**	主材基層 主材模様 上塗材	1.7 以上 0.9 以上 0.25 以上	2 1 2

（注）4. 工法欄の吹付け、ローラー塗り及びこて塗りは、主材の塗付けに適用する。
　　　5. 所要量は、被仕上塗材仕上げ面単位面積当たりの仕上塗材(希釈する前)の使用質量とし、製造所の指定による。
　　　　なお、表の所要量は、2回塗りの場合、2回分の使用質量を示す。
　　　6. 塗り回数は、仕上塗材の製造所の指定による。
　　　7. 複層塗材の上塗りがメタリックの場合の所要量及び塗り回数は、15.6.6(13)(エ)(a)による。

程度とする。また、**仕上材料となるボード又は壁紙若しくは塗装下地となるボード**を**直張り**する場合、**300mm**程度とする（同仕様書同編14.5.3（2））。
⑧

【正　答】

		当てはまる最も適当な語句又は数値
1.	①	③ 逃げ墨
	②	④ 下げ振り
2.	③	① 300
	④	③ 余盛り
3.	⑤	② 塩化物含有量
	⑥	① 0.30
4.	⑦	④ 胴差
	⑧	② $\frac{1}{10}$

【解　説】

1. 図面に示される通り心は壁心であることが多く、壁工事が行われるために墨を打つことができない。そのため壁心から離れた位置に補助の墨を打つが、この墨のことを**逃げ墨**という。
   ①
   一般に1階床の基準墨は、上階の基準墨の基になるので特に正確を期す必要がある。2階より上では、通常建築物の四隅の床に小さな穴を開けておき、**下げ振り**
   ②
   により**1階から上階**に基準墨を上げていく。この作業を**墨の引通し**という。

2. 埋戻しに先立ち、埋戻し部分にある型枠等を取り除く。ただし、型枠等を存置する場合は、**監督職員**と**協議**する。
   埋戻し及び盛土の材料並びに工法は特記によるが、特記がなければ次頁表による。
   なお、埋戻し及び盛土は、**300mm**程度ごとに締め固める。
   ③
   また、**余盛り**は、土質に応じて
   ④
   行う。
   余盛りの適切な標準値は決まっ
   ④
   ていないが通常の埋戻しにおいて、粘性土を用い十分な締固めを行う場合、**100mm**から**150mm**程度が目安として考え

られる（公共建築工事標準仕様書建築工事編3.2.3(2)、表3.2.1）。

3. 購入者が受け入れるレディーミクストコンクリートが、指定した性能を有する製品であるかどうかを判定するための検査を**受入検査**という。

受入検査は建築現場の荷卸し地点で行い、その検査の項目には、スランプ、空気量、**塩化物含有量**、
⑤
コンクリート温度等がある。

なお、**塩化物含有量**試験で、塩化
⑤
物イオン量（Cℓ⁻）が**0.30kg/m³**
⑥
を超える値が測定された場合は、次の運搬車から連続して試験を行い、**0.30kg/m³**以下であるこ
⑥
とを確認した後に使用する（同仕様書同編6.5.4（1））。

4. 木造在来軸組構法の2階建て以上の軸組において、2階以上の床位置で外周の柱を相互につなぐ**横架材**を胴差という。胴差は、
⑦   ⑦
その階の壁や床梁を支え、材料には一般にベイマツやマツ等が使用されている。

また、胴差の大きさは、**幅は柱**
⑦
と同じとし、せいは上部の荷重や下部の柱の間隔により決められるが、一般に梁間寸法の$\frac{1}{10}$程
⑧
度のものが使用されている。

表3.2.1 埋戻し及び盛土の種別

種別	材料	工法
A種	山砂の類	水締め、機器による締固め
B種	根切り土の中の良質土	機器による締固め
C種	他現場の建設発生土の中の良質土	機器による締固め
D種	再生コンクリート砂	水締め、機器による締固め

【正　答】

		当てはまる最も適当な語句又は数値
1.	①	③ ひび割れ
	②	② 600
2.	③	③ 密着張り
	④	④ 24
3.	⑤	① 150
	⑥	④ 雄ざね
4.	⑦	① ロッキング
	⑧	② スライド

【解　説】

1. 屋根保護アスファルト防水において、現場打ちコンクリート保護層には**ひび割れ**が発生することを防ぐために伸縮目地を設ける。
①

平場の保護コンクリートは、伸縮目地を設ける。伸縮目地の割付けは、周辺の立上り部の仕上り面から**600mm**程度とし、中
②
間部は縦横間隔**3,000mm**程度とする。また、伸縮目地は、排水溝を含めて、立上りの仕上り面に達するものとする（公共建

築工事標準仕様書建築工事編9.2.5（6）（ア））。

2. セメントモルタルによる外壁タイル張りにおいて、**密着張り工**
③
法は、タイルを下地に塗り付けた張付けモルタルに押し付け、**軟らかいうち**に振動工具を用いて振動を与え、モルタルに埋め込むようにタイルを張り付ける工法である。

密着張りの施工は、タイル張付け後、**24時間以上**経過した後、
④
張付けモルタルの硬化を見計らって、目地詰めを行う。目地の深さは、タイル厚さの$\frac{1}{2}$以下とする（同仕様書同編11.2.6（3）（イ）（d）①、②）。

3. 接着・釘留め併用工法に用いるフローリングボードの**下張り用床板**は、乱に継ぎ、継手部は根太心で突付けとし、**150mm**程
⑤
度の間隔で釘打ちとする（同仕

様書同編 19.5.4（2）（b）①、表 12.6.1）。

釘留め工法は、板の継手を乱にし、通りよく締め付けて敷き並べ、小口のさね肩を損傷しないように**雄ざね**の付け根から隠し釘で
⑥
留め付ける（JASS 26）。

4.　押出成形セメント板工事におい

て、外壁パネル工法は、**縦張り工法**と**横張り工法**がある。

縦張り工法の場合、パネルは**各段**ごとに構造体に固定された下地鋼材で受ける。取付け金物は、上下端部にパネルが**ロッキング**
⑦
により層間変形に追従できるように、正確に、かつ、堅固に取

表 12.6.1　床板張りの工法

名　　称	工　　法
下張り用床板	（根太間隔 300mm 程度） 合板は、厚さ 12mm とし、受材心で突き付け、乱に継ぎ、**釘打ち**又は**木ねじ留め**。 パーティクルボードは、厚さ 15mm とし、受材心で**2 ～ 3mm** の目地をとり、乱に継ぎ、**釘打ち**又は**木ねじ留め**。 留付け間隔は、継手部**150**mm 程度、中間部**200**mm 程度。

表 8.5.1　外壁パネル工法の種別

種　　別	外壁パネルの工法
A 種	縦張り工法は、次による。 （1）パネルは、各段ごとに構造体に固定された下地鋼材で受ける。 （2）取付け金物は、パネルの**上下**端部に、**ロッキング**できるように取り付ける。
B 種	横張り工法は、次による。 （1）パネルは、パネルの積上げ枚数**3**枚以下ごとに、構造体に固定された下地鋼材で受ける。 （2）取付け金物は、パネルの**左右**端部に、**スライド**できるように取り付ける。

り付ける。

横張り工法の場合、パネルは**積上げ枚数3枚以下**ごとに構造体に固定された下地鋼材で受ける。取付け金物は、左右端部にパネルが**スライド**により層間変形に追従できるように、正確に、かつ、堅固に取り付ける（同仕様書同編8.5.3（1）、表8.5.1）。

⑧

令和4年度

2級建築施工管理技術検定 第二次検定 解答・解説

問題1 【解答例】

[工事概要]

イ．工事名：（仮称）○○マンション新築工事

ロ．工事場所：○○県○○市○○町○丁目○○

ハ．工事の内容：

建物用途：共同住宅

構造：鉄筋コンクリート造

階数：地上3階建

延べ面積：730m²

主な外部仕上げ：外壁－タイル張り、その他－吹付けタイル張り

主要室の内部仕上げ：床－長尺シート張り　壁・天井－プラスターボード下地ビニルクロス張り

ニ．工期：令和元年9月～令和2年4月

ホ．立場：現場主任

ヘ．業務内容：各種建築工事の工程管理、品質管理、安全管理

---

1. **施工の品質低下を防止するために取り組んだ事例**

1）事例1

　①**工種名又は作業名等**：場所打ちコンクリート杭工事

　②**品質低下につながる不具合とそう考えた理由**：杭が支持層に達していない不具合が発生すると、地震に対する抵抗力を失うと考えたため。

　③**②の不具合を発生させないために行ったこととその際特に留意したこと**：掘削長不足に留意し、スライム処理後、検尺テープによる掘削長の測定を行った。

2）事例2

　①**工種名又は作業名等**：コンクリート工事

　②**品質低下につながる不具合とそう考えた理由**：コールドジョイントやジャンカなどの不具合が発生すると、構造物の耐力や耐久性が低下すると考えたため。

　③**②の不具合を発生させないために行ったこととその際特に留意したこと**：打込み区画・打込み人員配置・バイブレーターの使用方法等について留意し、連続して打設作業を実施した。

3）事例3

　①**工種名又は作業名等**：タイル工事

　②**品質低下につながる不具合とそう考えた理由**：張付けモルタル

145　　　　**問題◀本冊 p.162 ◀◀◀**

の施工不良による不具合が発生すると、外壁タイルが剥落し、美観性を損なうことや、周囲に損傷を与えると考えたため。

③②の不具合を発生させないために行ったこととその際特に留意したこと：張付けモルタルの塗付け量に留意し、1回当たりの塗付け面積は2m²／人以下とした。

2. 施工の品質を確保するための確認すべき事項

1）

①工種名又は作業名等：アスファルト防水工事

②①の着手時の確認事項とその理由：下地コンクリート面に不具合があると、雨漏りの原因となるため、レイタンス、浮き、ひび割れなどがないか確認する。

③①の施工中又は完了時の確認事項とその理由：ルーフィングシート施工時に所定の重ね幅を確保できていないと漏水の原因となるため、長手方向、幅方向共に100mm以上確保できているか確認する。

2）

①工種名又は作業名等：内装工事（長尺シート張り）

②①の着手時の確認事項とその理由：長尺シートに巻きぐせがあると、下地面と張り付けた際に硬化不良を起こすおそれがあるため、施工に先立ち、長尺シートが所定の割付け寸法に裁断されていること及び巻きぐせが取り除かれていることを確認する。

③①の施工中又は完了時の確認事項とその理由：床シートに段差があると、歩行の支障や剥離の原因となるため、継ぎ目部は平滑に削り取られているか確認する。

問題2

a. 足場の壁つなぎ
用語の説明
足場を建物に連結固定し、足場の**変形**、**倒壊**を防止する部材。足場の**座屈**を防止し、風荷重の**水平力**を負担するもので、**労働安全衛生規則**で設置が義務づけられている。

施工上留意すべきこと
単管足場においては、**垂直方向**5m以下、水平方向5.5m以下。**枠組**足場では、**垂直**方向9m以下、**水平**方向8m以下と規定されている。 取付け金物は、基準に合格した部材を使用する。

b. 帯筋
用語の説明
鉄筋コンクリート柱の主筋の周囲の所定の位置に配置する、柱の**せん**断補強筋で柱の**圧縮強度**

やじん性を高めるもの。

施工上留意すべきこと

適正なかぶり厚をとり、隅柱の帯筋は必ず結束する。なお、末端は135°フックを付ける。

c．**親杭横矢板壁**
用語の説明

鉛直に設置した親杭に、掘削の進行に伴って横矢板をかませた山留め壁。

施工上留意すべきこと

杭の根入れ部分は崩壊しないよう、根固め液を注入する。

d．**型枠のセパレーター**
用語の説明

型枠工事で相対するせき板相互の間隔を正しく保持するために使用する部品である。主なものには、コーンを使用しないもの（丸セパC型）と使用するもの（丸セパB型）がある。

施工上留意すべきこと

コーン穴の処理方法について、防水下地や薄い下地等の場合は丸セパB型を用い、コンクリート面と同一にモルタルを充填する。普通のモルタルでは、垂れ下がりや乾燥収縮のおそれがあるので、硬練りモルタルを用いるなどの配慮が必要である。

e．**壁のモザイクタイル張り**
用語の説明

下地面に張付けモルタルを塗り付け、25mm角未満のモザイクタイルユニットをたたき締めて貼り付ける工法。

施工上留意すべきこと

張付けモルタルは2度塗りとし、塗り厚を3〜5mm程度となるように留意する。

f．**先送りモルタル**
用語の説明

コンクリートの打設に際して、コンクリートの圧送開始前に、コンクリートの流動性を確保するため、輸送管内壁に潤滑膜を形成させ、また吸入・吐出弁内部をシールするために、圧送管内に流し込むモルタルのこと。

施工上留意すべきこと

圧送の初期に輸送管より排出されるモルタルは極めて低強度のものとなるので、先送りモルタルは、圧送後には廃棄処分とする。先送りモルタルは、富調合なものにする必要がある。

g．**セッティングブロック**
用語の説明

ガラスの自重をサッシ内で支えるために、はめ込み溝内に設置する副資材。

施工上留意すべきこと

設置の際、サッシ水抜き孔を塞がない。両端部からガラスの横幅寸法 $\frac{1}{4}$ のところに2箇所設置する。

h. タイトフレーム

用語の説明

折板葺きの鋼板と下地の間に取り付けられる山形の接合部材。

施工上留意すべきこと

タイトフレームと下地の溶接接合は、隅肉溶接とし、隅肉溶接のサイズは、タイトフレームの板厚と同じになるように留意する。

i. 天井インサート

用語の説明

天井を吊る下地受けの金物のこと。前施工、あと施工方式がある。

施工上留意すべきこと

インサート間隔は900mm程度とし、周辺部は端から150mm以内とする。

j. ベンチマーク

用語の説明

敷地や建物の高さの基準点。

施工上留意すべきこと

工事中でも撤去しないで、動かないものを基準レベルの高さとして用いる。工事に直接的影響が少ない前面道路のマンホールや道路の縁石などが使用される。

k. 防水工事の脱気装置

用語の説明

屋根露出防水絶縁工法で、防水下地より発生する水蒸気を気中に放出する装置。

施工上留意すべきこと

防水層が下地に密着する部分を最小限にとどめるように施工する。

ℓ. マスキングテープ

用語の説明

塗装等の際、塗料が施工箇所をはみ出し、作業箇所以外を汚さないように貼る保護用粘着テープ。養生資材の一つ。

施工上留意すべきこと

粘着力は弱いが、長時間貼り付けたままだと、テープを剥がす時、下地の塗装等を剥がしてしまうことがある。マスキングテープは作業が終了したら、直ちに剥がすようにする。

m. 木構造のアンカーボルト

用語の説明

木造在来軸組構法において、基礎に土台を締め付ける等のために、基礎に埋め込むボルトをいう。

施工上留意すべきこと

木造在来軸組構法のアンカーボルトは、柱・間柱・土台継手の位置を避け、2.7m以内の間隔で基礎に埋め込む。

n. 溶接のアンダーカット

用語の説明

溶接欠陥の一種。溶接の止端に沿って母材に溝ができた状態のこと。

施工上留意すべきこと

適正な電流、正しい溶接棒の角度・位置、正確な溶接速度、正しい溶接姿勢等が必要である。

問題3

1. 鉄筋コンクリート工事の**Ⓐ**：1F床躯体

   塗装工事の**Ⓑ**：1F内装塗装

2. 総工事金額に対する比率：**13%**

【解　説】

1月の各実績を足して（60＋390＋190＋50＋90）、その合計額を総工事金額（6,000万円）で割り、比率を計算する。

780万円÷**6,000**万円×**100**[%]＝**13**[%]

3. ①不適当な作業名：**耐火被覆**

   ②作業完了時期：**3月中旬**

出来高表

単位　万円

工　　　　　種	工事金額	予定／実績	1月	2月	3月	4月	5月
仮　設　工　事	600	予定	60	270	210	30	30
		実績	60	270	210	30	
土　　工　　事 地　業　工　事	500	予定	320	180			
		実績	390	110			
鉄　　　　筋 コンクリート工事	750	予定	150	600			
		実績	190	560			
鉄　骨　工　事	900	予定	50	790	60		
		実績	50	790	60		
外　壁　工　事	450	予定			450		
		実績			450		
屋　根　工　事	250	予定			250		
		実績			250		
防　水　工　事	50	予定			50		
		実績			50		
建　具　工　事	550	予定			370	140	40
		実績			370	140	
金　属　工　事	150	予定			150		
		実績			120	30	
内　装　工　事	300	予定				230	70
		実績				230	
塗　装　工　事	100	予定			50	50	
		実績			50	50	
外　構　工　事	500	予定				400	100
		実績				400	
設　備　工　事	900	予定	90	90	90	580	50
		実績	90	90	90	580	
総　工　事　金　額	6,000	予定	670	1,930	1,680	1,430	290
		実績	780	1,820	1,650	1,460	0
累　　　　　　計	6,000	予定	670	2,600	4,280	5,710	6,000
		実績	780	2,600	4,250	5,710	5,710

③3月末までの実績出来高の累計金額：**4,250万円**

【解　説】

　　鉄骨工事の耐火被覆作業は、鉄骨工事のスタッド溶接が終わり、外壁工事のALC取付けが終わってから実施し、**金属工事の壁、天井軽鉄下地が始まるまでに終える**必要があると判断される。1F壁、天井、2F壁軽鉄下地が**3月中旬**から始まっているので、**3月中旬**には完了している必要があると判断される。

　　鉄骨工事の耐火被覆作業は、出来高表の4月の欄に、予定と実績が**60万円**と記載されている。②より、3月に予定と実績を記入する必要がある。

　　したがって、**3月末**までの実績出来高の累計金額は、**780万円＋1,820万円＋1,650万円＝4,250万円**である。

問題4

【正　答】

		当てはまる正しい語句
1.	①	③ 施　工
	②	① 作業方法
2.	③	③ 施工者
	④	② 工作物
3.	⑤	② 免　許
	⑥	④ 技　能

【解　説】

1. 建設業法（下請負人の意見の聴取）
第24条の2　元請負人は、その請け負った建設工事を**施工**する
①
ために必要な工程の細目、**作業方法**その他元請負人において定
②
めるべき事項を定めようとするときは、あらかじめ、下請負人の意見をきかなければならない。

2. 建築基準法（工事現場の危害の防止）
第90条　建築物の建築、修繕、模様替又は除却のための工事の**施工者**は、当該工事の施工に伴
③
う地盤の崩落、建築物又は工事用の**工作物**の倒壊等による危害
④
を防止するために必要な措置を講じなければならない。

3. 労働安全衛生法（就業制限）
第61条　事業者は、クレーンの運転その他の業務で、政令で定めるものについては、都道府県労働局長の当該業務に係る**免許**
⑤
を受けた者又は都道府県労働局

150

長の登録を受けた者が行う当該業務に係る**技能講習を修了した**者⑥その他厚生労働省令で定める資格を有する者でなければ、当該業務に就かせてはならない。

問題5ーA

【正　答】

		当てはまる最も適当な語句又は数値
1.	①	② テープ
2.	②	④ 定着
3.	③	① $\frac{1}{4}$
4.	④	① ねじれ
5.	⑤	③ 150
6.	⑥	③ 60
7.	⑦	② 1.8
8.	⑧	① しみ

【解　説】

1. 鋼製巻尺は、工事着手前に**テー**①**プ**合わせを行い、同じ精度を有する巻尺を2本以上用意し、う**ち1本は基準巻尺として保管**する。**テープ**①合わせとは、現場で使用する鋼製巻尺と、同じ精度を有する鋼製巻尺を**1本以上用**意し、**誤差を確認**することをいう。

テープ①合わせを行うとき、それぞれの鋼製巻尺に一定の張力を与えて、相互の誤差を確認する(建築工事監理指針)。

2. 大梁の主筋をガス圧接する場合、鉄筋径程度の**縮み代**を見込んで加工しないと、**定着**②寸法の不足や、直交部材の配筋の乱れを招くことになる(建築工事監理指針)。

3. 鉄筋コンクリート造の打継ぎの位置は、梁及びスラブにおいては、そのスパンの**中央又は端**から$\frac{1}{4}$③の付近に設け、柱及び壁においては、スラブ、壁梁又は基礎の**上端**に設ける(公共建築工事標準仕様書建築工事編6.6.4(1))。

4. 地震や強風などによる軸組の変形を防ぐために対角線方向に入れる**補強材**を筋かいという。筋かいは、つり合いよく配置し、**ねじれ**を生④じないようにして、建物全体を強固にするために入れる(建築工事監理指針)。

5. 立上りと平場のアスファルトルーフィング類は**別々**に張り付け、立上り部のアスファルトルーフィング類は各層とも平場のアスファルトルーフィング類に**150mm以上**張り掛ける⑤（同仕様書同編9.2.4（4）（イ）（f））。

6. 外壁の有機系接着剤によるタイル後張り工法で、接着剤は金ごて等を用いて平たんに塗布した後、タイルの製造所又は接着剤の製造所の指定するくし目ごてを用いて壁面に**60**度の角度を保って、くし目を立てる。また、⑥裏あしがあるタイルは、裏あし方向とくし目の方向が**平行**にならないようにする（同仕様書同編11.3.5（2）（ウ）（c））。

7. 日本産業規格（JIS）による建築用鋼製下地材を用いた軽量鉄骨天井下地工事において、天井のふところが**1.5m以上**の場合は、原則として、施工用補強部材等を用いて、次により、吊りボルトの補強を行う。なお、天井のふところが**3mを超える**場合は、特記による。

（ア）水平補強は、**縦横方向**に間隔**1.8m程度**で配置する。⑦

（イ）斜め補強は、相対する斜め材を**1組**とし、**縦横方向**に**間隔3.6m程度**で配置する（同仕様書同編14.4.4（8））。

8. 壁紙の表面に付いた接着剤や手垢等は、放置しておくと**しみ**の⑧原因となる。そのため、壁紙を張り終わった部分ごとに**直ちに**拭き取る必要がある（建築工事監理指針）。

問題5－B

【正　答】

		当てはまる最も適当な語句、文字又は数値
1.	①	③ 標準貫入試験
	②	④ N　値
2.	③	② 根巻き
	④	① 10
3.	⑤	② 付　着
	⑥	② 25
4.	⑦	④ d
	⑧	③ 30

【解　説】

1. 敷地の地盤の構成や性質などを調査する地盤調査には、一般に**ロータリーボーリング**が行われている。ボーリングによる掘削孔を用いて**標準貫入試験**①、試料の採取、地下水位の測定等の調査を行う。

また、採取された試料は各種の土質試験を行い、土質柱状図にまとめられる。

標準貫入試験①は、ハンマーを自由落下させて、SPTサンプラーが地層を**300mm貫入**するのに**必要な打撃回数**を求める試験である。ここで得られた打撃回数を**N値**②といい、地盤の硬軟や締り具合を推定するのに使われる（建築工事監理指針）。

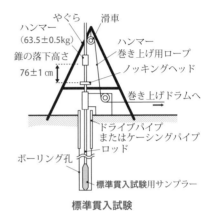

標準貫入試験

2. 柱や壁の型枠を組み立てる場合、足元を正しい位置に固定するために、**根巻き**③を行う。敷桟で行う場合にはコンクリート漏れ防止に、パッキングを使用する方法や**プラスチックアングル**を使用する方法などがある。

フラットデッキの**長手方向**に対する梁へののみこみ代は、原則として、一般階では、**10mm**④と

する（建築工事監理指針）。

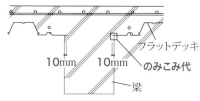

10mm　10mm　フラットデッキ

のみこみ代

梁

フラットデッキの梁へののみこみ代

3. 鉄筋工事において鉄筋相互のあきは、鉄筋とコンクリートの間の**付着**による応力の伝達が十分⑤に行われ、コンクリートが分離することなく密実に打ち込まれるために必要なものである。

鉄筋相互のあきの**最小寸法**は、隣り合う鉄筋の平均径（呼び名の数値）の**1.5倍**、粗骨材最大寸法の**1.25倍**、25mmのうちで、⑥**最も大きい値以上**とする（公共建築工事標準仕様書建築工事編5.3.5（4）（ア）（イ）（ウ））。

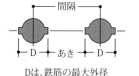

間隔

D　あき　D

Dは、鉄筋の最大外径

鉄筋相互のあきと間隔

4. 1群のボルトの締付けは、群の中央から周辺に向かう順序で行う（同仕様書同編7.4.7（4））。よって、図の**d**のように行っていく。⑦トルシア型高力ボルトの締付け後の確認は、

・ピンテールが**破断**していること（同仕様書同編7.4.8（1）（ア）（a））

・一次締めの際につけたマークのずれにより、**共回り**又は**軸回り**が生じていないこと（同仕様書同編7.4.8（1）（ア）（b））

・ナット回転量は、各ボルト群のナットの平均回転角度－**30°**から平均回転角度＋**30°**までの範⑧囲であること（同仕様書同編7.4.8（1）（ア）（c））

・ボルトの余長は、ねじ1山から6山までの範囲であること（同仕様書同編7.4.8（1）（ア）（d））を確認する。

問題5-C

【正答】

		当てはまる最も適当な語句又は数値
1.	①	④ 300
	②	② ストレッチ
2.	③	③ 改良圧着張り
	④	③ 1段ごとに上から下
3.	⑤	④ 200
	⑥	② 300
4.	⑦	② 30
	⑧	① 直角

【解 説】

1. アスファルト防水の密着工法において、平場部のアスファルトルーフィング類の張付けに先立ち、コンクリートの打継ぎ箇所等で防水上不具合のある下地は、**幅50mm程度の絶縁用テープ**を張り付け、その上に幅**300**mm
①
以上の**ストレッチルーフィング**
②
を増張りする。

アスファルトルーフィング類の張付けは、空隙、気泡、しわ等が生じないように均一に押し均して、**下層**に**密着**するように行

う（公共建築工事標準仕様書建築工事編9.2.4（4）（ア）（a）、（イ）（a））。

2. **改良圧着張り**は、モルタル下地
③
面に張付けモルタルを塗り、モルタルが**軟らかいうち**にタイル裏面にも同じ張付けモルタルを塗ってタイルを張り付ける工法である。

ハンマー等でタイルを入念にたたき押し、**1段ごとに上から下**
④
に向かって張り進める。

張付けモルタルの1回の塗付け面積の限度は、張付けモルタルに触れると手に付く状態のままタイル張りが完了できることとし、**2m²/人以内**かつ、**60分以内**に張り終える面積とする。1回のタイルを張り終わったとき、モルタルの硬化の程度により、タイル周辺にはみ出しているモルタルを除去する（同仕様書同

編11.2.6（3）（ウ）（a）（d））。

3. 金属屋根工事において、金属板葺の下葺にアスファルトルーフィングを用いる場合、野地面上に軒先と平行に敷き込み、軒先から**上へ向かって張る**。上下（流れ方向）は**100mm以上**、左右（長手方向）は**200mm以上**重ね合わせる。なお、**横方向の継目位置は重ねない**。

⑤

留付けは留付け用釘又はステープルにより、重ね合せ部は間隔**300mm程度**、その他は要所に留め付ける（同仕様書同編13.2.3（4）（ア）（a）（b））。

⑥

4. 塗装工事における吹付け塗りは、スプレーガンを塗装面から**30cm程度**離した位置で、塗装面に対して**直角**に向け、平行に動かし塗料を噴霧する。噴霧された塗料は、一般に中央部ほど密になりがちで、周辺部が粗に

⑦

⑧

なりやすいため、一列ごとに吹付け幅が$\frac{1}{3}$程度重なるように吹き付け、塗膜が均一になるようにする（JASS 18）。

令和3年度
2級建築施工管理技術検定 第二次検定 解答・解説

問題1 【解答例】

[工事概要]

イ．工事名：○○1丁目計画新築工事

ロ．工事場所：東京都港区○○1丁目○○番地

ハ．工事の内容：

建物用途：住宅、物販店舗

構造：鉄筋コンクリート造

階数：5階

延べ面積：980.00m²

主な外部仕上げ：二丁掛タイル張り、吹き付けタイル

主要室の内部仕上げ

店舗部分：床－ビニルタイル張り、壁－ビニルクロス張り、天井－岩綿化粧吸音板

住宅部分：床－フローリング張り、壁－ビニルクロス張り、天井－ビニルクロス張り

玄関回り：床－自然石張り、壁－自然石張り、天井－アルミ吸音板張り

ニ．工期：平成30年12月～令和元年10月

ホ．立場：現場主任

ヘ．業務内容：各種建築工事の施工管理

1.

1.

a.

① 着目した項目：a　施工方法又は作業方法

② 工種名：建方工事（組立）

③ 現場の状況と検討したこと：計画建物に隣接建物がほぼ接しているため、低騒音、低振動の工法を検討した。

④ 検討した理由と実施したこと：天候の影響が少なく、短工期で行うため、RC在来工法を取りやめ、柱、梁、外壁をPC化して施工した。

b.

① 着目した項目：b　資材の搬入又は荷揚げの方法

② 工種名：建方工事（荷取）

③ 現場の状況と検討したこと：敷地いっぱいに計画建物が建築予定であり、資材搬入が厳しい状況下での荷取方法を検討した。

④ 検討した理由と実施したこと：搬入したPC部材を荷卸しする場所がないため、PC部材の荷取を運搬車両上で行い、荷卸しせずクレーンで揚重した。

c.

① 着目した項目：c　資材の保管又

問題◀本冊 p.176 ◀◀◀

は仮置きの方法

② **工種名**：仮設工事

③ **現場の状況**と**検討したこと**：計画建物に隣接建物がほぼ近接しているため、出来上がった躯体部分を保管場所、仮置き場として活用することを検討した。

④ **検討した理由**と**実施したこと**：作業に必要な資材、設備機器、器具などの置き場は絶対に必要であるから、現場内を整理整頓し作業用の通路等を除き、保管仮置き場を確保した。

d.

① **着目した項目：d　施工中又は施工後の養生の方法（安全に関する養生は除く）**

② **工種名**：コンクリート工事

③ **現場の状況**と**検討したこと**：地中梁コンクリートの打設時期が冬期となる工程であるから、地中梁コンクリート打設時の寒中コンクリート対応を検討した。

④ **検討した理由**と**実施したこと**：コンクリート打設後の外気温が低くなる可能性があるため、コンクリート打設後にシート養生し、ジェットヒーターを稼働させた。

e.

① **着目した項目：e　試験又は検査の方法**

② **工種名**：アスファルト防水工事

③ **現場の状況**と**検討したこと**：初めて取引する施工業者による防水下地コンクリートで、かつ、過去に初めての施工業者による施工不良の事例があったので、防水下地コンクリートの表面が平坦で突起物が完全に撤去されているように検討した。

④ **検討した理由**と**実施したこと**：不十分な下地状態では、防水性能が確保できないため、管理者と同時に確認する体制とした。

2.

品質低下の防止

① 施工の計画時に**検討すること**と**その理由**：プレキャストコンクリート（PC）工事において、PC作製時、運搬時に生じる欠損、ひび割れた製品の搬入取付けを防止する。PC部材の欠損部、ひび割れ部分からの漏水、錆発生など性能が低下するため。

② **防止対策**とそれに対する**留意事項**：PC製品出荷時、現場搬入時の製品検査を充実させ、不具合を修正する。

工程遅延の防止

① 施工の計画時に**検討すること**と**その理由**：現場管理（工程調整）において、各工種担当者との工程調整の方法、参加者などを検討。

工程の遅延は、各工種の調整不足による誤った施工順序等により発生するため。

② **防止対策**とそれに対する**留意事項**：詳細な工程表による打ち合わせを行い、各工種間の協力関係を構築する。

問題2
---

a．クレセント

用語の説明

建具用金具で、上げ下げ窓、引き違いサッシの**召し合わせ部**などに取り付ける**錠金具**のこと。

施工上留意すべきこと

錠機能の他にも、**気密性**、**遮音性**も求められるので、正確な錠と受け金具の取り合い寸法、堅固な部品の取り付けが必要である。

b．コンクリート壁の誘発目地

用語の説明

コンクリート壁面にあらかじめ**ひび割れ**発生場所を決め、その位置に**ひび割れ**を誘発させるための目地。

施工上留意すべきこと

コンクリート打設後、やや**硬化**した時にカッター等で目地を入れる。目地部分には**シーリング**材を充填する。

c．ジェットバーナー仕上げ

用語の説明

主に仕上げに用いる**花崗岩**に冷却水を散布しながら、バーナーで加熱し、石材を構成する鉱物の**熱膨張率**の違いを利用して、ざらついた均一の表面とする仕上げ方法。

施工上留意すべきこと

壁に石材を使用する場合は、洋服があたって擦れるような場所には**不向き**。床には滑りにくい石材が適するが、ジェットバーナー仕上げは**適さない**。

d．セルフレベリング工法

用語の説明

液状の塗り材の流動性を利用して、**水平・平滑**な床仕上げ面を形成させる工法をいう。

施工上留意すべきこと

硬化中のセルフレベリング材が風を受けると**しわやひび割れ**の原因になるので、**硬化するまで**は、窓や開口部を塞いだままとし、通風を受けないようにする。

e．鉄骨の耐火被覆

用語の説明

耐火被覆とは、鉄骨造の骨組みを火災の熱から守るために**耐火性・断熱性の高い材料で被覆する**ことをいう。工法としては、耐火材吹付け、耐火板張り、耐火材巻付け、耐火塗料などがある。

施工上留意すべきこと

耐火被覆の材料及び工法は、建

築基準法に基づき、認定を受けたものとする。耐火材吹付けは、吹付けに当たり、十分な**養生**を行い、周辺への**飛散**防止に努める。耐火板張りは、見え掛り面に使用するものは、塗装等仕上げができるものとする。また、耐火板、耐火材、耐火塗料はそれぞれ製造所の仕様によるところとする。

f．土工事における釜場
用語の説明

土工事を行う際に、発生する**湧水**を集めるために設置する地面のくぼみ。集めた水をポンプで排水する。

施工上留意すべきこと

地下水を多く含んだ砂質地盤が根切り底面付近にある場合、**ボイリング**を生じる場合がある。**ボイリング**が生じていないか観察しながら排水する。

g．乗入れ構台
用語の説明

大型運搬車の乗入れ及びクレーン車の**作業床**などに使用される**仮設**の構台。

施工上留意すべきこと

ミキサー車、鉄骨建方のトラッククレーン等、重い重機が使用される。**最大荷重**に対して安全な設計を行い、支柱は**地下躯体**の主要構造に当たらないよう配置する。

h．腹筋
用語の説明

鉄筋工事の梁配筋時、梁の変形を防止するため、上下主筋の**中間**に**平行**に設置する鉄筋。

施工上留意すべきこと

梁せいが**600**mmを超えると、梁断面が平行四辺形に変形しやすいため、腹筋で補強する必要がある。

i．ビニル床シート熱溶接工法
用語の説明

ビニル床シートを張り付けた接着剤硬化後、はぎ目及び継目の**溝切り**を行い、溶接棒を用いてビニル床シートと**同時**に溶接する。

施工上留意すべきこと

張付け接着剤の硬化には、**12**時間必要。溝は**V**字形又はU字形とし、床シート厚の$\frac{2}{3}$程度まで溝切りする。溶接は加圧しながら行い、**余盛り**ができる程度とする。

j．フラットデッキ
用語の説明

床型枠用の上面が平らな鋼製デッキの表面を**水平**に加工して、**表面**に**リブ**を付けた床型枠用鋼製デッキプレート。

施工上留意すべきこと

梁側の型枠が**木製**であるので、取付けについては十分検討して

取り付けること。**解体を要さな**い打込み型枠であるのでプレートの厚さには十分注意して取り付けること。

k. 壁面のガラスブロック積み
用語の説明

ガラスブロックとは中が空洞になった**箱型**のガラスをいい、壁面のガラスブロック積みとは、ガラスブロックを積み上げて構成された壁面をいう。店舗等にも、幅広く利用されており、透明感のある洗練された空間を演出することが可能である。

施工上留意すべきこと

下記となるように留意する。

一段目の積上げは、下枠に目地モルタルを敷き詰め、縦力骨が目地の**中央**にくるようにガラスブロックを配置した後、縦目地に目地モルタルを充填する。上段の積上げは、出入り及び目地の通りに十分注意し、**横力骨及び縦力骨**が目地の**中央**にくるように目地モルタルを充填して積み上げる。最上段の積上げは、上枠溝部に**隙間なく**目地モルタルを充填する。

ℓ. ボンドブレーカー
用語の説明

ワーキングジョイントのシーリング材の**3面接着**を回避する目的で、**深くない**目地底に張り付けるテープ状の部材をいう。

施工上留意すべきこと

ボンドブレーカーは、シーリング材と**接着しない**ものを選び、浮き等が生じないように**目地底**に確実に張り付ける。**目地底**が深い場合は、バックアップ材を使用する。

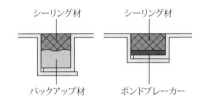

バックアップ材とボンドブレーカー

m. 木工事の大引
用語の説明

大引は木造の1階の床組みで、**根太**を受ける部材。大引の下には基礎は無く、**床束**で支える。

施工上留意すべきこと

下記となるように留意する。

通常**910mm**程度の間隔で根太に**直角**に渡し、端部は**土台**や**大引受け**に連結する。

n. ローリングタワー
用語の説明

高所作業に用いる移動式足場の通称。枠組足場の脚部にキャスターを付けて移動できるようにした足場。

施工上留意すべきこと

手すりの設置状態・固定の確認、

キャスターの動き・**ロック**状態の確認、大きな変形（へこみ、曲がり）がないことの確認等が必要である。

内装工事の©：2、3Fフローリング張り

2. **完了日：3月　中旬**

【**解　説**】

　鉄骨工事の耐火被覆作業は、鉄骨工事の**スタッド溶接**が終わり、外壁工事の**ALC取付け**が終わってから実施し、**金属工事の壁・天井軽鉄下地が始まるまでに終える**

問題3

1. 仮設工事のⒶ：**外部足場組立**
　鉄筋コンクリート工事のⒷ：**基礎**

出 来 高 表　　　　　　　　　　　　　　　　　単位　万円

工　　　　　　種	工事金額	予定実績	1月	2月	3月	4月	5月
仮　設　工　事	500	予 定	50	200	50	150	50
		実 績	50	200	50		
土　　工　　事 地　業　工　事	600	予 定	390	210			
		実 績	390	210			
鉄　　　　　筋 コンクリート工事	900	予 定	450	180	270		
		実 績	360	200	340		
鉄　骨　工　事	900	予 定	50	760	90		
		実 績	30	780	90		
外　壁　工　事	400	予 定			400		
		実 績			400		
防　水　工　事	150	予 定			150		
		実 績			150		
建　具　工　事	500	予 定			400	100	
		実 績			400		
金　属　工　事	250	予 定			100	150	
		実 績			100		
内　装　工　事	500	予 定				400	100
		実 績					
塗　装　工　事	200	予 定				150	50
		実 績					
外　構　工　事	200	予 定					200
		実 績					
設　備　工　事	900	予 定	90	90	180	450	90
		実 績	90	90	180		
総　工　事　金　額	6,000	予 定	1,030	1,440	1,640	1,400	490
		実 績	920	1,480	1,710	0	0
累　　　　　計		**予 定**	1,030	2,470	4,110	5,510	6,000
		実 績	920	2,400	4,110	4,110	4,110

必要があると判断される。2、3F壁・天井軽鉄下地が3月下旬から始まっているので、**3月中旬**には完了している必要があると判断される。

3. 出来高表より、鉄骨工事の2月までの累積金額は次のとおりである。

- 鉄骨工事の2月までの累積金額（予定）＝ 50 ＋ 760 ＝ 810万円
- 鉄骨工事の2月までの累積金額（実績）＝ 30 ＋ 780 ＝ 810万円

鉄骨工事の工事金額は900万円であり、差額である900 － 810 ＝ 90万円が、出来高表に記載のない耐火被覆工事の金額である。耐火被覆工事は、2. より3月に予定し実施するので、出来高表の鉄骨工事の3月の予定・実績の欄にそれぞれ**90**という数字を入れて、総工事金額と累積金額を算出すると、前ページの表のとおりである。

2月末までの実績出来高の累計金額：**2,400万円**

総工事金額：**6,000万円**

したがって、2月末までの実績出来高の累計金額の総工事金額に対する比率は次のとおりである。

2月末までの実績出来高の累計金額の総工事金額に対する比率

$$= \frac{2400万円}{6000万円} \times 100 = 40\%$$

4. 表より、3月末までの実績出来高の累計金額は、**4,110万円**である。

問題4

【正 答】

		当てはまる正しい語句又は数値
1.	①	③ 完 成
	②	③ 20
2.	③	③ 施工者
	④	① 設計図書
3.	⑤	② 工 期
	⑥	④ 遂 行

【解 説】

1. 建設業法（検査及び引渡し）
第24条の4 元請負人は、下請負人からその請け負った建設工事が**完成**した旨の通知を受けた① ときは、当該通知を受けた日から**20**日以内で、かつ、できる限② り短い期間内に、その**完成**を確① 認するための検査を完了しなければならない。

2. 建築基準法（工事現場における確認の表示等）
第89条 第6条第1項の建築、大規模の修繕又は大規模の模様

替の工事の**施工者**は、当該工事
③
現場の見易い場所に、国土交通
省令で定める様式によって、建
築主、設計者、工事施工者及び
工事の現場管理者の氏名又は名
称並びに当該工事に係る同項の
確認があった旨の表示をしなけ
ればならない。

2　第6条第1項の建築、大規模
の修繕又は大規模の模様替の工
事の**施工者**は、当該工事に係る
③
設計図書を当該工事現場に備え
④
ておかなければならない。

3. 労働安全衛生法（事業者等の責務）
第3条　3　建設工事の注文者
等仕事を他人に請け負わせる者
は、施工方法、**工期**等について、
⑤
安全で衛生的な作業の**遂行**をそ
⑥
こなうおそれのある条件を附さ
ないように配慮しなければなら
ない。

問題5－A

【正　答】

		当てはまる最も適当な語句又は数値
1.	①	① 逃げ墨
2.	②	③ 30cm
3.	③	③ 1.5倍
4.	④	③ 3山
5.	⑤	④ 突付け
6.	⑥	① 本磨き
7.	⑦	② しわ
8.	⑧	② シージング

【解　説】

1. 柱心や壁心などの親墨から離れた位置に打つ補助の墨を**逃げ墨**
①
という。

2. 埋戻し及び盛土は、**30cm**程度ご
②
とに締め固める（公共建築工事標
準仕様書建築工事編3.2.3（2））。

3. 鉄筋工事における鉄筋相互のあき
は、粗骨材の最大寸法の1.25倍、
25mm及び隣り合う鉄筋の平均径
の**1.5倍**のうち最大のもの以上と
③
する（同仕様書同編5.3.5（4））。

4. ボルトは、ボルト頭の下及びナット

の下に座金を用いることとし、締付け終了後にナットの外に**3山以**${}_{④}$**上**ねじ山が出ていることを確認する（同仕様書同編7.5.2（1）（エ））。

5. 通気緩衝シートは、接着剤を塗布し、塗布した接着剤のオープンタイムを確認して接着可能時間内に、

隙間や重なり部をつくらないようにシート相互を**突き付けて**${}_{⑤}$張り付け、ローラー転圧をして接着させる（建築工事監理指針）。

6. 大理石を壁の仕上げ材に使用する場合は**本磨き**${}_{⑥}$を用いることが多い。石材の磨き仕上げの種類

石材の磨き仕上げの種類

仕上げの種類	加工状態	石材の種類
粗磨き	＃20〜＃30の炭化けい素砥石又は同程度の仕上げとなるダイヤモンド砥石で磨いた状態	花こう岩
	＃100〜＃120の炭化けい素砥石又は同程度の仕上げとなるダイヤモンド砥石で磨いた状態	大理石 砂岩
	＃100〜＃320の炭化けい素砥石又は同程度の仕上げとなるダイヤモンド砥石で磨いた状態	テラゾ
水磨き	＃400〜＃800の炭化けい素砥石又は同程度の仕上げとなるダイヤモンド砥石で磨いた状態	花こう岩 大理石 砂岩 テラゾ
本磨き	＃1500〜＃3000の炭化けい素砥石又は同程度の仕上げとなるダイヤモンド砥石で磨き、さらに、つや出し粉を用い、バフで仕上げた状態	花こう岩
	＃1000〜＃1500の炭化けい素砥石又は同程度の仕上げとなるダイヤモンド砥石で磨き、さらに、つや出し粉を用い、バフで仕上げた状態	**大理石**
	＃800〜＃1500の炭化けい素砥石又は同程度の仕上げとなるダイヤモンド砥石で磨き、さらに、つや出し粉を用い、バフで仕上げた状態	テラゾ

（注）目地合端には、糸面をつける。

については前ページの表のとおりである（同仕様書同編10.2.1(1)（ウ）、表10.2.2）。

7. 塗装工事において、塗膜が平らに乾燥せず、ちりめん状あるいは波形模様の凹凸を生じる現象を**しわ**といい、厚塗りによる上乾きの場合などに起こりやすい。
⑦

8. **シージング**せっこうボードとは、両面のボード用原紙と心材のせっこうに防水処理を施したもので、内装工事において、屋内の台所や洗面所などの壁や天井の下地材として使用される。
⑧

問題5－B

【正　答】

		当てはまる最も適当な語句又は数値
1.	①	③ ベンチマーク
	②	① 縄張り
2.	③	② 30
	④	③ 鋼　製
3.	⑤	④ 90
	⑥	② 120
4.	⑦	④ 管　柱
	⑧	② 12

【解　説】

1. 建築物の高さ及び位置の基準となるものを**ベンチマーク**という。
①
高さの基準は隣接の建築物や既存の工作物に、位置の基準は一般に建築物の縦、横2方向の通り心を延長して設ける。工事測量を行うときの基準のため、工事中に動くことのないよう2箇所以上設けて、随時確認できるようにしておく。

また、建築物の位置を定めるため建築物の外形と内部の主要な間仕切の中心線上に、ビニルひも等を張って建築物の位置を地面に表すことを**縄張り**という。
②
このとき、建築物の隅には地杭を打ち地縄を張りめぐらす。

2. 鉄筋工事において、コンクリートの中性化や火災等の高温による鉄筋への影響を考えた鉄筋を覆うコンクリートの厚さを「かぶり厚さ」といい、建築基準法

施行令第79条で規定されており、原則として、柱又は梁にあっては**30**mm以上、床にあっては
③
20mm以上となっている。

また、かぶり厚さを保つためにスペーサーが用いられ、スラブ筋の組立時には**鋼製**のスラブ用
④
スペーサーを原則として使用する。

3. コンクリート工事において、日本産業規格（JIS A 5308）では、レディーミクストコンクリートの運搬時間は、原則として、コンクリートの練混ぜを開始してからトラックアジテータが荷卸し地点に到着するまでの時間とし、その時間は**90**分以内と規定
⑤
されている。このため、できるだけ運搬時間が短くなるレディーミクストコンクリート工場の選定をする。

また、コンクリートの練混ぜ開

始から工事現場での打込み終了までの時間は外気温が25℃未満の場合**120**分以内、25℃以上の
⑥
場合90分以内とする。

4. 木造在来軸組構法において、屋根や上階の床などの荷重を土台に伝える鉛直材である柱は、2階建てでは、1階から2階まで通して1本の材を用いる通し柱と、各階ごとに用いる**管柱**とがある。
⑦
一般住宅の場合、柱の断面寸法は、通し柱は**12**cm角、**管柱**で
⑧　　　　　　　　　　⑦
は10.5cm角のものが主に使用されている。

		問題５－С

【正　答】

		当てはまる最も適当な語句又は数値
1.	①	② 裏　面
	②	③ 200
2.	③	② 20
	④	④ 24
3.	⑤	③ クリップ
	⑥	② むくり
4.	⑦	① ウィルトン
	⑧	③ $\frac{2}{3}$

【解 説】

1. 改質アスファルトシート防水トーチ工法において、改質アスファルトシートの張付けは、トーチバーナーで改質アスファルトシートの**裏面**及び下地を均一にあぶ①り、**裏面**の改質アスファルトシー①トを溶融させながら均一に押し広げて密着させる。改質アスファルトシートの重ねは、2層の場合、上下の改質アスファルトシートの接合部が重ならないように張り付ける。

出隅及び入隅は、改質アスファルトシートの張付けに先立ち、幅**200**mm程度の増張りを行う②（公共建築工事標準仕様書建築工事編9.3.4（4）（ア））。

2. セメントモルタルによるタイル張りにおいて、密着張りとする場合、張付けモルタルは、2層に分けて塗り付けるものとし、1回の塗付け面積の限度は、2m²以下、かつ、**20**分以内に張り終える面③積とする。また、タイル目地詰めは、タイル張付け後**24**時間経④過した後、張付けモルタルの硬化を見計らって行う（同仕様書同編11.2.6（3）（イ））。

3. 軽量鉄骨天井下地において、鉄筋コンクリート造の場合、吊りボルトの取付けは、埋込みインサートにねじ込んで固定する。野縁の吊下げは、取り付けられた野縁受けに野縁を**クリップ**で⑤留め付ける。

平天井の場合、目の錯覚で天井面が下がって見えることがあるため、天井下地の中央部を基準レベルよりも吊り上げる方法が行われている。この方法を**むくり**といい、室⑥内張りのスパンに対して$\frac{1}{500}$から$\frac{1}{1,000}$程度が適当とされている。

4. 床カーペット敷きにおいて、**ウィルトン**カーペットをグリッ⑦

パー工法で敷き込む場合、張り仕舞いは、ニーキッカー又はパワーストレッチャーを用い、カーペットを伸展しながらグリッパーに引っ掛け、端はステアツールを用いて溝に巻き込むように入れる。

グリッパーは、壁際からの隙間をカーペットの厚さの約$\frac{2}{3}$⑧とし、壁周辺に沿って均等にとり、釘又は接着剤で取り付ける。

令和5年度後期 第一次検定 解答用紙

※コピーしてお使いください。

9 問題を選択し、解答してください。

	①	②	③	④
No. 1	①	②	③	④
No. 2	①	②	③	④
No. 3	①	②	③	④
No. 4	①	②	③	④
No. 5	①	②	③	④
No. 6	①	②	③	④
No. 7	①	②	③	④
No. 8	①	②	③	④
No. 9	①	②	③	④
No.10	①	②	③	④
No.11	①	②	③	④
No.12	①	②	③	④
No.13	①	②	③	④
No.14	①	②	③	④

全問題を解答してください。

	①	②	③	④
No.15	①	②	③	④
No.16	①	②	③	④
No.17	①	②	③	④

8 問題を選択し、解答してください。

	①	②	③	④
No.18	①	②	③	④
No.19	①	②	③	④
No.20	①	②	③	④
No.21	①	②	③	④
No.22	①	②	③	④
No.23	①	②	③	④
No.24	①	②	③	④
No.25	①	②	③	④
No.26	①	②	③	④
No.27	①	②	③	④
No.28	①	②	③	④

全問題を解答してください。

	①	②	③	④
No.29	①	②	③	④
No.30	①	②	③	④
No.31	①	②	③	④
No.32	①	②	③	④
No.33	①	②	③	④
No.34	①	②	③	④
No.35	①	②	③	④
No.36	①	②	③	④
No.37	①	②	③	④
No.38	①	②	③	④

【能力問題】4 問題を全問解答
選んだ肢の番号が 2 つとも正しい場合のみ
正答

	①	②	③	④
No.39	①	②	③	④
No.40	①	②	③	④
No.41	①	②	③	④
No.42	①	②	③	④

6 問題を選択し、解答してください。

	①	②	③	④
No.43	①	②	③	④
No.44	①	②	③	④
No.45	①	②	③	④
No.46	①	②	③	④
No.47	①	②	③	④
No.48	①	②	③	④
No.49	①	②	③	④
No.50	①	②	③	④

/40

※配点は、1問1点

令和5年度前期 第一次検定 解答用紙

※コピーしてお使いください。

9問題を選択し、解答してください。

	①	②	③	④
No. 1	①	②	③	④
No. 2	①	②	③	④
No. 3	①	②	③	④
No. 4	①	②	③	④
No. 5	①	②	③	④
No. 6	①	②	③	④
No. 7	①	②	③	④
No. 8	①	②	③	④
No. 9	①	②	③	④
No.10	①	②	③	④
No.11	①	②	③	④
No.12	①	②	③	④
No.13	①	②	③	④
No.14	①	②	③	④

全問題を解答してください。

	①	②	③	④
No.15	①	②	③	④
No.16	①	②	③	④
No.17	①	②	③	④

8問題を選択し、解答してください。

	①	②	③	④
No.18	①	②	③	④
No.19	①	②	③	④
No.20	①	②	③	④
No.21	①	②	③	④
No.22	①	②	③	④
No.23	①	②	③	④
No.24	①	②	③	④
No.25	①	②	③	④
No.26	①	②	③	④
No.27	①	②	③	④
No.28	①	②	③	④

全問題を解答してください。

	①	②	③	④
No.29	①	②	③	④
No.30	①	②	③	④
No.31	①	②	③	④
No.32	①	②	③	④
No.33	①	②	③	④
No.34	①	②	③	④
No.35	①	②	③	④
No.36	①	②	③	④
No.37	①	②	③	④
No.38	①	②	③	④

【能力問題】4問題を全問解答
選んだ肢の番号が2つとも正しい場合のみ正答

	①	②	③	④
No.39	①	②	③	④
No.40	①	②	③	④
No.41	①	②	③	④
No.42	①	②	③	④

6問題を選択し、解答してください。

	①	②	③	④
No.43	①	②	③	④
No.44	①	②	③	④
No.45	①	②	③	④
No.46	①	②	③	④
No.47	①	②	③	④
No.48	①	②	③	④
No.49	①	②	③	④
No.50	①	②	③	④

/40

※配点は、1問1点

令和4年度後期 第一次検定 解答用紙

9問題を選択し、解答してください。

No. 1	①	②	③	④
No. 2	①	②	③	④
No. 3	①	②	③	④
No. 4	①	②	③	④
No. 5	①	②	③	④
No. 6	①	②	③	④
No. 7	①	②	③	④
No. 8	①	②	③	④
No. 9	①	②	③	④
No.10	①	②	③	④
No.11	①	②	③	④
No.12	①	②	③	④
No.13	①	②	③	④
No.14	①	②	③	④

全問題を解答してください。

No.15	①	②	③	④
No.16	①	②	③	④
No.17	①	②	③	④

8問題を選択し、解答してください。

No.18	①	②	③	④
No.19	①	②	③	④
No.20	①	②	③	④
No.21	①	②	③	④
No.22	①	②	③	④
No.23	①	②	③	④
No.24	①	②	③	④
No.25	①	②	③	④
No.26	①	②	③	④
No.27	①	②	③	④
No.28	①	②	③	④

全問題を解答してください。

No.29	①	②	③	④
No.30	①	②	③	④
No.31	①	②	③	④
No.32	①	②	③	④
No.33	①	②	③	④
No.34	①	②	③	④
No.35	①	②	③	④
No.36	①	②	③	④
No.37	①	②	③	④
No.38	①	②	③	④

【能力問題】4問題を全問解答
選んだ肢の番号が2つとも正しい場合のみ正答

No.39	①	②	③	④
No.40	①	②	③	④
No.41	①	②	③	④
No.42	①	②	③	④

6問題を選択し、解答してください。

No.43	①	②	③	④
No.44	①	②	③	④
No.45	①	②	③	④
No.46	①	②	③	④
No.47	①	②	③	④
No.48	①	②	③	④
No.49	①	②	③	④
No.50	①	②	③	④

/40

※配点は、1問1点

令和４年度前期 第一次検定 解答用紙

※コピーしてお使いください。

9問題を選択し、解答してください。				
No. 1	①	②	③	④
No. 2	①	②	③	④
No. 3	①	②	③	④
No. 4	①	②	③	④
No. 5	①	②	③	④
No. 6	①	②	③	④
No. 7	①	②	③	④
No. 8	①	②	③	④
No. 9	①	②	③	④
No.10	①	②	③	④
No.11	①	②	③	④
No.12	①	②	③	④
No.13	①	②	③	④
No.14	①	②	③	④

全問題を解答してください。				
No.15	①	②	③	④
No.16	①	②	③	④
No.17	①	②	③	④

8問題を選択し、解答してください。				
No.18	①	②	③	④
No.19	①	②	③	④
No.20	①	②	③	④
No.21	①	②	③	④
No.22	①	②	③	④
No.23	①	②	③	④
No.24	①	②	③	④
No.25	①	②	③	④
No.26	①	②	③	④
No.27	①	②	③	④
No.28	①	②	③	④

全問題を解答してください。				
No.29	①	②	③	④
No.30	①	②	③	④
No.31	①	②	③	④
No.32	①	②	③	④
No.33	①	②	③	④
No.34	①	②	③	④
No.35	①	②	③	④
No.36	①	②	③	④
No.37	①	②	③	④
No.38	①	②	③	④

【能力問題】4問題を全問解答
選んだ肢の番号が2つとも正しい場合のみ正答

No.39	①	②	③	④
No.40	①	②	③	④
No.41	①	②	③	④
No.42	①	②	③	④

6問題を選択し、解答してください。				
No.43	①	②	③	④
No.44	①	②	③	④
No.45	①	②	③	④
No.46	①	②	③	④
No.47	①	②	③	④
No.48	①	②	③	④
No.49	①	②	③	④
No.50	①	②	③	④

/40

※配点は、1問1点

173

令和３年度後期 第一次検定 解答用紙

※コピーしてお使いください。

9 問題を選択し、解答してください。				
No. 1	①	②	③	④
No. 2	①	②	③	④
No. 3	①	②	③	④
No. 4	①	②	③	④
No. 5	①	②	③	④
No. 6	①	②	③	④
No. 7	①	②	③	④
No. 8	①	②	③	④
No. 9	①	②	③	④
No.10	①	②	③	④
No.11	①	②	③	④
No.12	①	②	③	④
No.13	①	②	③	④
No.14	①	②	③	④

全問題を解答してください。				
No.15	①	②	③	④
No.16	①	②	③	④
No.17	①	②	③	④

8 問題を選択し、解答してください。				
No.18	①	②	③	④
No.19	①	②	③	④
No.20	①	②	③	④
No.21	①	②	③	④
No.22	①	②	③	④
No.23	①	②	③	④
No.24	①	②	③	④
No.25	①	②	③	④
No.26	①	②	③	④
No.27	①	②	③	④
No.28	①	②	③	④

全問題を解答してください。				
No.29	①	②	③	④
No.30	①	②	③	④
No.31	①	②	③	④
No.32	①	②	③	④
No.33	①	②	③	④
No.34	①	②	③	④
No.35	①	②	③	④
No.36	①	②	③	④
No.37	①	②	③	④
No.38	①	②	③	④

【応用能力問題】4 問題を全問解答 選んだ肢の番号が２つとも正しい場合のみ 正答				
No.39	①	②	③	④
No.40	①	②	③	④
No.41	①	②	③	④
No.42	①	②	③	④

6 問題を選択し、解答してください。				
No.43	①	②	③	④
No.44	①	②	③	④
No.45	①	②	③	④
No.46	①	②	③	④
No.47	①	②	③	④
No.48	①	②	③	④
No.49	①	②	③	④
No.50	①	②	③	④

/40

※配点は、1問1点

令和３年度前期 第一次検定 解答用紙

※コピーしてお使いください。

<table>
<tr><td colspan="5">9問題を選択し、解答してください。</td></tr>
<tr><td>No. 1</td><td>①</td><td>②</td><td>③</td><td>④</td></tr>
<tr><td>No. 2</td><td>①</td><td>②</td><td>③</td><td>④</td></tr>
<tr><td>No. 3</td><td>①</td><td>②</td><td>③</td><td>④</td></tr>
<tr><td>No. 4</td><td>①</td><td>②</td><td>③</td><td>④</td></tr>
<tr><td>No. 5</td><td>①</td><td>②</td><td>③</td><td>④</td></tr>
<tr><td>No. 6</td><td>①</td><td>②</td><td>③</td><td>④</td></tr>
<tr><td>No. 7</td><td>①</td><td>②</td><td>③</td><td>④</td></tr>
<tr><td>No. 8</td><td>①</td><td>②</td><td>③</td><td>④</td></tr>
<tr><td>No. 9</td><td>①</td><td>②</td><td>③</td><td>④</td></tr>
<tr><td>No.10</td><td>①</td><td>②</td><td>③</td><td>④</td></tr>
<tr><td>No.11</td><td>①</td><td>②</td><td>③</td><td>④</td></tr>
<tr><td>No.12</td><td>①</td><td>②</td><td>③</td><td>④</td></tr>
<tr><td>No.13</td><td>①</td><td>②</td><td>③</td><td>④</td></tr>
<tr><td>No.14</td><td>①</td><td>②</td><td>③</td><td>④</td></tr>
</table>

<table>
<tr><td colspan="5">全問題を解答してください。</td></tr>
<tr><td>No.15</td><td>①</td><td>②</td><td>③</td><td>④</td></tr>
<tr><td>No.16</td><td>①</td><td>②</td><td>③</td><td>④</td></tr>
<tr><td>No.17</td><td>①</td><td>②</td><td>③</td><td>④</td></tr>
</table>

<table>
<tr><td colspan="5">8問題を選択し、解答してください。</td></tr>
<tr><td>No.18</td><td>①</td><td>②</td><td>③</td><td>④</td></tr>
<tr><td>No.19</td><td>①</td><td>②</td><td>③</td><td>④</td></tr>
<tr><td>No.20</td><td>①</td><td>②</td><td>③</td><td>④</td></tr>
<tr><td>No.21</td><td>①</td><td>②</td><td>③</td><td>④</td></tr>
<tr><td>No.22</td><td>①</td><td>②</td><td>③</td><td>④</td></tr>
<tr><td>No.23</td><td>①</td><td>②</td><td>③</td><td>④</td></tr>
<tr><td>No.24</td><td>①</td><td>②</td><td>③</td><td>④</td></tr>
<tr><td>No.25</td><td>①</td><td>②</td><td>③</td><td>④</td></tr>
<tr><td>No.26</td><td>①</td><td>②</td><td>③</td><td>④</td></tr>
<tr><td>No.27</td><td>①</td><td>②</td><td>③</td><td>④</td></tr>
<tr><td>No.28</td><td>①</td><td>②</td><td>③</td><td>④</td></tr>
</table>

<table>
<tr><td colspan="5">全問題を解答してください。</td></tr>
<tr><td>No.29</td><td>①</td><td>②</td><td>③</td><td>④</td></tr>
<tr><td>No.30</td><td>①</td><td>②</td><td>③</td><td>④</td></tr>
<tr><td>No.31</td><td>①</td><td>②</td><td>③</td><td>④</td></tr>
<tr><td>No.32</td><td>①</td><td>②</td><td>③</td><td>④</td></tr>
<tr><td>No.33</td><td>①</td><td>②</td><td>③</td><td>④</td></tr>
<tr><td>No.34</td><td>①</td><td>②</td><td>③</td><td>④</td></tr>
<tr><td>No.35</td><td>①</td><td>②</td><td>③</td><td>④</td></tr>
<tr><td>No.36</td><td>①</td><td>②</td><td>③</td><td>④</td></tr>
<tr><td>No.37</td><td>①</td><td>②</td><td>③</td><td>④</td></tr>
<tr><td>No.38</td><td>①</td><td>②</td><td>③</td><td>④</td></tr>
</table>

<table>
<tr><td colspan="5">【応用能力問題】4問題を全問解答
選んだ肢の番号が2つとも正しい場合のみ正答</td></tr>
<tr><td>No.39</td><td>①</td><td>②</td><td>③</td><td>④</td></tr>
<tr><td>No.40</td><td>①</td><td>②</td><td>③</td><td>④</td></tr>
<tr><td>No.41</td><td>①</td><td>②</td><td>③</td><td>④</td></tr>
<tr><td>No.42</td><td>①</td><td>②</td><td>③</td><td>④</td></tr>
</table>

<table>
<tr><td colspan="5">6問題を選択し、解答してください。</td></tr>
<tr><td>No.43</td><td>①</td><td>②</td><td>③</td><td>④</td></tr>
<tr><td>No.44</td><td>①</td><td>②</td><td>③</td><td>④</td></tr>
<tr><td>No.45</td><td>①</td><td>②</td><td>③</td><td>④</td></tr>
<tr><td>No.46</td><td>①</td><td>②</td><td>③</td><td>④</td></tr>
<tr><td>No.47</td><td>①</td><td>②</td><td>③</td><td>④</td></tr>
<tr><td>No.48</td><td>①</td><td>②</td><td>③</td><td>④</td></tr>
<tr><td>No.49</td><td>①</td><td>②</td><td>③</td><td>④</td></tr>
<tr><td>No.50</td><td>①</td><td>②</td><td>③</td><td>④</td></tr>
</table>

/40

※配点は、1問1点

令和5年度 第二次検定 解答用紙

※ 141%に拡大コピーしてお使いください。

問題1

あなたの受検種別に○を付けなさい。	・建築 ・躯体 ・仕上げ

建築工事のうち，**工程の管理**を行った工事

イ．	工事名	
ロ．	工事場所	
ハ．	工事の内容	
二．	工 期 等	
ホ．	あなたの立場	
ヘ．	あなたの業務内容	

1.**工事を遅延させないために**に取り組んだ事例

	項目A	a.材料　　b.工事用機械・器具・設備　　c.作業員
事例1	項目B	① **工種名又は作業名等**
		② 遅延させるかも知れないと考えた当時の**状況**と 　それが遅延につながる**理由**
		③ ②による遅延を防ぐために実際に**行った対策**

176

事例 2	項目A		a.材料　　b.工事用機械・器具・設備　　c.作業員
	項目B	① 工種名又は作業名等	
		② 遅延させるかも知れないと考えた当時の**状況**と 　それが遅延につながる**理由**	
		③ ②による遅延を防ぐために実際に**行った対策**	
事例 3	項目A		a.材料　　b.工事用機械・器具・設備　　c.作業員
	項目B	① 工種名又は作業名等	
		② 遅延させるかも知れないと考えた当時の**状況**と 　それが遅延につながる**理由**	
		③ ②による遅延を防ぐために実際に**行った対策**	

2. 事例 1

① 関係者に作業工程を周知や共有するための**有効な方法や手段**
② 周知や共有が不十分な場合に起こる工程への**影響**

事例 2

① 関係者に作業工程を周知や共有するための**有効な方法や手段**
② 周知や共有が不十分な場合に起こる工程への**影響**

問題2

用語の記号欄	a b c d e f g h i j k ℓ m n

1	選んだ用語	
	用語の説明	
	施工上留意すべきこと	
2	選んだ用語	
	用語の説明	
	施工上留意すべきこと	
3	選んだ用語	
	用語の説明	
	施工上留意すべきこと	

179

4	選んだ用語	
	用語の説明	
	施工上留意すべきこと	
5	選んだ用語	
	用語の説明	
	施工上留意すべきこと	

問題3

1. 土工事及び地業工事の**Ⓐ**に該当する**作業名**：＿＿＿＿＿＿＿＿＿＿＿＿＿

　鉄骨工事の**Ⓑ**に該当する**作業名**：＿＿＿＿＿＿＿＿＿＿＿＿

2. 工事金額の合計に対する**比率**：＿＿＿＿＿＿＿＿＿＿　％

3.
① 工程上、着手時期が不適当な**作業名**：＿＿＿＿＿＿＿＿＿＿＿＿＿

② ①の作業の適当な**着手時期**：**月**：＿＿＿＿＿　**旬日**：＿＿＿＿＿＿＿

③ 3月末までの実績出来高の**累計の金額**：＿＿＿＿＿＿＿＿＿＿　円

問題 4

当てはまる**正しい語句**

1.	①		②
2.	③		④
3.	⑤		⑥

問題 5 - A（建築）

		当てはまる**最も適当な語句又は数値**
1.	①	
2.	②	
3.	③	
4.	④	
5.	⑤	
6.	⑥	
7.	⑦	
8.	⑧	

問題 5 - B（躯体）

		当てはまる**最も適当な語句又は数値**
1.	①	
	②	
2.	③	
	④	
3.	⑤	
	⑥	
4.	⑦	
	⑧	

問題 5 - C（仕上げ）

		当てはまる**最も適当な語句又は数値**
1.	①	
	②	
2.	③	
	④	
3.	⑤	
	⑥	
4.	⑦	
	⑧	

令和4年度 第二次検定 解答用紙

※141%に拡大コピーしてお使いください。

問題1

あなたの受検種別に○を付けなさい。	・建築　　・躯体　　・仕上げ

建築工事のうち，**品質管理**を行った工事

イ．	工事名	
ロ．	工事場所	
ハ．	工事の内容	
ニ．	工　期　等	
ホ．	あなたの立場	
ヘ．	あなたの業務内容	

1. **施工の品質低下を防止するために**取り組んだ事例

	① **工種名又は作業名等**	
1	② 品質低下につながる **不具合**とそう**考えた**理由	
	③ ②の不具合を発生させないために**行ったこと**とその際特に**留意したこと**	

2	① 工種名又は作業名等	
	② 品質低下につながる**不具合**とそう**考えた理由**	
	③ ②の不具合を発生させないために**行ったこと**とその際特に**留意したこと**	
3	① 工種名又は作業名等	
	② 品質低下につながる**不具合**とそう**考えた理由**	
	③ ②の不具合を発生させないために**行ったこと**とその際特に**留意したこと**	

2. **施工の品質を確保するため**に確認すべきこと

①	**工種名又は作業名等**	
②	①の**着手時の確認事項とその理由**	
③	①の**施工中又は完了時の確認事項とその理由**	

①	**工種名又は作業名等**	
②	**①の着手時の確認事項とその理由**	
③	**①の施工中又は完了時の確認事項とその理由**	

問題2

用語の記号欄	a b c d e f g h i j k ℓ m n

1	**選んだ用語**	
	用語の説明	
	施工上留意すべきこと	
2	**選んだ用語**	
	用語の説明	
	施工上留意すべきこと	

	選んだ用語	
3	用語の説明	
	施工上留意すべきこと	
	選んだ用語	
4	用語の説明	
	施工上留意すべきこと	
	選んだ用語	
5	用語の説明	
	施工上留意すべきこと	

問題3

1. 鉄筋コンクリート工事の**Ⓐ**に該当する**作業名**：＿＿＿＿＿＿＿＿＿＿＿＿

　塗装工事の**Ⓑ**に該当する**作業名**：＿＿＿＿＿＿＿＿＿＿＿＿

2. 総工事金額に対する**比率**：＿＿＿＿＿＿＿＿＿＿　％

3.

① 工程上，完了時期が不適当な**作業名**：＿＿＿＿＿＿＿＿＿＿＿＿

② ①の作業の適当な**完了時期**：**月次**：＿＿＿＿＿＿　**旬日**：＿＿＿＿＿＿

③ 3 月末までの実績出来高の**累計金額**　＿＿＿＿＿＿＿＿＿＿　円

問題 4
当てはまる**正しい語句**

1.	①		②	
2.	③		④	
3.	⑤		⑥	

問題 5－A（建築）

		当てはまる**最も適当な語句、文字又は数値**
1.	①	
2.	②	
3.	③	
4.	④	
5.	⑤	
6.	⑥	
7.	⑦	
8.	⑧	

問題 5－B（躯体）

		当てはまる**最も適当な語句、文字又は数値**
1.	①	
	②	
2.	③	
	④	
3.	⑤	
	⑥	
4.	⑦	
	⑧	

問題 5－C（仕上げ）

		当てはまる**最も適当な語句、文字又は数値**
1.	①	
	②	
2.	③	
	④	
3.	⑤	
	⑥	
4.	⑦	
	⑧	

令和3年度 第二次検定 解答用紙

※ 141%に拡大コピーしてお使いください。

問題1

あなたの受検種別に○を付けなさい。	・建築　　・躯体　　・仕上げ

建築工事のうち，**施工の計画**を行った工事

イ.	工事名	
ロ.	工事場所	
ハ.	工事の内容	
ニ.	工　期　等	
ホ.	あなたの立場	
ヘ.	あなたの業務内容	

1.

	①**着目した項目**	
1	②**工　種　名**	
	③**現場の状況**と施工の計画時に**検討したこと**	
	④**検討した理由**と**実施したこと**	

187

2	①着目した項目	
	②工　種　名	
	③現場の状況と 施工の計画時に 検討したこと	
	④検討した理由と 実施したこと	
3	①着目した項目	
	②工　種　名	
	③現場の状況と 施工の計画時に 検討したこと	
	④検討した理由と 実施したこと	

2.

品質低下の防止	①施工の計画時に検討することとその理由	
	②防止対策とそれに対する留意事項	
工程遅延の防止	①施工の計画時に検討することとその理由	
	②防止対策とそれに対する留意事項	

問題2

用語の記号欄	a b c d e f g h i j k ℓ m n

<table>
<tr><td rowspan="3">①</td><td>選んだ用語</td><td></td></tr>
<tr><td>用語の説明</td><td></td></tr>
<tr><td>施工上留意
すべきこと</td><td></td></tr>
<tr><td rowspan="3">②</td><td>選んだ用語</td><td></td></tr>
<tr><td>用語の説明</td><td></td></tr>
<tr><td>施工上留意
すべきこと</td><td></td></tr>
<tr><td rowspan="3">③</td><td>選んだ用語</td><td></td></tr>
<tr><td>用語の説明</td><td></td></tr>
<tr><td>施工上留意
すべきこと</td><td></td></tr>
<tr><td rowspan="3">④</td><td>選んだ用語</td><td></td></tr>
<tr><td>用語の説明</td><td></td></tr>
<tr><td>施工上留意
すべきこと</td><td></td></tr>
</table>

⑤	選んだ用語	
	用語の説明	
	施工上留意 すべきこと	

問題3

1. 仮設工事の**Ⓐ**に該当する**作業名**：＿＿＿＿＿＿＿＿＿＿＿＿＿

　　鉄筋コンクリート工事の**Ⓑ**に該当する**作業名**：＿＿＿＿＿＿＿＿＿＿＿＿＿

　　内装工事の**Ⓒ**に該当する**作業名**：＿＿＿＿＿＿＿＿＿＿＿＿＿

2. 耐火被覆工事**完了日**（**月**と**旬日**）

　　　　　　　　　　　　　　月：　　　**旬日**：＿＿＿＿＿＿＿＿

3. ２月末までの実績出来高の累計金額の総工事金額に対する**比率**

　　　　　　　　　　　　　　　　　　　　　　＿＿＿＿＿＿＿＿＿％

4. ３月末までの実績出来高の**累計金額**　　　＿＿＿＿＿＿＿＿＿円

問題4

当てはまる正しい語句又は数値

1.	①	②
2.	③	④
3.	⑤	⑥

190

問題 5 － A（建築）

		当てはまる最も適当な語句、文字又は数値
1.	①	
2.	②	
3.	③	
4.	④	
5.	⑤	
6.	⑥	
7.	⑦	
8.	⑧	

問題 5 － B（躯体）

		当てはまる最も適当な語句、文字又は数値
1.	①	
	②	
2.	③	
	④	
3.	⑤	
	⑥	
4.	⑦	
	⑧	

問題 5 － C（仕上げ）

		当てはまる最も適当な語句、文字又は数値
1.	①	
	②	
2.	③	
	④	
3.	⑤	
	⑥	
4.	⑦	
	⑧